Scrittori Giunti

Simonetta Agnello Hornby
George Hornby

La nostra Londra

Simonetta Agnello Hornby
George Hornby
La nostra Londra
«Scrittori Giunti»

www.giunti.it

© 2014, 2020 Giunti Editore S.p.A.
Via Bolognese 165 – 50139 Firenze – Italia
Via G. B. Pirelli 30 – 20124 Milano – Italia

Prima edizione col titolo *La mia Londra*,
di Simonetta Agnello Hornby: maggio 2014

Nuova edizione: febbraio 2020

Simonetta Agnello Hornby

La città vissuta

Un omaggio a Samuel Johnson

> *The world is not yet exhausted: let me see something tomorrow which I never saw before.*
> Il mondo non è ancora esaurito: fammi vedere domani qualcosa che non avevo mai visto prima.
>
> SAMUEL JOHNSON

Non saprei esprimere il mio amore per Londra meglio di Samuel Johnson, il più famoso intellettuale inglese del Settecento, che vi arrivò da una cittadina delle Midlands, Lichfield, alla stessa età in cui io vi andai a vivere – ventisette anni – e vi rimase fino alla morte. Il 20 settembre 1777 alle soglie dei settanta, Johnson rispose al suo biografo James Boswell, un giovane avvocato di Edimburgo, che gli chiedeva se avesse mai desiderato lasciare Londra: *No, Sir, when a man is tired of London, he is tired of life; for there is in London all that life can afford. Sir, you find no man, at all intellectual, who is willing to leave London.* «No, signore, quando un uomo è stanco di Londra, è stanco anche di vivere; perché Londra offre tutto ciò che la vita può offrire. Signore, non troverete un singolo uomo d'intelletto che desideri lasciare Londra».

Per Johnson, Londra era il luogo in cui si impara costantemente e si vive bene. Per Boswell, il luogo in cui si va per vedere ed essere visti. Se fossero nostri contemporanei, Johnson camminerebbe a grandi passi per la capitale lasciando vagare lo sguardo dalla cima dello Shard, il grattacielo progettato da Renzo Piano, all'immondizia sul marciapiede, alla ricerca di quanto sfuggito al suo occhio l'ultima volta che era passato da quella strada, mentre Boswell, che viveva in Scozia e trascorreva a

Londra soltanto un mese all'anno per scrivere la biografia di Johnson, sarebbe occupatissimo a scattare foto, in particolare *selfies* da mostrare agli amici.

Per godersi Londra non c'è infatti alcun bisogno di essere un intellettuale, basta avere una mente aperta e curiosa. L'idea di Johnson è che qualsiasi cosa può suscitare interesse e stimolare l'intelletto, e dunque impedire il ristagnare, o l'evaporare, della riserva di curiosità naturale di un individuo. Osservare Londra e i suoi abitanti porta alla scoperta di piccole gemme segrete, che si offrono soltanto a chi sa cercarle e che mi hanno permesso di godere al massimo della mia città di adozione e di aumentare il godimento della vita in generale.

PARTE PRIMA

Un'aliena a Londra

1
Una mesta partenza

> *While grief is fresh, every attempt to divert only irritates. You must wait till grief be digested, and then amusement will dissipate the remains of it.*
> Quando il dolore è recente, qualsiasi tentativo di distrarsi è solo irritante. Bisogna aspettare che il dolore sia digerito, a quel punto il divertimento dissiperà quel che ne rimane.
>
> SAMUEL JOHNSON

Erano le quattro di un mattino di settembre del 1963. L'aeroporto di Punta Raisi, inaugurato pochi mesi prima, sembrava enorme in confronto a quello ex militare di Boccadifalco, quasi dentro la città. La carta d'imbarco, scritta in inglese, rettangolare, lucida, con una linea tratteggiata lungo il tagliando da staccare appena prima di salire sull'aereo, era stata passata di mano in mano, e scrutata come fosse un documento di origine extraterrestre. In silenzio. Guardavo uno per uno i volti a me cari, quasi volessi fotografarli e portarli con me per i centoventi giorni in cui sarei stata lontana da loro, dalle loro voci, dai loro baci. Incollati uno all'altro, e muti: mamma, papà, mia sorella Chiara, zia Mariola – il sostegno morale della famiglia in occasione di morti, malattie e partenze – e le due amiche del cuore, Giovanna e Cristina. Occhi gonfi e lunghe occhiate accompagnate da sospiri. I passeggeri erano stati chiamati per l'imbarco. «Aspetta» disse papà togliendosi l'orologio. Era un Rolex appartenuto a nonno: l'aveva comprato negli anni trenta e a quei tempi era modernissimo, in acciaio e oro, molto elegante. E portentoso: si ricaricava automaticamente con il movimento del polso. Ma non su quello di nonno. Aveva smesso di funzionare il secondo giorno. Lui lo portava dal signor Matranga, l'orologiaio; quello lo teneva al polso per ventiquattr'ore e funzionava; poi lo restituiva e l'orologio si fermava di nuovo. Dopo varie prove, fu chiaro che nonno i polsi non li muoveva abbastanza. Allora quel Rolex era passato a mio padre e nonno se n'era comprato uno tradizionale.

Papà me lo infilò. «È tuo. Ricordati chi sei, ovunque tu vada.» Come una fede nuziale.

Le eliche cominciavano a girare. Era il mio secondo volo. Immobilizzata dalla cintura contro lo schienale, mi girai a fatica per guardare fuori; il finestrino sembrava l'oblò di un transatlantico. Nella soffice luce dell'alba vedevo sventolare sulla terrazza dell'aeroporto fazzoletti colorati, cappelli, braccia: il saluto ai viaggiatori. Un solo punto scuro. Fermo. Come in una vecchia fotografia: papà, altissimo; accanto a lui zia Mariola, anche lei alta; davanti, appoggiate alla ringhiera, mamma e Chiara, piccole piccole, tra Giovanna e Cristina. Impietriti – l'immagine della desolazione.

Tre settimane prima, a pranzo, mamma aveva lanciato uno sguardo eloquente a papà; lui aveva appoggiato sul piatto la forchetta con gli spaghetti arrotolati. Mi fissava attraverso le ciglia abbassate quasi a nascondere le pupille. «Il tuo premio per la licenza liceale è un soggiorno di studio all'estero» disse a labbra strette. Si portò la forchetta alla bocca, si asciugò con il tovagliolo un impercettibile sbaffo di pomodoro e per il resto del pranzo disse poco e niente – ascoltava il chiacchierio di noi tre, mamma, Chiara e io: si parlava di dove sarei andata. Le vacanze le passavamo sempre in campagna, a Mosè, da cui mi allontanavo raramente e per brevi periodi: nella nostra famiglia un viaggio costituiva una novità costosa.

C'ero rimasta male quando mamma mi aveva proposto di

andare a Cambridge per imparare l'inglese in cinque mesi – da settembre a febbraio del 1964, quando sarei tornata a Palermo per frequentare la facoltà di Giurisprudenza. Avrei preferito andare a Parigi e avevo tentato di persuadere i miei genitori a mandarmi lì, sostenendo che il mio francese non era poi così buono e che gli inglesi non mi piacevano – nemmeno l'inglese mi piaceva, era una lingua priva di musicalità, e dopo qualche lezione privata da Miss Smith, l'insegnante dei miei cugini, mi ero rifiutata di studiarlo. Mamma non aveva voluto saperne: si aspettava che le sue figlie, a diciotto anni, parlassero bene tre lingue, come era stato per lei. Ci avevo provato un'ultima volta, un pomeriggio: «Non credo di poter imparare l'inglese, davvero... tu e Chiara avete l'orecchio musicale, ma io no, lo sai». Mamma non mi aveva dato il tempo di tirare fuori altri pretesti. «Ce la farai, amore mio» e mi aveva sfiorato il mento con la mano leggera.

L'orologio era freddo, mi pesava al polso. Un presentimento: non sarei più tornata a vivere a Palermo, la mia amatissima città. Cacciai indietro le lacrime, vergognandomi: avrei dovuto essere contenta, tra quattro ore sarei stata nel centro di Londra, la città più grande d'Europa. E subito dopo mi aspettava una sfida, imparare una lingua nuova in una famosa città universitaria. Avevo letto *Histoire d'Angleterre* di André Maurois e riletto *Orgoglio e pregiudizio*, e Miss Smith mi aveva dato due lezioni e qualche spiegazione su come comportarmi in Inghilterra. Ce l'avrei fatta.

Il volo della BEA, la British European Airways, veniva da Malta e faceva scalo a Palermo per rifornirsi di carburante e imbarcare altri passeggeri. La hostess mi interruppe con il vassoio del pranzo, servito con sussiego e molto appetitoso: carne, due contorni, pane, burro, dolce e acqua minerale. Forse, pensavo, il cibo inglese era migliorato, e mi chiedevo quale altra mia prevenzione fosse infondata.

La mia vicina, una signora maltese che fino a quel momento mi aveva ignorata, durante il pasto parlò a ruota libera in italiano. Senza lasciarmi spazio per dire mezza parola, elargiva con foga informazioni sui negozi di Londra e su cosa comprare. Non avevo denari da spendere, non mi piaceva fare commissioni e sarei rimasta a Londra poche ore soltanto, ma ascoltavo paziente, in attesa di una pausa per chiederle quello che mi premeva: cosa sarebbe successo all'arrivo? Avrei ritirato il bagaglio prima di passare dal controllo passaporti? Alla dogana avrebbero aperto tutte le valigie? Dove avrei trovato il pullman per il terminal? Quanto sarebbe costato il biglietto del treno per Cambridge? Avrei avuto il tempo di visitare la National Gallery? Mentre chiacchierava, la brava maltese aveva ripulito il vassoio e, dopo aver messo in borsa le bustine di zucchero inutilizzate, si era alzata per andare alla toilette. Ritornò truccata e profumata, si allacciò la cintura, abbassò le palpebre appesantite dalla spazzolata di mascara e cadde in un letargo da cui riemerse soltanto quando era già cominciata la discesa su Londra.

Camminavo per i corridoi dell'aeroporto di Heathrow insieme ai miei compagni di volo, come una pecorella; frotte di altri passeggeri si aggiungevano a noi da scale, corridoi e porte; insieme salivamo e scendevamo rampe, giravamo ora a destra ora a sinistra formando una colonna sempre più larga e lunga. Come una fiumara in piena dopo le prime piogge, riempivamo i corridoi accelerando il passo. Poi sfociammo nella sala del controllo passaporti. C'erano due sportelli: uno per i britannici e l'altro per gli *aliens*, come me. Un'*aliena*. Una diversa. Ci dividemmo in due file. Mi calò addosso una tensione che sembrava quasi paura. Di essere mandata via, indietro, nel mondo degli alieni dal quale provenivo. Più ci si avvicinava alla postazione di controllo, meno si parlava. In testa alla fila, stringevano i passaporti tra le mani come fossero rosari.

Porsi il documento all'uomo in uniforme, dietro il bancone, e accennai un piccolo sorriso. Lui non lo ricambiò. Sfogliava le pagine del passaporto; lo fece più di una volta, con un *Excuse me* superfluo ma ben accolto. Poi mi chiese qualcosa che non capii. Mormorai un *please*, accompagnato da un altro sorriso e dalle sopracciglia alzate a punto interrogativo. Mi esibii nel mio repertorio: *sorry*, *pardon* e tanti *please*. L'uomo voleva qualcos'altro, oltre al passaporto, e finalmente capii che era il biglietto di ritorno. Ma non ce l'avevo: sarei tornata in febbraio e lo avremmo comprato più avanti. L'uomo in uniforme insisteva. Mi fece segno di cercare tra le mie carte. Che cosa? Gli offrii il diploma di licenza liceale, ma non gli interessava; si interessò invece alla lettera della Davies' School of English di Cambridge, che comunque risultò insufficiente. Pensai che volesse sapere se avevo i mezzi per mantenermi: con una certa goffaggine, sfilai la camicetta dalla gonna ed estrassi dalla tasca cucita da mamma e assicurata in vita con un robusto elastico un fascio di sterline. Quella mossa non gli piacque per niente. Si alzò in fretta e mi fece cenno di aspettare. Ebbi un attimo di panico. Che ne sarebbe stato di me? Poi mi confortai. Il Rolex mi avrebbe portato fortuna: per questo papà me lo aveva dato. Ce l'avremmo fatta, lui e io.

L'uomo ritornò con un collega che parlava un po' di italiano. Mostrai loro la lettera della scuola con l'indirizzo di Mrs Farmer, la mia futura padrona di casa. Confabularono guardandomi di tanto in tanto, poi mi fu detto che avevo il permesso di entrare in Inghilterra per tre settimane soltanto. «E dopo?» chiesi sgomenta in italiano. Mi capirono. Avrei dovuto richiedere alla polizia un permesso di residenza per tre mesi. Non un giorno di più. Stampigliarono un timbro grande come una pagina e mi congedarono con un *Welcome to Britain* a cui risposi con un *Thank you* inespressivo, il primo di tanti.

Il pullman avanzava nella corsia centrale dell'autostrada che portava a Londra, io guardavo fuori; ai lati, una sterminata pianura verdeggiante, piatta e monotona. Il cielo, invece, era bellissimo: vasto, luminoso e con nuvole giganti che parevano velieri col vento in poppa. Non avevo mai visto un'autostrada a tre corsie: erano larghe e delimitate da strisce bianche. Il pullman superava le automobili a sinistra ed era superato da quelle a destra, in silenzio – non un colpo di clacson, non uno stridore di freni. Il getto d'aria del riscaldamento mi colpiva le gambe, l'odore acre della polvere sembrava un profumo. I passeggeri sonnecchiavano, o tutt'al più bisbigliavano al vicino. Il sedile era comodo come una poltrona, invitante, quasi irresistibile. CENTRAL LONDON dicevano i cartelli stradali, e mi tirai su curiosa, dimenticando la stanchezza. Il traffico era aumentato ma rimaneva scorrevole, come se i veicoli scivolassero silenziosi su rotaie invisibili, superandosi senza bloccare le corsie.

Il pullman iniziò a salire, senza cambiare direzione. Intravedevo in lontananza campanili e palazzi moderni. Saliva, saliva e avanzava tra villette a schiera o isolate e le cime verdi degli alberi. Come un uccello, vedevo dall'alto i tetti di ardesia, aguzzi e punteggiati da comignoli. Una vista portentosa: l'autostrada era diventata un tappeto volante; il pullman accelerava la corsa sospesa nell'aria. All'improvviso, cominciò la discesa in un mare di case, chiese e palazzi inframmezzato da spazi verdi, fino all'orizzonte, in ogni direzione. Appena toccammo terra, le strisce bianche persero il loro potere. Automobilisti indisciplinati le oltrepassavano per tentare di aggirare gli ingorghi: era l'ora di punta. Autobus rossi a due piani si muovevano con i passeggeri aggrappati in coda, sulle piattaforme aperte. Sui marciapiedi, i passanti camminavano in fretta, seri; attraversavano obbedendo ai comandi dei semafori come un plotone in marcia e scendevano giù veloci per gli scalini della metropolitana. Una biondona impellicciata portava a spasso un cocker, tutti e due color miele; le passò davanti un camioncino con una scritta sulla fiancata e lei sparì dalla mia vista, poi riapparve: spingeva la porta a vetri di un negozio. Mi girai per un ultimo sguardo, ma il pullman si mosse e non ebbi da fissare altro che il bianco del coprispalliera dietro di me.

Cercavo un punto di riferimento, un cartello stradale che mi dicesse qualcosa, una pubblicità nota. Niente. Era tutto diverso. Eppure avevo la sensazione di essere in una città sconosciuta, non estranea. Le nuvole erano diventate compatte; poi, uno scroscio di pioggia. Le gocce scivolavano sul finestrino formando minuscoli fiumiciattoli che si inseguivano fino al bordo del vetro. Le osservavo, affascinata; l'ultima era ancora a metà strada, quando tutto cambiò: non pioveva più. Da uno squarcio tra le nuvole, i raggi del sole battevano sulla facciata di un palazzone illuminandone il nome: NATURAL HISTORY MUSEUM, il famoso museo dei dinosauri. Era ricco di finestre: alcune rettangolari; altre, in corrispondenza dei piani alti, ad archetto, sembravano sopracciglia sollevate in segno di compiacimento per le collezioni ospitate all'interno. Lo guardai, a tu per tu, rincuorata; mi ripromisi di andare a visitarlo al più presto, da Cambridge, qualunque cosa la guida suggerisse di vedere appena arrivata in città: era la mia prima scelta, tutta mia.

Ero contenta di essere a Londra.

2
Al terminal di Buckingham Palace Road

> *Self-confidence is the first requisite to great undertakings.*
> La fiducia in se stessi è il primo requisito delle grandi imprese.
>
> SAMUEL JOHNSON

Più ci avvicinavamo al terminal di Buckingham Palace Road, più il coraggio e l'ottimismo mi abbandonavano. Con l'aiuto di Miss Smith avevo programmato una passeggiata per riempire le ore di attesa che mi separavano dal treno per Cambridge; ora non ero sicura di farcela. Avevo paura. Invece, andò tutto bene: un impiegato della compagnia aerea che parlava francese mi aveva aiutata a individuare il treno che sarebbe arrivato a destinazione per le cinque del pomeriggio, l'ora indicata da Mrs Farmer, e suggerì che nel frattempo andassi in autobus a Westminster e a Trafalgar Square. Poi sarei tornata per riprendere la valigia.

L'autobus numero 11, un Routemaster rosso fuoco, aveva una cabina separata e munita di porta esterna per l'autista. Il bigliettaio era il solo responsabile – come diceva la scritta sulla parete – dei 64 passeggeri a sedere e dei tanti che prendevano l'autobus solo per brevi tratti: aveva al collo una pesante macchinetta da cui, girando una manopola, usciva il biglietto per la corsa desiderata. Il retro era aperto; da lì partiva anche la scala a chiocciola per il secondo piano. In entrambi i piani correvano lungo il soffitto due corde che finivano con delle campanelle: i passeggeri le tiravano per prenotare la fermata. Al primo piano, dov'ero rimasta, due lunghi sedili di legno, uno di fronte all'altro, offrivano pochi scomodi posti a sedere, spalle contro i finestrini e gambe rannicchiate, mentre chi viaggiava in piedi si reggeva alle apposite sbarre di metallo e alle maniglie che pendevano dal soffitto. I passeggeri salivano e scendevano non soltanto alle fermate ma anche al volo. Il bigliettaio, efficientissimo, piombava sui nuovi arrivati per staccare il biglietto, anche se non ce ne sarebbe stato bisogno: erano loro a cercarlo.

Osservavo le case ai lati di Buckingham Palace Road: di mattoni rossi, alte tre o quattro piani, con tetti a punta, finestre di tutti i tipi – rettangolari, ad arco, sporgenti, rotonde, a bifora –, colonne, capitelli, sculture, decorazioni e fregi assortiti. Anche i vetri erano insoliti: trasparenti, opachi, smerigliati, colorati, a disegni geometrici, piombati; alcuni erano decorati con fiori, altri perfino con ritratti. Non ne riconoscevo lo stile architettonico: ottocentesco? Medioevale? Gotico? Rinascimentale? Alla fine, umiliata, desistetti e preferii guardare le persone. Come gli edifici, anche loro mi confondevano. Gli uomini erano diversi dallo stereotipo dell'inglese biondo, alto e con il ciuffo spiovente sulla fronte: erano di tutte le corporature, con capelli perlopiù castani e in abito scuro, scarpe lucide e ombrello in mano. Le donne: non belle e sciatte. I miei coetanei mi spiazzarono completamente: i maschi indossavano camicie colorate, pantaloni stretti e scarpe a punta; in testa, un ciuffo dritto e imbrillantinato; le ragazze – guance rosse, labbra dipinte di colori vistosi e occhi messi in risalto da ombretto, matita e mascara –, nonostante il fresco autunnale pungesse ostentavano minigonne inguinali – le gambe nude avevano la pelle d'oca – e acconciature elaborate, in tutte le tonalità del castano e del rosso: le bionde erano rare. Non c'erano neri, né cinesi, né indiani.

A Victoria Station l'autobus si riempì di anziani, cioè quelli dai quaranta in su. Eccoli, i veri inglesi! Uomini biondicci e pallidi, in doppiopetto e bombetta, donne slavate in abiti e cappellini decisamente brutti e scarpe goffe. Alle fermate salivano altri giovani, ben diversi da quelli di prima. In abito scuro, camicia con collo inamidato e cravatta Regimental, erano impiegati governativi e venivano dai ministeri che si susseguivano lungo la strada. C'era silenzio; perfino le poche coppie sussurravano. Il comportamento di quei passeggeri così distinti era sorprendentemente indisciplinato – sotto lo sguardo indifferente del bigliettaio, saltavano a terra quando l'autobus rallentava e balzavano sulla predella dopo una rincorsa quando l'autobus era fermo ai semafori, in mezzo al traffico. Nessuno sfiorava gli altri, nemmeno se l'autobus frenava o ripartiva bruscamente, come per effetto di una forza magnetica respingente. Per strada c'era un viavai di gente che entrava e usciva dai portoni e andava spedita in tutte le direzioni, nessuno sbatteva contro gli altri. Sembravano scivolarsi accanto con impercettibili correzioni di rotta, a velocità costante, imperturbabili.

Due ragazzi robusti erano diversi dagli altri; il volto cotto dal sole, odoravano di terra e di erba falciata di fresco e indossavano tute di tela robusta e scarponi da giardiniere. Uno aveva suonato la campanella, ma l'autista non rallentò; i due saltarono giù proprio mentre degli incauti che avevano rincorso l'autobus atterravano sulla predella. «Accura!» gridai, temendo uno scontro. Che non avvenne. Tacqui, imbarazzata dagli sguardi severi, ma non abbassai gli occhi. Quando furono a bordo, il bigliettaio diede due rapidi strattoni alla corda e l'autista accelerò. Il Big Ben, la torre dell'orologio del Parlamento, apparve in lontananza. Presi coraggio e anch'io "feci l'inglese": balzai a terra mentre l'autobus si muoveva.

A destra si ergeva l'abbazia di Westminster, grande, scura, con due torri gemelle ai lati del portico; in fondo, lungo il fiume, il Parlamento, un palazzone in stile neogotico con tantissime finestre alte e strette, pinnacoli di tutte le forme e misure e, sui tetti, cupole e cupolette. Lungo i marciapiedi avanzavano decisi tanti uomini, soltanto uomini, e identici: abito scuro, camicia e cravatta, scarpe lucide, ombrello e bombetta. Entravano e uscivano dai portoni. Individuai due donne, camminavano anche loro a grandi passi, serie e in tailleur scuro, mascoline. Nel centro della piazza c'era una zona verde con stretti sentieri. Come la galleria di un museo all'aperto, era affollata da statue su piedistalli.

Volevo vedere il Tamigi. Davanti al ponte, su un alto piedistallo c'era una donna, e che donna! Il vento soffiava contro di lei incollandole la veste leggera al formoso corpo di marmo. Ai suoi fianchi, due giovani donne con i seni di fuori. Era Boadicea, la regina indigena che sconfisse duramente i romani, rei di avere stuprato le sue figlie. Che idea balzana scolpirle nude! Poi mi sovvenni della pelle d'oca delle ragazze a Pimlico, delle loro ciglia cariche di mascara; dopotutto, forse gli inglesi non erano così poco attratti dalle donne come sosteneva papà.

C'era l'alta marea. L'acqua gonfia, grigia, lucida e appena increspata, scorreva con la flemma che fino ad allora avevo pensato fosse tipica degli inglesi – ammaliante. Zia Graziella era stata a Londra mezzo secolo prima, e non aveva apprezzato quel fiume che tanto mi piaceva. «Il Tamigi è più grande della Senna,» diceva «ma è sempre coperto di nebbia, anche nei quadri. Non merita.» Boh, io non ero d'accordo. Il vento soffiava più forte. Mi strinsi il foulard al collo, ma avevo ancora freddo. A Palermo, quando ero partita, faceva un bel caldo e mi venne una botta di nostalgia. Mi incamminai verso Trafalgar Square. Gli imbocchi dei sottopassaggi pedonali all'inizio di un viale molto largo chiamato Whitehall avevano un non so che di familiare: ringhiere e archi d'ingresso ricordavano quelli del *métro* parigino. Enormi marciapiedi – ci sarebbe passato un esercito – costeggiavano gli imponenti palazzi governativi. Camminavo a passetti, guardandomi intorno, come se zia Graziella mi tenesse sottobraccio per la passeggiata nella terrazza del suo appartamento. «Londra è diversa dal resto d'Europa» era solita commentare, e su questo aveva perfettamente ragione. Al centro della strada notai un monumento di marmo, una larga colonna squadrata con ai piedi corone di papaveri finti, sbiaditi: il Monumento ai Caduti. Quello di Palermo, in fondo a via Libertà era grandioso, di marmo e bronzo, con una Vittoria alata, figure a bassorilievo e, intorno, un colonnato. Perché quel popolo guerriero celebrava con tanta modestia i propri morti in guerra?

Dopo una curva, la Colonna dell'ammiraglio Nelson, in Trafalgar Square, riempì la mia vista. Altissima e solitaria, quella sì che era imponente!

Salii gli scalini della National Gallery come se rispondessi a un richiamo familiare, lenta, uno alla volta, guardandomi intorno: pavimento a mosaico stile Novecento, la scalinata con ringhiere massicce, soffitti altissimi con ampi lucernai e, sui due pianerottoli, uno di fronte all'altro, urne identiche con enormi bouquet di fiori a me sconosciuti, singoli e a grappolo, di tutti i colori, più alti di me: semplicemente meravigliosi. La gente era affascinante quanto l'edificio e i dipinti; oltre a europei di ogni tipo e a gruppi familiari assortiti – inclusi bambini, anziani e disabili in carrozzella –, c'era tutto il mondo: indiane avvolte in *sari* variopinti, capelli lucidissimi scuri come il volto, tondini rossi o neri dipinti sulla fronte come i finti nei del Settecento e gioielli vistosissimi, tra cui catenelle che dall'orecchino si allungavano a penetrare una narice; uomini e donne africani in lunghi abiti multicolori; altri neri dalla corporatura e dai lineamenti diversi, più sottili; arabi in caftano bianco dai tratti simili a quelli dei siciliani e le loro donne infagottate in abiti scurissimi e lunghi. Sentivo lingue che non riuscivo a identificare. Guardavo in basso e vedevo infradito, zoccoli, sandali, scarpe, babbucce, stivali, mocassini e altri tipi di calzature mai visti prima. Molti erano da soli, come me, venuti lì per ammirare questo o quel dipinto: la National Gallery, concepita come una quadreria, custodiva una quantità impressionante di capolavori di artisti dai nomi stranieri. Mi feci mosca e mi lasciai portare dalla folla, posandomi ora su una spalla, ora su un'altra, osservando quello che osservavano gli altri.

Passando di sala in sala sotto lo sguardo severo dei custodi, incapace di registrare tutto quello che vedevo, finii nella sezione del primo Rinascimento italiano. Un piccolo dipinto vicino a una porta attirò la mia attenzione, mi sembrava di conoscerlo. Era un Antonello da Messina, *San Girolamo nello studio* – il santo era seduto sul suo scanno, sereno, concentrato, in compagnia dei suoi libri e di un leone scodinzolante. Gli inglesi avevano comprato il quadro del mio conterraneo, e per questo all'improvviso li trovai simpatici.

Da allora, a Londra non mi sono mai sentita fuori posto o non voluta. Le rare volte in cui ho provato una vaga nostalgia mi è bastato passare dalla National Gallery e dare un'occhiata a *San Girolamo nello studio* per rendermi conto che a Londra la nostalgia è fuori luogo, che non sono sola: c'è almeno un altro siculo-londinese in città, e ci facciamo compagnia quanto basta. San Girolamo mi aspetta sempre, anche se di tanto in tanto cambia stanza.

3
Zia Graziella a Trafalgar Square

Love is the wisdom of the fool and the folly of the wise.
L'amore è la saggezza dello sciocco e la follia del saggio.
SAMUEL JOHNSON

Zia Graziella, sorella maggiore del mio nonno materno, era morta nel 1961, quasi centenaria. Lei e il marito, zio Vincenzo, occupavano il primo piano del palazzo di Agrigento, la città in cui avevo vissuto fino ai dodici anni. Non avevano figli e stavano quasi sempre in casa. Mamma, l'unica nipote rimasta nel palazzo di famiglia, ligia al proprio dovere scendeva a farle visita ogni giorno, nel pomeriggio.

Quando era in vita, la zia mi aveva incuriosito poco. Invece, dai racconti sentiti dopo la sua morte emergeva un personaggio interessante. Il mio bisnonno materno aveva allevato da solo le quattro figlie e l'unico maschio – mio nonno –, perché la moglie era molto malata. Le figlie avevano dimostrato di possedere un certo temperamento e lui le aveva assecondate. Zia Graziella non si era voluta sposare: amava la musica classica e l'opera e viaggiava molto. A Roma, dove suo padre andava ogni anno, aveva fatto amicizia con cantanti liriche e direttori d'orchestra e parlava di quel mondo con ammirazione e nostalgia, talvolta usando il linguaggio dell'opera. All'età di quarant'anni si innamorò a distanza e perdutamente di un bellissimo ufficiale di cavalleria. Ogni pomeriggio, quando faceva la passeggiata in carrozza con una delle sorelle, il militare la guardava intensamente. E quello sguardo la stregò. Pur non sapendo nulla di lui lo voleva, e insistette con il padre fino a quando questi non si rivolse al generale della caserma per prendere informazioni: il giovane era celibe, non abbiente, e apparteneva a una buona famiglia di paese. La zia non si scompose: «Ho abbastanza denari per tutti e due. Lo voglio». Il padre dovette comunicare al generale che l'ufficiale poteva farsi avanti e chiedere la mano della figlia.

«Non la conosco» fu la sua risposta quando il generale lo interpellò.

«Non è possibile. Volete farmi credere che questa donna se l'è inventato, che voi la ammirate quando esce con il suo landau?!»

A quel punto il giovane esclamò: «Ho capito chi è!» e poi, con il candore che mai lo avrebbe abbandonato, si affrettò a precisare: «Io guardavo i cavalli, delle gran belle bestie, non le donne nel landau».

La storia fece ridere tutta Agrigento e giunse alle orecchie della zia. Anziché esserne umiliata, ne fu contenta: «Lo voglio ancora di più» disse a suo padre. «I cavalli sono una passione che costa poco: avrà tutti quelli che vuole.»

Il matrimonio fu felicissimo. La zia introdusse il giovane marito ai viaggi, alla musica, a qualunque piacere lui desiderasse. Nonostante si dicesse che zio Vincenzo non gliene aveva mai dato motivo, lei stessa, anche da vecchia, confermava di essere stata sempre gelosissima: «Devo guardarmi dalle donne, dai cavalli e da tutto quello che si muove. Con gli uomini non si sa mai». Viaggiavano molto in Germania e in Francia, ma si avventurarono persino in Spagna e, una volta soltanto, in Inghilterra: quando l'hotel Ritz aprì a Londra, la zia, devota cliente del Ritz di Parigi, decise di portarvi il marito. Fu un viaggio avventuroso: la Manica non era lo Stretto di Messina, era un mare grandissimo, e con forti correnti.

Londra offese zia Graziella perché «troppo grande e caotica».

Nel Settecento aveva già superato Parigi e all'inizio dell'Ottocento raggiunse il milione di abitanti dell'antica Roma. Inaugurò il XX secolo con una popolazione di sei milioni e mezzo di abitanti, molti dei quali stranieri. Era in assoluto la città più grande della storia, più di Baghdad e Ur. E la più moderna: al funerale della regina Vittoria, nel 1901, apparvero le prime automobili; iniziarono a soppiantare il traffico a cavallo, ancora vivace, che cessò nell'arco di un decennio.

Proprio a Trafalgar Square, la zia ebbe una brutta esperienza che decretò la fine della sua spedizione in Inghilterra. Voleva attraversare la piazza: «Non rotonda, non quadrata e di nessuna forma geometrica. Un campo di battaglia su cui si aprivano stradine e stradone, viali e vicoli. C'era molto traffico: non soltanto di carrozze, omnibus e automobili, ma anche di gente... sbucava persino da sotto terra! Erano i passeggeri delle stazioni ferroviarie sotterranee e sembravano formiche». La zia si agitava, raccontando quell'inferno. Oltre a quel viavai, proprio sotto la Colonna di Nelson c'erano attori, saltimbanchi, bancarelle dove si comprava di tutto, cani randagi, bambini che si rincorrevano, adulti che davano da mangiare ai piccioni e un popolo che andava e veniva, comprava o si fermava a parlare. Zia Graziella, che pure non si arrendeva facilmente, non ebbe il coraggio di attraversare la piazza. Dovette prendere una delle ultime carrozzelle a nolo. Una volta in albergo, dichiarò: «Da qui, si esce soltanto per tornare a Parigi». E così fu. Londra non faceva per lei. Il suo *cuntu* era così convincente che dissuase un paio di generazioni della famiglia Giudice dall'andare in Inghilterra. Io ero stata la prima ad attraversare la Manica, in aereo.

4
Un'altra mesta partenza

> *It is always observable that silence propagates itself, and that the longer talk has been suspended, the more difficult is to find anything to say.*
>
> È sempre possibile notare che il silenzio si propaga, e più a lungo è interrotta la conversazione, più diventa arduo trovare qualcosa da dire.
>
> SAMUEL JOHNSON

Oxford, agosto 1972, le sei di un giovedì mattina.

Il trillo della sveglia risuonò nel bungalow, ma io ero già in piedi e vestita. Le lenzuola, piegate sul materasso, erano pronte per essere riposte nella sacca delle cose essenziali. Misi sul fornello la caffettiera preparata la sera prima e nel frattempo rovesciai nella ciotola di Chippy, il nostro rough collie, il contenuto della lattina già aperta – l'apriscatole era stato imballato con il resto degli attrezzi da cucina. In giardino, il laburnum era una cascata di grappoli dorati; le peonie tardive, rosso cupo e gonfie di petali, davanti ai vetri della finestra della sala da pranzo sembravano la decorazione di un paravento giapponese Ukiyo-e. Mi fermai ad ammirarle: era il mio addio all'amatissima casa di Oxford, prima che arrivassero i traslocatori.

Era stata una settimana movimentata. Due giorni prima mio marito e io eravamo tornati dalla Sicilia, poi lui era andato a Ginevra per lavoro e mi avrebbe raggiunto quella sera stessa a Londra. Avevamo lasciato i bambini in campagna a Mosè, da mia madre, dove sarebbero rimasti il resto dell'estate. Era tanto tempo, e il più piccolo dei miei figli aveva solo due mesi. Mi mancavano.

Seguivo mogia il camioncino dei traslocatori sull'autostrada, con Chippy nel bagagliaio. Anche lui era muto, nemmeno un uggiolio. Guardavo a destra e a sinistra la dolce campagna ondulata dell'Oxfordshire. Poi, un flash. Quando ero piccola, un'estate mio padre mi aveva portata a Marsala sul suo bel coupé amaranto: scortava un camion carico di uva della sua campagna, San Giorgio, destinata alle cantine di un'azienda vinicola. Non sapevo se fosse per proteggere il carico dai malviventi, o se papà non si fidasse del camionista; forse era una diffidenza generalizzata, o forse in Sicilia si faceva così. Non avevo osato chiedere. Papà rimase zitto tutto il tempo. Davanti a noi, rassicurante, il camion della nostra uva avanzava mandando una nuvola di fumo dal tubo di scappamento. Di quel viaggio silenzioso ricordo soltanto il panorama – campi, montagne, case, e il mare, grande, piatto, luminoso, appena più scuro del cielo, tutto un bagliore. Ben diverso da quello che vedevo adesso percorrendo la A40, ma altrettanto bello: campi verdi, colline ondulate, un magnifico cielo celeste con nuvole in fuga. Nemmeno questa volta sapevo bene perché fossi lì, con un cane nel bagagliaio, dietro un camion con dentro le nostre cose, tutta sola, diretta a Londra.

Il camioncino aveva superato Heathrow. Lo avrei seguito nel lungo attraversamento della città, superando il ponte di Chelsea e penetrando nel sud di Londra: non perderlo sarebbe stato arduo, c'erano tanti semafori. Me l'aveva promesso, mio marito: quel trasloco – il quinto in quattro anni di matrimonio – sarebbe stato l'ultimo. «Lasceremo la casa di Dulwich quando i nostri figli saranno laureati.» Londra avrebbe soddisfatto tutte le nostre necessità e tutti i nostri desideri. Ma lui non era lì a ripetermelo, era a Ginevra. La data non era stata fissata a caso: a mio marito i traslochi non piacevano, e sarebbe stato più di impaccio che di aiuto. *Tutte le nostre necessità e tutti i nostri desideri.* Anche le mie? Anche i miei?

«È tutto quello che possiede?» aveva chiesto sarcastico il capo degli operai. I nostri mobili erano patetici, ammonticchiati in un angolo del salone della casa nuova. Confusa al pensiero di tutte le cose da comprare e da fare, cominciai dalla parte che preferivo: montare la libreria ai lati del camino di marmo, usando mattoni e travi. Per primi, negli scaffali bassi, i libri di mio marito. Li guardavo a uno a uno. Classici della letteratura inglese e russa, in lingua originale. Presi un volume con la copertina di tela, molto vecchio. *The History of Rasselas, Prince of Abyssinia.* Di un certo dottor Johnson. Nell'introduzione si diceva che l'autore aveva anche compilato il primo grande dizionario della lingua inglese. Poi un altro, *Essays*, stesso autore. Lo posai. Avevo lasciato a Oxford il libro di un altro medico, il dottor Spock, *Baby and Child Care*, che non mi era piaciuto per niente. Nonostante i cinquanta milioni di copie vendute. Poi andai in cucina a preparare qualcosa da mangiare: mio marito sarebbe arrivato nel pomeriggio.

Quella sera, dopo cena, al pub vicino a casa, gli chiesi: «Chi è il dottor Johnson?».
«Un illuminista. È tra gli uomini che più hanno contribuito alla grandezza dell'Impero britannico.»
«Che genere di medico era?»
«Per la verità, credo che di medicina non ne sapesse più di me...»
«Cosa intendi dire?»
«Sono dottore anch'io.»
«Che c'entra! Tu non ti firmi "dottor Hornby", e tantomeno ti fai chiamare così!»
«In effetti, penso che non gradisse essere chiamato dottore,

e comunque si firmava Sam Johnson.» Mio marito prese un lungo sorso di birra. «Sì, è passato alla storia come "dottor Johnson", ma non era mai nemmeno andato all'università.» E mi spiegò che Johnson aveva in effetti compilato il più grande dizionario inglese del mondo, che lo aveva reso famosissimo. L'Università di Oxford, arrogante e smaniosa di affermare il proprio primato, non poteva tollerare che l'autore di un'opera così prestigiosa non fosse un suo ex allievo. Tantomeno che fosse un autodidatta. Pertanto, con tipico pragmatismo inglese, gli aveva conferito la laurea *honoris causa* in Giurisprudenza. «Del resto, se fosse stato ricco si sarebbe laureato proprio a Oxford. Da ragazzo aveva cominciato a frequentare il Pembroke College, ma non aveva potuto completare gli studi perché non era in grado di pagare la retta.»

«E Johnson che cosa fece quando gli offrirono la laurea?»

«Accettò con gratitudine. Non portava rancori, era un grand'uomo.»

Mio marito tacque: si guardava intorno distratto, seguiva altri pensieri.

L'autore di un dizionario... non mi interessava. E finii di bere la mia birra, in silenzio, meditando sul passato.

Avevo trascorso due anni importanti, nel bungalow di Oxford. Anni felici e affaticati. Lo avevamo comprato al nostro ritorno in Europa dallo Zambia, nel 1970: era piccolo, ma con un potente riscaldamento centrale che faceva contento mio marito e un bellissimo giardino che era la mia gioia. A Oxford ero diventata madre due volte. E avevo fatto alcune amicizie belle e durature attraverso il baby-sitting club, un circoletto fondato dalla mia amica Sylvia in cui – per risparmiare – ogni mamma a turno badava ai figli delle altre. E avevo scoperto così l'organizzazione domestica delle famiglie inglesi: i lavori di casa, tutti a carico della donna, erano divisi per i giorni della settimana:

il lunedì si lavava e il martedì si stirava; il mercoledì si usava il forno per il *baking*: torte, biscotti e la *pie* ripiena della carne avanzata dall'arrosto della domenica, tritata, insaporita con cipolla e carote e ammorbidita con abbondante *béchamel*; il giovedì si puliva la casa e il venerdì si faceva la spesa per il fine settimana. Il marito si occupava dei lavoretti di manutenzione, come sostituire la guarnizione di un rubinetto o un fusibile, tagliava l'erba del giardino, ed essendo moderno, ogni sera lavava i piatti. Il mondo universitario inglese mi aveva accolto bene, avevo cominciato a conoscerlo attraverso i docenti amici di mio marito e come uditrice: avevo infatti ottenuto il permesso di seguire un corso di teatro giapponese. I rudimenti della lingua li avevo imparati con un insegnante privato: Yamaguchi, un dottorando in geologia, al quale in cambio insegnavo "come vivere con gli inglesi" – un corso inventato da noi due che abbracciava galateo, politica, cucina, arte, e quello che chiamavamo "sopravvivenza": dove trovare la lavanderia più vicina a casa, da chi fare riparare l'orologio o restringere i pantaloni ecc. Inoltre, avevo partecipato attivamente al Women's Liberation Movement, nonostante le mie gravidanze non avessero incontrato l'approvazione di alcune "sorelle"…

Con la nascita del secondo figlio, il bungalow era diventato troppo piccolo per noi quattro. In più, mio marito lavorava a Londra già da sei mesi e faceva il pendolare. Dovevamo trasferirci. Lui non aveva il tempo di cercare casa, e se n'erano incaricati i suoceri, con grande entusiasmo. Purtroppo, le case che piacevano a loro erano fuori dalla nostra portata. Uscimmo dall'impasse grazie a mio suocero; imbarazzato, e con tatto, ci fece capire che sarebbe stato meglio per tutti se avessimo continuato la ricerca da soli. Mamma, venuta per la nascita, mi disse: «Io resto qui con i bambini, tu vai a Londra e trova una casa adatta a voi». Mio marito mi aveva dato carta bianca, ponendomi soltanto tre condizioni: la casa doveva essere vicina a una stazione ferroviaria o della metropolitana che raggiungesse la City, dove lui lavorava, in meno di mezz'ora; doveva avere una stanza, luminosa, che lui potesse usare come studio; e non doveva costare più di una certa cifra. Per il resto, qualsiasi quartiere andava bene.

I rapporti con le agenzie immobiliari si erano rivelati da subito difficoltosi, per questioni di linguaggio. Io volevo una casa di almeno sette vani, loro invece mi chiedevano quante camere da letto desideravo: una domanda indiscreta, secondo me.

«Non importa, decideremo poi dove dormire, ma voglio sette stanze. Più i servizi.»

«Mi deve dire quante camere da letto vuole, signora. Qui si fa così.»

«Se le dicessi che ne voglio due?»

«Le suggerirei di cercare un quadrivano.»

«Ma io la voglio più grande!»

«Allora deve prenderne una che abbia più camere da letto.»

Era un dialogo tra sordi. Accettai frustrata che io dovevo cercare una casa con cinque camere da letto, solo così sarei arrivata ai sette vani richiesti. Con gli inglesi, in certe faccende bisogna darsi per vinti, soprattutto quando si va contro una prassi ben radicata che funziona per gli addetti ai lavori – specialmente se di intelligenza modesta. Il loro motto è: *If it works, why change?* «Se funziona perché cambiarlo?», che in fondo non è del tutto sbagliato.

Ero sommersa dai depliant, scritti in un linguaggio per iniziati di cui non capivo quasi niente: ma a poco a poco imparai, e finii per innamorarmi di una scala. Era fotografata sul depliant e apparteneva a una casa del 1860 di East Dulwich, nel sud di Londra. Le finestre del primo piano, piccole e ad arco, le davano un'aria di gioiosa sorpresa, come fosse felice di vederti. Attraverso un portico bianco sostenuto da due colonne appiattite contro il muro, si entrava in un ampio corridoio che divideva la casa in due metà identiche e finiva in una portafinestra con una cornice ambra e celeste, affacciata sul giardino. A sinistra, due ambienti luminosi e molto grandi: "Il soggiorno dei bambini e la stanza da pranzo!", pensai immediatamente. A destra, iniziava invece la famosa scala, a colonnine tornite laccate di bianco, con il corrimano bombato di mogano scuro tirato a cera. Al centro del primo scalino, che si allargava formando un semicerchio, una colonna avvolta da foglie di acanto stilizzate attorno a cui si attorcigliavano le colonnine della balaustra. Il corrimano, avvolto su se stesso e appoggiato sulle colonnine, sembrava il tetto di un tempietto. Il contrasto tra il mogano del corrimano e il bianco lucido delle colonne era magnifico. Sul primo pianerottolo, dai vetri smerigliati – bordo rosso e angoli blu – di un'enorme finestra d'epoca entravano fiotti di luce colorata.

Quella casa mi sembrava non solo bellissima ma perfetta per la nostra famiglia. C'erano abbastanza camere da letto per noi e per gli ospiti, paganti e non, e in più nella mansarda, dove un tempo dormiva la servitù, c'era un appartamentino. La cucina aveva, ancora intatta, una *scullery* vittoriana: una stanza con un ampio lavello in cui si mondavano le verdure e si lavavano pentole e vasellame, dalla quale si accedeva alla carbonaia. Nel grande giardino i miei figli avrebbero potuto giocare a calcio. La proprietaria, moglie di un fruttivendolo che aveva fatto fortuna, mi parlò in modo spiccio ma cortese: avevano già un'opzione d'acquisto valida fino a mezzogiorno, mancavano dieci minuti. Nell'attesa, mi offrì il tè in una tazzona di ceramica dal manico robusto. Io non osavo chiederle di vedere i piani di sopra. Aspettando che scadesse l'opzione, guardavo l'orologio alla parete, e lei pure. «Non hanno chiamato» disse a mezzogiorno in punto. «Avrebbero dovuto, per correttezza, anche solo per dire di no. Lei è interessata?»

«Sì. Posso fare una telefonata?»

La casa costava tremila sterline in più rispetto a quanto stabilito da mio marito. Gliela descrissi rapidamente. «A me piace» mormorai, conscia dello sguardo della proprietaria.

«Dammi il numero di telefono e ti richiamo tra cinque minuti, devo fare i conti» rispose lui: aveva capito.

Aspettai, tesa. La signora mi raccontava dei suoi figli – la bambina voleva fare la ballerina, il maschio invece l'attore –, ma io non ascoltavo. Poi, finalmente, mio marito chiamò: «Possiamo prenderla, ma avremo una cifra limitatissima per metterla a posto. Hai capito?».

«Sì.» E promisi che ci avrei pensato io. Quindi mi rivolsi alla signora: «Grazie, la compro. Posso vedere il resto della casa?». Ho vissuto a Underhill Road per trent'anni, perlopiù felici, e non mi sono mai pentita di quell'acquisto d'impulso.

5
Sogno di lavorare.
La prima passeggiata nel quartiere degli avvocati

> *Few things are impossible to diligence and skill. Great works are performed not by strength, but perseverance.*
> Poche cose sono impossibili se si è diligenti e dotati di capacità. Le grandi opere si compiono non con la forza, ma con la perseveranza.
>
> SAMUEL JOHNSON

A Londra si viene a vivere per lavorare, non per diletto. Anch'io volevo lavorare, come avvocato, ma non subito. Mi sarei dedicata ai figli, alla casa e a conoscere Londra non più da turista ma da residente – tre belle occupazioni –, ma senza trascurare di frequentare gli amici avvocati, prendere informazioni sull'area di specializzazione e sul praticantato e, una volta fatta la mia scelta, registrarmi per i corsi professionali. Portavo i bambini a passeggio nel quartiere degli avvocati, gli Inns of Court, proprio all'inizio della City of London, per assorbirne l'atmosfera e conoscerlo meglio, ma in realtà ero spinta dal desiderio di iniziare il lungo percorso per diventare avvocato.

Da Dulwich, in tre quarti d'ora l'autobus 176 ci portava al di là del Tamigi. Carica di borse e giochini, il piccolo nel passeggino e il grande in piedi sulla sbarra posteriore, iniziavamo la nostra passeggiata ad Aldwych, un grande slargo a forma di spicchio di luna e punto di incontro tra il West End e la City, che iniziava a Fleet Street. In Old English, *aldwych* sta a indicare un mercato dove si vendono mercanzie dei generi più diversi, come negli odierni centri commerciali. Ancora oggi, Aldwych è il punto d'incontro e di fusione tra la Londra commerciale e quella governativa, e si presenta come un pasticcio di costruzioni vecchie e nuove: King's College, parte della University of London, Somerset House – un palazzone settecentesco, ex residenza reale, ora museo e galleria di mostre temporanee; di fronte, una chiesa settecentesca strangolata dall'amplesso di asfalto sembra un'isola spartitraffico, e mi ricorda i tempi di Enrico VIII quando diede origine allo scisma per far sì che la religione fosse soggetta a forze più potenti.

A est, la chiesa di St Clement Danes, bombardata durante la guerra e ricostruita dalla Royal Air Force, segna l'inizio della City of London dai tempi in cui Aldwych, nel IX secolo, era la capitale del regno dei conquistatori danesi; dietro l'abside e rivolta alla City, la statua di Samuel Johnson con un libro in mano. Andavamo sempre a guardarla: al figlio maggiore piaceva quella figura robusta imparruccata. E quanto a me c'era qualcosa che mi attraeva in quell'uomo, ma non sapevo cosa.

Spingevo il carrozzino sul marciapiede destro di Fleet Street; passavamo davanti alla Lloyds Bank, e a volte vi entravamo: non avevo mai visto una banca tanto bella, tutta mosaici, decorazioni in ceramica e raffinatissime sculture Liberty. Poi, da una porticina laterale accanto al portone sbarrato, a Middle Temple, entravamo in uno dei quattro Inns of Court, le scuole-corporazioni dei *barristers*.

In Inghilterra esistono due tipi di avvocati, i *barristers* e i *solicitors*, organizzati in un sistema costosissimo e secondo me medioevale, che in parte è stato modificato. I *barristers*, ovvero gli specialisti e i patrocinanti, che lavoravano negli Inns in studi associati chiamati *chambers*, costituivano storicamente l'aristocrazia dell'avvocatura e tra loro venivano scelti i giudici. Non potevano essere contattati direttamente dai clienti, ma soltanto tramite i *solicitors*, avvocati socialmente inferiori che non avevano il diritto di patrocinare nei tribunali superiori e che non potevano essere nominati giudici. Il *solicitor* era un po' come il medico di base, e spesso il suo ufficio era all'interno dell'Inn. Se una causa finiva in contenzioso lui accompagnava il *barrister* in aula, facendogli da assistente. A me sarebbe piaciuto fare il *barrister*, mi affascinava il dibattito in aula. Ma il migliore amico di mio marito, Ken, un *barrister* che aveva scelto la carriera politica e che all'epoca era stato eletto per la prima volta in Parlamento, mi consigliò: «Dovresti fare il *solicitor*, per tre motivi: primo, sei una donna, e tra noi *barristers* le donne sono ancora discriminate. Secondo, sei una straniera e non imparerai mai bene il nostro linguaggio. Terzo, sei la moglie di un mio caro amico e lo legheresti a Londra; questo potrebbe danneggiare sia la sua carriera sia la posizione finanziaria della famiglia. Se fai il *solicitor*, invece, potrai lavorare dovunque e anche part time».

Accettai il consiglio e non ho mai avuto motivo di pentirmene.

Passavamo dai cortili ombrosi di Middle Temple a quelli di Temple: i due Inns erano un tutt'uno architettonico, avendo occupato monasteri limitrofi dei quali avevano in parte conservato l'atmosfera; molti edifici danneggiati dalle bombe erano stati ricostruiti più o meno tali e quali. Sembrava che il tempo si fosse fermato e che il vecchio e il nuovo fossero un tutt'uno, avvolto nel silenzio e nei profumi degli splendidi giardini che si srotolavano dolcemente verso il fiume come tappeti orientali punteggiati di fiori. Portavo i bambini a Temple Church, la chiesa rotonda costruita dai Templari in stile gotico, tutta un gioco di chiari e scuri, e li invitavo a posare le mani sulle ruvide decorazioni di pietra, per "sentirle". Prima di raggiungere Fleet Street, facevamo un picnic sotto il grande albero al centro del cortile che avevamo adottato come sala da pranzo, vicino a Middle Temple Hall, scampata al Great Fire of London, il Grande incendio del 2 settembre 1666, e tuttora intatta. Mentre i bambini mangiavano, io ammiravo la facciata gotica e le grandi vetrate policrome della Hall con un pizzico di amarezza – gli Inns sembravano posti di studio e di lavoro tranquilli, sereni, ordinati, al servizio della giustizia. Poi mi consolavo al pensiero che come *solicitor* avrei potuto conciliare meglio famiglia e lavoro. Dopo aver sistemato casa e figli mi sarei concentrata sull'esame di ammissione alla Law Society, l'ordine dei *solicitors* – il corso al College of Law, la scuola professionale per diventare *solicitor*, sarebbe iniziato nel febbraio successivo e speravo tanto di poterlo frequentare. Poi avrei dovuto cercare uno studio dove fare apprendistato. Due ostacoli da superare, in fretta; non mi aspettavo di incontrare difficoltà.

La prima traversa di Fleet Street è Chancery Lane; la sede monumentale della Law Society, l'ordine degli avvocati, fa angolo con Carey Street, dove si trova la President's House, una bella casa seicentesca a tre piani: qui si riuniva il Comitato della Law Society, che dopo un colloquio avrebbe deliberato sull'ammissione di studenti stranieri al College of Law.

Il mio colloquio fu umiliante, contro ogni aspettativa. I sette membri del Comitato – tutti uomini anziani – mi misero sulla graticola con domande bizzarre che ricevettero risposte altrettanto bizzarre, seppur veritiere.

«Parla l'inglese correntemente?»

«Ho studiato all'Università del Kansas, dove gli studenti devono parlarlo e scriverlo.»

«Legge i quotidiani inglesi?»

«Sì.»

«Ogni giorno?»

«Certo.»

«Quali?»

«Il *Times* e *The Morning Star*.»

«Very good.»

E poi, silenzio: il primo era il giornale della buona borghesia, il secondo quello del Partito comunista britannico, ora defunto. Finalmente uno, che non aveva aperto bocca, disse: «Ci spieghi perché non torna in Italia a esercitare la professione di avvocato».

«Fare il pendolare tra Londra e Palermo, con un marito che lavora a Londra e due bambini piccoli, nati e cresciuti in Inghilterra, sarebbe stancante. E anche costoso.»

Fu l'ultima domanda – «Dove ha conosciuto suo marito?» – a sciogliere la tensione e guadagnarmi l'ingresso al College of Law: dovetti ammettere di aver conosciuto mio marito a Cambridge. Vollero sapere in che disciplina si era laureato, perché aveva ottenuto ben due dottorati e in cosa, il nome del suo college e che lavoro faceva al momento. Mr Hornby superò a pieni voti la mia domanda di ammissione, non io, che avevo già una laurea in Giurisprudenza, seppur italiana, che ero stata una Fulbright scholar negli Stati Uniti e avevo lavorato a Lusaka presso uno studio legale con avvocati qualificati sia in Inghilterra che in Zambia.

Pochi metri dopo la President's House c'è un ingresso secondario a Lincoln's Inn, il mio preferito. Il cortile interno è magnifico: gli edifici degli avvocati circondano su tre lati un vasto prato alberato; sullo sfondo, accanto alla hall vittoriana, la biblioteca quattrocentesca è uno splendido esempio di architettura laica – vi si accede da una scala molto larga dalle proporzioni perfette. Possono salirvi anche i bambini, purché siano tenuti sotto controllo e non facciano baccano. L'accesso alla biblioteca è riservato ai membri dell'Inn e ai *solicitors*, previo permesso scritto. Lincoln's Inn ospita come inquilini alcuni studi legali di *solicitors*, tra cui J&J, presso cui avrei desiderato lavorare.

Passavo da un cortile all'altro, ognuno aveva la propria

fisionomia e il proprio carattere, come se fossero vivi, e poi sboccavo su Chancery Lane. I negozi che vi si aprivano erano dedicati agli avvocati: librerie, cartolerie, negozi di abbigliamento maschile per il tribunale – toghe, scarpe nere lucide, parrucche, brache e giacchette settecentesche per i cassazionisti, i *Queen's Counsel* –, gioiellerie dove acquistare preziosi e argenti per mogli e amanti, e i soliti pub, frequentati dagli avvocati a mezzogiorno e la sera dopo le udienze. Le cartolerie erano meravigliose: c'era carta di ogni tipo e colore, e poi blocnotes, mappe, matite e tutti gli articoli di cancelleria possibili e immaginabili, a prezzi molto convenienti. Lì compravo la carta colorata per i disegni dei bambini.

Mi piaceva entrare nel labirinto di stradine medioevali, il cui impianto è rimasto inalterato ma che sono fiancheggiate da edifici costruiti nei secoli successivi, alcuni modernissimi. Non ricordo come – probabilmente mi ero perduta nei vicoli –, mi ritrovai in Gough Square, una piazzetta seicentesca scampata al Grande incendio di Londra. Al centro, una statua raffigurante un gatto che mangia un'ostrica. Una scritta, sotto, lo identificava come il gatto del dottor Johnson, che aveva vissuto al numero 17, ora diventato la sua casa-museo. La casa di mattoni gialli anneriti dal tempo non aveva un ingresso invitante: quattro scalini stretti, ringhiere di ferro nero e una porta anch'essa nera. Il personale, formato interamente da volontari, tutti appassionati del dottor Johnson, era una fonte inesauribile di informazioni. La casa-museo è un posto meraviglioso per bambini e adulti: offre scarpe, cappelli e abiti seicenteschi che tutti possono indossare. Io andavo spesso al museo con i bambini. Mi sedevo su uno sgabello e gioivo della felicità dei miei figli: il piccolo, con un cappellaccio di feltro, mi guardava con gli occhi ridenti, mentre l'altro, con indosso una palandrana grigiastra troppo lunga, camminava sul pavimento di legno a grandi passi, raccogliendo tutta la polvere.

Tornando da queste passeggiate nel quartiere degli avvocati, a volte spingevo il passeggino verso la fermata del 176 con il cuore gonfio. Il giorno in cui sarei diventata *solicitor* mi sembrava tanto lontano.

6
Divento *solicitor* nella City of London

> *There are, in every age, new errors to be rectified, and new prejudices to be opposed.*
> In ogni epoca si incontrano nuovi errori da correggere e nuovi pregiudizi da sconfiggere.
>
> SAMUEL JOHNSON

Divenni *solicitor* a trent'anni, dopo aver superato gli esami e completato il praticantato, ma non presso lo studio J&J di Lincoln's Inn. J&J mi aveva dato molto lavoro per il recupero crediti di Harrods, il famosissimo grande magazzino di Knightsbridge, presso clienti stranieri e zambiani; pensavo che, conoscendomi già, mi avrebbero presa immediatamente. Mio marito non approvava: «Sono i legali della società per cui lavoro. Li conosco. Se scoprono che sei mia moglie non ti prenderanno, penseranno che cerchi lavoro senza il mio consenso. Si aspettano che io parli con loro. Insomma, che ti raccomandi». Ma le raccomandazioni non erano accettabili in casa Agnello, e nemmeno in casa Hornby, dunque secondo lui avrei dovuto rivolgermi ad altri studi.

Io insistetti nella mia decisione; gli ricordai che quegli avvocati conoscevano la qualità del mio lavoro in Zambia, e che le donne sposate erano libere di scegliere il proprio lavoro perfino in Sicilia. Dopotutto, l'Inghilterra aveva fama di essere più moderna della Sicilia... o no?

J&J rispose subito alla mia lettera e io andai al colloquio speranzosa. I due avvocati con cui parlai erano gentilissimi, sussiegosi: uno di loro era stato il mio committente. Dopo le domande formali sulle mie qualifiche professionali, passarono ad altre che avevano a che fare con me come donna e madre, inclusa la più offensiva: pensavo di avere altri bambini? Risposi educatamente a tutte, inclusa quella: *no, pensavo di no*. Ma dentro di me ero furiosa. L'avvocato che non conoscevo prese in mano il mio curriculum; gli diede una scorsa e poi mi chiese: «Cosa pensa suo marito della sua scelta di carriera?».

«Mio marito mi sostiene» risposi «comunque vorrei ricordarvi che impieghereste me, non lui.»

A quel punto, tutti e tre capimmo che non ci saremmo più rivisti.

Non era stato difficile trovare un altro studio in cui fare pratica, secondo me anche migliore. Divenni praticante presso il più noto studio italo-inglese di Londra, sotto la guida dell'avvocato William Middleton – a dispetto del nome, un romano nato, vissuto e laureatosi in Giurisprudenza a Roma, approdato oltremanica dopo la guerra –, straordinario maestro di diritto e di vita. Il suo studio era a Old Jewry, nel cuore della City, dove si erano stabiliti i primi ebrei venuti al seguito di Guglielmo il Conquistatore. Erano prevalentemente famiglie di Rouen. La City of London, ora parte della Greater London, ha tuttora una struttura municipale semi-autonoma basata sulle corporazioni, con un proprio Lord Mayor, e consiste di un territorio rettangolare che si estende dalla riva nord del Tamigi – da London Bridge fino a Tower Bridge – per circa un miglio quadrato, con appena 7 000 abitanti, e 400 000 persone che vi lavorano ogni giorno.

La mattina prendevo il treno per la stazione di London Bridge, sulla riva meridionale del Tamigi. Da lì proseguivo fino a Cheapside e poi a Old Jewry. Camminavo spedita, intruppata nel flusso dei pendolari, pensando al lavoro che mi aspettava. Ero circondata da gente molto più alta di me; gli uomini erano in maggioranza con abiti blu o neri, cravatta Regimental, discreti gemelli d'oro, cappotto attillato con il collo di velluto oppure impermeabile, borsa di pelle un po' vecchiotta in una mano e ombrello nell'altra; le donne, anche loro vestite di scuro, portavano al collo sobri foulard. Avanzavano, espressione concentrata e scarpe lucide, a passo militare, per me impossibile da tenere. Mentre nel resto della città non mi sentivo fuori posto, in quella folla di londinesi e turisti avevo la sensazione di essere tra gente diversa, alla quale avrei dovuto trovare il modo di adeguarmi.

La City esercitava su di me un grande fascino, per tre motivi. Primo: la sua solidità. Allora non c'era ombra di grattacieli e la maggior parte degli edifici erano pubblici – la sede della Bank of England e di altre banche, del London Stock Exchange (la Borsa) e delle corporazioni, ospedali ecc. Gli edifici "moderni" erano degli anni venti o addirittura edoardiani; i palazzi di pietra erano imponenti, costruiti per durare nei secoli; le ringhiere, le maniglie e i battenti delle porte di legno pregiato, lucidati alla perfezione e vistosi senza mai essere volgari; le vetrate delle finestre dai disegni raffinati, lucide e pulite. Perfino i marciapiedi e il selciato – sia delle strade principali sia di quelle secondarie – erano in perfette condizioni. Esprimevano una solida ricchezza, spirito imprenditoriale, gusto dell'ordine e amore per il bello.

Secondo: il rispetto del passato. La City ha mantenuto caparbiamente il tracciato medioevale, rimasto grossomodo quello di prima dell'incendio, con l'eccezione di qualche strada un po' più larga e di qualche angolo un po' più dritto. Era piena di stradine storte e perfino a zigzag, vicoli angusti e passaggi attraverso edifici moderni in cui un'automobile, anche volendo, non sarebbe potuta mai entrare: eppure, inutili righe gialle sul selciato proibivano il parcheggio. All'inizio non mi rendevo conto di come i londinesi fossero riusciti a mantenere la stessa pianta, visto che la City era stata rasa al suolo, e mi chiedevo anche perché lo avessero fatto: sarebbe stata un'ottima occasione per adottare un assetto urbanistico più moderno e adatto alle esigenze commerciali dell'epoca. Scoprii che si doveva tutto a un eclettico scienziato, uno dei tanti grandi uomini a cui Londra è debitrice: Robert Hooke, nato nel 1635 nell'Isola di Wight e londinese di adozione.

Hooke è uno dei miei eroi inglesi. Era molto studioso: rimasto orfano di padre, aveva dovuto lasciare la scuola. Ma non si arrese: a tredici anni andò a Londra a piedi diretto alla scuola di Westminster e offrì al preside il poco di eredità paterna che era riuscito a racimolare in cambio della possibilità di riprendere a studiare. Hooke divenne uno dei più grandi scienziati e artisti del secolo. La sua fama fu oscurata da quella di Newton. Quando scoppiò il Grande incendio era già famoso: da quattro anni era Curatore degli esperimenti presso la Royal Society, una nuova figura professionale creata appositamente per lui e che ne fece il primo studioso pagato al solo scopo di svolgere ricerche. Nei giorni successivi a quel fatidico 2 settembre, Hooke mise da parte i suoi esperimenti per pesare l'aria – che tanto divertivano il mecenate della Society, il re Carlo II – e si dedicò invece a studiare, misurare e delimitare con paletti e spago, il più velocemente possibile, il terreno già bruciato e i resti anneriti della City.

Quando i proprietari tornarono per riprendere possesso di ciò che potevano salvare dalle rovine ancora fumanti e per segnare i confini di quelli che erano stati i loro magazzini e le loro case, Hooke era tra loro, con le sue misurazioni e i suoi paletti, intento a segnare i nuovi confini il più vicino possibile ai vecchi, pronto a spegnere sul nascere le inevitabili dispute. Da allora, la City non ha fatto che prosperare. Per questo oggi i suoi grattacieli crescono vicinissimi gli uni agli altri e sono divisi da strade larghe quanto i carretti per i quali erano state costruite nel Medioevo. I londinesi preferiscono mantenere e rispettare il passato, e costruire e innovare senza distruggere.

Terzo: l'operosità e lo spirito etico. Nella City si riproponeva tra impiegati e dirigenti il rapporto di interdipendenza tra patrizi e plebei dell'antica Roma: il bene comune dipendeva dalla collaborazione tra i due gruppi, un conflitto tra loro lo avrebbe compromesso. L'East End forniva operai e impiegati diligenti, industriosi e ben istruiti in ottime scuole statali. La classe alta, educata nelle spartane scuole private, le *public schools*, aveva un'altrettanto forte etica di lavoro. Soltanto gli uomini al vertice – di donne non ce n'erano – potevano permettersi una vita rilassata: lunghe pause per il pranzo nei migliori ristoranti (i cosiddetti *liquid lunches*, in cui si beve molto e si mangia poco) e uffici deserti quando c'erano le corse dei cavalli ad Ascot, o le partite di cricket al Lord's – non all'Oval, il campo di cricket a sud di Londra, poco lontano da Brixton, dove giocavano le squadre nazionali caraibiche e indiane e che dunque veniva snobbato. Tutti gli altri lavoravano sodo. Ed erano ben pagati. Chiunque poteva sperare di fare fortuna: la City premiava chi aveva talento e ambiva al successo. La gente camminava per strada veloce, e in silenzio; negli uffici non perdeva tempo in chiacchiere con i colleghi e lavorava con poche pause. Quando era necessario, si lavorava di notte e il weekend – in genere tutti insieme.

La massima *Work hard and play hard* trovava piena applicazione durante l'intervallo del pranzo e la sera: gli impiegati della City si divertivano nel tipico modo degli uomini inglesi, bevendo. Per alcuni, bere era la strada per vincere la timidezza e comunicare con gli altri.

Osservavo i miei colleghi e mi attenevo ai loro comportamenti;

modificai senza fatica il mio abbigliamento per non essere diversa dai colleghi – il nero, il colore degli avvocati, mi è sempre piaciuto – e parlavo a voce bassa, senza gesticolare. Non mi pesava: mi sembrava una forma di rispetto nei confronti del paese che mi ospitava e mi dava lavoro, una maniera per esprimere la mia gratitudine e il mio desiderio di adattarmi al loro stile, anziché cercare di imporre il mio. Avere un linguaggio comune, poi, è fondamentale specialmente tra persone di madrelingua diverse; lo stesso vale per le norme di educazione. Adeguarmi al modo di parlare della City non è stato facile né gradevole. A parte l'abbondanza di *thank you so much, sorry, how kind of you!, may I...?, Would you mind...?*, l'inglese parla poco, e soltanto molto, molto di rado dei fatti suoi. Alla domanda *How are you?* si risponde immancabilmente con *Very well, thanks*, anche con la gola bruciante e la voce rauca. Se invece si sta proprio male o è successo qualcosa di molto triste, come una morte in famiglia, si risponde: *Not so well*, senza dare spiegazioni a meno che non siano richieste. E si dice sempre *please* prima di dare un ordine a un impiegato, concludendo con l'immancabile *thank you*. Soprattutto alle segretarie.

 Il linguaggio che si usa durante i processi è una lingua a sé, che *barristers* e *solicitors* devono imparare a padroneggiare con perizia. Anche nella corrispondenza tra avvocati esistono un codice ben preciso e una struttura propria. Una volta sola me ne allontanai, per amore di concisione, e mal me ne incolse. Nel corso di una compravendita piuttosto complessa risposi alla richiesta della controparte – espressa con una missiva di ben due pagine – con due sole frasi: «La ringrazio della sua lettera, ricevuta stamane. La risposta è sì». Appena ricevuta la mia lettera, l'avvocato della controparte mi telefonò: «Che cosa intendeva dire con quella frase?» mi chiese con un tono tra l'offeso e l'incredulo.

«Proprio quello che ho scritto. Sì. La sua richiesta è ragionevole e il mio cliente la accetta. Spero che ne sia contento.»

«Contento per niente! Mi ero preparato a fondo per controbattere a un suo no, ho fatto ricerche sulle sentenze a favore della mia tesi… e lei adesso nemmeno vuole sentire quello che avrei avuto da dire!»

«Precisamente» risposi. «Sa benissimo che siamo pagati a ore. Se risparmiamo tempo, i nostri clienti riceveranno una parcella più bassa.»

«Non c'è piacere a fare le trattative con lei, signora Hornby!» esclamò il mio collega prima di chiudere la conversazione.

In Inghilterra gli avvocati, sia in tribunale sia durante le trattative, parlano con lo stesso tono di voce, e soprattutto non la alzano mai; la frase indiretta è meglio accolta di quella diretta; bisogna far credere all'avversario che è bravo, che le sue proposte sono davvero ben pensate e che l'argomentazione legale è inoppugnabile; «purtroppo», però, le proprie sono migliori. Nelle trattative e nel controinterrogatorio, quando l'avversario espone la sua versione dei fatti, anziché dire: «Non è vero!», si contrattacca con: *You may well say that, but…*

Quando anche l'inglese cede all'emozione ed esclama: *Ridiculous!*, subito dopo deve fare marcia indietro con un *Of course, I exaggerated to make a point* e riprendere la discussione con il tono conciliatorio di prima. Se l'avversario va oltre il sostenibile e il buonsenso, anziché contraddirlo apertamente l'inglese commenta in tono piatto *Interesting*, inarcando leggermente un sopracciglio, o tutti e due.

La sera, la City si svuotava. I pochi residenti vivevano nell'enorme centro del Barbican – un complesso di palazzi costruito in cemento armato su aree bombardate, nello stile "brutale" del dopoguerra dalla City Corporation, cioè il Comune della

City, che avrebbe dovuto offrire abitazioni a prezzi modesti agli operai e ai piccoli impiegati. Invece gli appartamenti, peraltro molto belli, furono rivenduti a caro prezzo a professionisti e a gente facoltosa. Del Barbican facevano parte anche dei teatri, una sala da concerto dall'acustica perfetta, alcuni cinema, gallerie d'arte e una scuola d'arte drammatica. I vari palazzi erano collegati da ponti coperti e non e all'interno c'era un grande cortile, con al centro un'immensa vasca bassa, puramente decorativa; eppure il Barbican non aveva alcuna armonia, mi sembrava decisamente brutto. Anche lì, come nel resto della City, non si vedevano massaie, anziani, donne con bambini, scolari, e nemmeno un barbone. E nessun mendicante. I turisti erano rari.

A eccezione del centro culturale del Barbican, l'intera City chiudeva il sabato e la domenica: rimanevano aperti soltanto tabaccai, rivendite di panini, edicole, pub e ristoranti.

A quel tempo, la City era un centro di banche, assicurazioni e arbitraggi; inoltre, ospitava il London Stock Exchange e quelli delle *commodities*, il mercato delle materie prime tra cui apparivano da secoli il tè e il caffè; aveva perduto le colonie e la posizione di cui godeva nel mondo prima della guerra, e sembrava sonnolenta. Il primato mondiale fu raggiunto e mantenuto con il Big Bang della Thatcher, nel 1987, e da allora la City è l'indiscusso centro finanziario dell'Europa, in cui tutti lavorano tantissimo. Finché non crollano, o vanno in pensione prima del cinquantacinquesimo compleanno, con una fortuna in contanti o azioni.

7
Il Monument e il Lord Mayor's Show

If you are idle, be not solitary; if you are solitary, be not idle.
Se sei incline alla pigrizia, non essere solitario; se sei solitario, non essere pigro.

SAMUEL JOHNSON

Non sono mai riuscita a conoscere bene la City, quando vi lavoravo: c'era tanto da vedere, in quel miglio quadrato. Per esempio, non ero mai stata sul Monument – la colonna costruita da Wren in memoria del Grande incendio di Londra, fiancheggiata da edifici più moderni e rivolta verso il London Bridge –, e nemmeno ne conoscevo la storia. Mi fu raccontata, confusamente, dai miei figli, all'epoca, di sei e quattro anni.

Un pomeriggio del 1976, figli e marito erano tornati a casa molto contenti dopo una gita a Londra, una rarità in casa Hornby; mio marito lavorava anche nei fine settimana, ma quel giorno aveva staccato subito dopo pranzo per darmi qualche ora di libertà. «Cosa vi è piaciuto di più?» chiesi ai bambini. Anziché la risposta che mi aspettavo – «Il Knickerbocker Glory!», il gelato di cui andavano pazzi i bambini londinesi –, dissero in coro: «Il telescopio segreto!». Non capivo: la mattina avevano visitato insieme a me l'armeria e la sala delle statue dei cavalli reali alla Torre di Londra – i cavalli erano ritenuti di gran lunga più interessanti dei gioielli della Corona – e lì non c'era nessun telescopio. Poi eravamo andati a piedi a St Paul. Seduti sugli scalini della cattedrale, avevamo divorato i panini con prosciutto e lattuga portati da casa. Non c'era nessun telescopio nemmeno lì.

Poi era arrivato mio marito e ci eravamo trasferiti a un tavolino del Wimpy Burger, lì di fronte: quando i bambini andavano a trovare il padre in ufficio, era tradizione prendere il Knickerbocker Glory, un bicchiere molto alto e largo pieno di gelato di vaniglia e cioccolato guarnito con panna montata e sciroppo di more, poi altro gelato di vaniglia, altra panna montata e, in cima, uno strato di zuccherini colorati. Su cui erano infilzate due cannucce e un cucchiaio dal manico lunghissimo. Neanche l'ombra di un telescopio, da Wimpy.

I bambini succhiavano, mangiavano e si pulivano la bocca con il dorso della mano, ma non li rimproveravo – era un giorno speciale; intanto, ascoltavano la discussione tra me e mio marito sulla loro prossima meta. «La doppia cupola della cattedrale» avevo suggerito io, ma loro non erano d'accordo, avrebbero passato felicemente l'intero pomeriggio da Wimpy, rimpinzandosi di Knickerbocker Glory. «Una chiesa di Wren» avevo ritentato. Il figlio maggiore, che aveva posato sul piattino il cucchiaio gocciolante di gelato, pronto a protestare e a ingaggiare una trattativa con il padre, aveva fatto tremare il tavolino: la base molto piccola e il peso del gelato rendevano il bicchiere piuttosto instabile, un'altra scossa e si sarebbe rovesciato, ma la controproposta di mio marito – andare al Monument, la colonna costruita in memoria del Grande incendio di Londra, e fare una gara a chi arrivava per primo in cima – placò gli animi. Oltretutto, la gara avrebbe avuto un vincitore, e il vincitore un premio.

«Anche un altro Knickerbocker Glory?» aveva suggerito il maggiore.

«Non ve lo prometto. Prima andiamo al Monument, e poi vediamo che premio dare al vincitore» era stata la conclusione del padre.

Ma dov'era, allora, il telescopio?

Dunque, non soltanto il Knickerbocker Glory era stato secondo nella classifica di gradimento degli hornbini, ma era stato secondo a un telescopio inesistente! Mi sembrava il colmo.

«Dove li hai portati?» chiesi allora a mio marito. Lui non rispose: fumava, beato, e guardava il tramonto. «Come mai il Monument era chiuso?» incalzai.

«Non lo era. Ci siamo saliti» disse lui laconico senza distogliere lo sguardo dal cielo infuocato.

«E il telescopio?»

«Non si vede, ma c'è. È dentro il Monument. Enorme» intervenne il piccolo, tirandomi la gonna perché andassi a sedermi con lui.

Il padre colse l'occasione per svignarsela, e mi trovai sul divano con i bambini; raccontavano, eccitati, cosa avevano visto, e cosa il padre aveva raccontato loro a proposito del telescopio invisibile. E sulla storia di Londra.

«Lo sai che *in the olden days* tutte le case erano di legno?» disse il grande, irruente.

«Anche i ponti. Il ponte di Londra era di legno, e si rompeva spesso, o si bruciava» gli fece eco il piccolo.

«*In the olden days*, non c'era luce elettrica e nemmeno a gas. I forni funzionavano a legna.»

«E c'erano tante persone distratte, e buttavano via la cenere ancora accesa... e poi Londra bruciava.»

«E la gente moriva. Perché non c'erano i pompieri» mi spiegò il grande.

«No,» lo corresse il piccolo, «i pompieri c'erano, solo che non erano tanto bravi. E le pompe certe volte erano rotte.»

«Insomma mamma, il 2 settembre di tanti anni fa un fornaio buttò le ceneri ancora accese per strada, a Pudding Lane, e diede fuoco alla carta di giornali delle pattumiere...»

«Non era carta! Non ce n'era tanta di carta, allora. Erano pezzi di legno, lo ha detto papà.»

«Non ha importanza! Il fuoco diventò grandissimo, e il Lord Mayor non ci credeva...»

«Era molto maleducato il Lord Mayor.» Il piccolo aveva un'aria solenne. «Diceva che sarebbe bastata la pipì di una signora per spegnere quell'incendio.» Poi mi guardò perplesso: per lui ero onnipotente, soltanto qualche giorno prima mi aveva chiesto se potessi saltare dalla finestra e volare, come Batwoman. «Non è possibile mamma, vero? Neanche tu...»

Il grande interruppe impaziente. «Il Lord Mayor non capiva niente. Io non voterei mai per lui...»

«È morto tanti anni fa, non c'è più! Non puoi votare per un morto!» Il piccolo era trionfante.

L'altro cambiò argomento. «Invece il fratello del re era stato bravissimo: aveva fatto portare delle nuove pompe e aveva spento il fuoco.»

«No, non lo aveva spento lui! Papà ha detto che il fuoco si era spento da solo dopo cinque giorni. E tutta la City era diventata cenere!»

«Basta, stai zitto! Mamma vuole sapere del cannocchiale!» E girandosi verso di me, raccontò che il re aveva detto al suo architetto: «Christopher, costruiscimi tante chiese e una colonna per ricordare l'incendio, e dentro mettici un cannocchiale segreto che nessuno deve vedere». E l'architetto Christopher glielo aveva fatto subito. «Il Monument, una colonna enorme, vicino a dove era scoppiato l'incendio.»

«Se sdraiamo la colonna per terra, arriva proprio nel punto del primo fuo...»

«Stupido, la colonna non si può sdraiare! È di pietra!»

«Ma lo ha detto papà...»

Decisi di porre fine alla disputa. «E questo cannocchiale dov'è?»

«Dentro la colonna» rispose pronto il grande, «un cannocchiale lungo lungo, che non si vede da fuori. Hooke, uno scienziato molto bravo, andava in una cameretta nascosta nella base della colonna e da lì riusciva a vedere il cielo e le stelle attraverso il cannocchiale che saliva dal centro della colonna fino alla terrazza in alto.»

«Perché? Papà non ce lo ha detto. Perché voleva vedere le stelle?» si interrogava pensoso il piccolo.

«Perché le stelle sono belle! E perché i marinai, in alto mare, se guardano le stelle capiscono dove sono.»

«Ma sono in acqua! Lo sanno già dove sono!» Il piccolo era molto compiaciuto del proprio sense of humour.

Il grande lo ignorò, ormai si rivolgeva soltanto a me: «Lo sai che, durante l'incendio, un signore ha fatto un buco per terra e ci ha messo il suo pezzo di parmigiano, e poi lo ha coperto di terra per non farlo bruciare…».

«In acqua! In acqua! I marinai sono in acqua!» canterellava il piccolo.

Dovetti intervenire, il grande gli aveva dato uno spintone.

La sera mio marito mi spiegò che Sir Thomas Bloodworth, Lord Mayor della City nel 1666, era andato a visitare il luogo in cui era scoppiato l'incendio ed effettivamente aveva dichiarato che era «così piccolo che avrebbe potuto spegnerlo una donna facendo pipì». Dopodiché se n'era andato a dormire. La sua reputazione fu distrutta da una combinazione fortuita e micidiale: da una parte, l'intensa calura estiva e i venti secchi; dall'altra, la merce infiammabile ammassata nei magazzini di cui la City era piena. In più, le pompe dell'acqua non funzionavano bene ed erano state di poca utilità. Se in questa vicenda si dovesse attribuire a qualcuno il ruolo del Villano, quel qualcuno sarebbe proprio lui, Sir Thomas Bloodworth. Per lo scempio che seguì all'incendio, e per il commento volgare e maschilista. In quanto al parmigiano, Samuel Pepys ne aveva effettivamente seppellito in giardino un pezzo, per lui preziosissimo, nel tentativo di salvarlo dalle fiamme.

L'incendio di Londra, anziché essere considerato un castigo divino per gli orrori di Oliver Cromwell e la decapitazione di Carlo I, fu sfruttato dagli inglesi non soltanto per ricostruire la città bruciata ma per aiutare la ricerca scientifica: la costruzione della cupola di St Paul aveva anche lo scopo di fornire altezza, temperatura costante e assenza di spifferi per i pendoli che vi furono installati. Ma andarono oltre; il Monument, la colonna eretta a ricordo dell'incendio, è una costruzione a doppio uso: l'interno è cavo e ospita il tubo di un telescopio Zenith usato da Hooke per cercare di misurare la Terra.

Il tentativo di adoperare la colonna come un telescopio, secondo le indicazioni di Hooke e Wren, non era stato insomma un grande successo, ma mio marito, che un tempo era stato un radioastrofisico, aveva trovato le parole giuste per raccontare quella storia ai bambini ed entusiasmarli.

Londra divenne uno dei soggetti preferiti delle conversazioni degli hornbini. Promisi loro che a novembre li avrei portati al Lord Mayor's Show.

8
Lascio il lavoro alla City

> *Integrity without knowledge is weak and useless, and knowledge without integrity is dangerous and dreadful.*
> L'integrità senza conoscenza è debole e inutile, la conoscenza senza integrità è pericolosa e tremenda.
>
> SAMUEL JOHNSON

Nella City la qualità del lavoro era altissima: il cliente pagava profumatamente, c'era tempo per fare le ricerche e per redigere documenti ben fatti, completi e in ottimo inglese. Era un lavoro di squadra, in cui l'adrenalina scorreva veloce. E che non conosceva limiti. Anche i praticanti e i giovani avvocati si sentivano parte di un'élite intellettuale vicina al potere: quello vero, del denaro, superiore a quello politico. I capi sapevano cosa sarebbe stato pubblicato l'indomani sul *Financial Times* e mantenevano il riserbo, ma non con i collaboratori più promettenti: l'ebbrezza di essere inclusi nella cerchia dei fedelissimi, di sapere qualcosa che gli altri non erano autorizzati a sapere, dava a quei giovani l'illusione di essere importanti e li rendeva ancora più determinati e ambiziosi. Proprio come se fossero stati membri dello stesso club del capo. Ed erano consapevoli che sarebbe bastata un'indiscrezione per causare un grave danno e per distruggere la loro credibilità, per sempre. Lo stesso accadeva con la politica. Allora come ora, i ministri richiedevano consulenze alla City e, prima di presentare le proposte in materia di tasse e commercio, indicevano sondaggi informali che rimanevano *confidential*. Su queste basi – condividere qualcosa di cui il pubblico non era a conoscenza – le istituzioni della City offrivano il proprio lavoro gratis. Ero "troppo junior" per far parte di quell'élite, ma anch'io ogni tanto venivo messa al corrente di informazioni *top secret* dai partner e dai miei amici. Mai da mio marito: lui era vecchio stampo e – giustamente – teneva il segreto anche in famiglia.

Una volta soltanto la City fu colta impreparata: il 16 marzo 1976. Era una giornata di lavoro come tante e io stavo portando una pila di cartelle nella stanza delle segretarie; passando dalla reception, notai in un angolo il senior partner, un signore anziano famoso per essere sempre calmo e flemmatico: parlava, agitato, con due soci. Nel frattempo arrivavano altri soci e si univano a loro. «Wilson ha dato le dimissioni!» I soci erano una casta a parte rispetto agli avvocati, che non si avvicinavano mai a loro se non espressamente invitati: a quella notizia, però, gli avvocati di passaggio e quelli che sopraggiungevano avvertiti dalle receptionist fecero capannello insieme a loro. Gli impiegati erano tutt'orecchie.

Era successo che il primo ministro laburista Harold Wilson aveva dato le dimissioni senza informare in anticipo i notabili della City. «Nessuno ne sapeva niente! Nessuno ne sapeva niente!» continuava a ripetere il senior partner come se salmodiasse. *Nessuno ne sapeva niente!* Quello era lo scandalo: non le dimissioni in sé, ma che il primo ministro non le avesse preannunciate a nessuno di quelli che contavano, i *City Grandees*!

Tornando dalla stanza delle segretarie rallentai il passo, nella speranza che qualcuno mi dicesse qualcosa. Mi si avvicinò un junior partner: «Ha colto la City di sorpresa!».

«E che cosa succederà, oltre a un'elezione interna del nuovo leader del partito?» domandai.

«Niente, che vuoi che succeda...» E poi tornò alla carica: «Pare che nemmeno il direttore della Bank of England ne fosse stato informato. Questo non è modo!». Aggiunse risentito che il prossimo governo conservatore avrebbe dovuto risanare i rapporti con la City. Era un caso di lesa maestà, la violazione di una regola non scritta ma non per questo meno importante, un vero attentato al potere della City!

Non riuscivo a condividere il suo sdegno: per me, l'importante era continuare a lavorare.

Per quattro anni lavorai con passione nello studio dell'avvocato Middleton. Il diritto commerciale mi piaceva molto, clienti e colleghi erano gradevoli e non mi dispiaceva portare il lavoro a casa, la sera, come peraltro faceva anche mio marito. Ma tutto ciò era in conflitto con la mia famiglia. Le pressioni per la promozione a socio dello studio – l'ambizione di ogni avvocato della City – erano forti e conflittuali. Speravo di riuscire a conciliare carriera e famiglia. Ma era difficile. Sarebbe stato possibile a condizione di mandare i figli in collegio, un'ipotesi che escludevo nella maniera più categorica.

Un giorno di agosto ero sola a Londra; mio marito e i bambini erano già in Sicilia, li avrei raggiunti per l'ultima settimana di vacanze. Ero andata a teatro con i signori Boghilal, i genitori di Darshna, la mia grande amica indiana conosciuta al College of Law. Al Savoy Theatre, il delizioso teatro del famosissimo albergo sullo Strand, davano *Man and Superman*, di Shaw. Ricordo poco e niente dello spettacolo, perché a un tratto le battute fulminanti dell'eccentrico irlandese cominciarono a confondersi nella mia mente. Pensavo: "Man e Superman… Woman e Superwoman", e più pensavo ai fatti miei, più mi rendevo conto che anch'io stavo cercando di essere una superdonna: non avrei potuto essere una buona madre e allo stesso tempo un buon avvocato della City.

La folgorazione venne durante l'intervallo, mentre Mr Boghilal mi offriva il succo di pompelmo. Ero una donna normale, una madre che lavorava. Non una lavoratrice che era anche mamma. E non ero Supermum. Non c'era che fare: avrei lasciato la City, e cercato lavoro vicino a casa.

Comunicai la mia decisione a pranzo, il giorno del mio arrivo in Sicilia. Mio marito stappò una bottiglia di champagne. «Simonetta lascia il lavoro e non ne cerca un altro!» annunciò, e gli altri ripetevano, contenti: «Lascia il lavoro e non ne cerca un altro!». Soltanto mio padre non si unì al tripudio generale. Mamma mi disse: «Amore mio, è il tuo più grande successo».

Fui una madre a tempo pieno per sei mesi. Speravo di avere un altro bambino, la femmina desideratissima – che non venne. Avevo licenziato la bambinaia e la persona di servizio perché, se non facevo più l'avvocato, mi sembrava giusto che fossi io a occuparmi dei lavori di casa: la pulizia lasciava a desiderare; le camicie di mio marito erano stirate soltanto su polsi, colletto e i due davanti; gli ottoni e l'argenteria erano diventati opachi. Trovavo insopportabile fare la spesa e cucinare ogni giorno: preparavo i pasti in anticipo, ma a volte nella foga surgelavo tutto e quando dovevo mettere a tavola i figli ricorrevo alle solite frittate e patate fritte perché le polpette erano già ghiacciate.

Di pomeriggio mi mettevo a leggere e arrivavo regolarmente in ritardo all'uscita della scuola. Portavo i bambini al parco di Crystal Palace, un posto che ancora non cessa di stupirmi: i vittoriani vi hanno sparso dei dinosauri immaginari di ghisa, dipinti in colori vividi, che sembrano spuntare tra gli alberi, nuotare nel laghetto, rincorrersi giocando. E mi mettevo a leggere il giornale. Andavamo con il cane al parco di Dulwich, famoso per i rododendri e per il leggiadro laghetto, e mentre i bambini si divertivano sull'altalena io mi perdevo nei miei pensieri; il guinzaglio mi scivolava dalle mani e il cane scappava dietro alle cagnette. Quando visitavamo la Dulwich Picture Gallery, la più antica d'Inghilterra, piena zeppa di opere meravigliose, mi incantavo davanti al ritratto che Rembrandt fece del figlio Tito, e nel frattempo i bambini se la svignavano in giardino. Li portavo all'Horniman Museum, a due passi da casa, un interessantissimo museo etnografico e di strumenti musicali, e per poco non mi addormentavo su una panca mentre loro saltellavano attorno al tricheco imbalsamato, gonfio fino a scoppiare, strillando *galumph*, *galumph*, i nitriti immaginari del grosso mammifero, insegnati loro dal padre.

Alla fine il maggiore mi disse guardandomi dritto negli occhi: «Mamma, è meglio se prendi una brava bambinaia e torni a lavorare, non ne possiamo più di averti a casa». Mia madre e mio marito ne discussero a lungo. Alla fine concordarono, riluttanti.

9
Divento un avvocato dei minori

Hope is itself a species of happiness, and, perhaps, the chief happiness which the world affords.
La speranza è in se stessa una specie di felicità, e forse la principale felicità che il mondo consente.

SAMUEL JOHNSON

Nel 1979 diventai avvocato dei minori, *Child Care Solicitor*, presso il comune di Lambeth, a Brixton, nel sud di Londra. Fu per convenienza, e non per passione: il mio ufficio era esattamente a dodici minuti di automobile da casa, a Dulwich, e si lavorava con il *flexitime* – potevo insomma giostrarmi a piacimento le ore di lavoro. Mi occupavo dell'allontanamento dalla famiglia di minori maltrattati e di adozioni. Conobbi il mondo della burocrazia municipale, del welfare e degli assistenti sociali: alcuni magnifici, la maggior parte no. Conobbi lo squallore della miseria – disoccupati, diseredati, alcolisti, drogati, famiglie disfunzionali ai margini della piccola criminalità – e cosa significa, per figli e genitori, farne parte. Mi resi conto degli errori della politica assistenziale e filantropica del welfare in cui avevo creduto ciecamente, quella che dava vitto, alloggio e sostentamento a ragazze madri sedicenni. E toccai con mano il razzismo. Ma conobbi anche la forza della speranza. Ebbi modo di constatare la solidarietà delle famiglie, la generosità degli estranei, la redenzione di alcuni genitori, la dedizione di certi assistenti sociali, di medici e maestri, e la bontà delle madri affidatarie, le *foster mothers*, donne che accoglievano in casa i bambini allontanati dalle famiglie: il cuore grande di Londra. Due anni dopo fondai lo studio legale Hornby and

Levy con Marcia Levy, un'amica avvocato: il nostro ufficio era di fronte al municipio.

Brixton, una campagna a sudovest del Tamigi, lungo il fiume Effra, era stata inglobata nel territorio di Londra nella seconda metà dell'Ottocento, grazie alla ferrovia che partiva da Victoria Station. Alla fine del secolo era diventata un grosso mercato e un vivace centro culturale che attirava artisti e immigrati europei, come dimostrano l'imponente sinagoga, i teatri, i music hall e il cinema Ritzy. Nel dopoguerra, la forte immigrazione caraibica ne alterò la fisionomia etnica e sociale. Mentre nella City durante l'intervallo del pranzo andavo ad ascoltare i concerti nelle chiese o giravo per le strade, guida di Pevsner alla mano, a Brixton vagavo per il mercato.

Electric Avenue, la prima strada londinese illuminata dall'elettricità, era un'ampia curva costeggiata da due schiere compatte di edifici tardo-vittoriani color corallo scuro, un tempo elegante accesso alla stazione ferroviaria ormai inghiottita dal mercato. I venditori decantavano a gran voce la merce da dietro le bancarelle ai lati della strada. I clienti – caraibici, africani, mediorientali, sudeuropei e orientali – erano dappertutto: chi guardava i prezzi interrogandosi sulla convenienza, chi toccava frutta e verdura, chi chiedeva informazioni sui prodotti esposti, chi passeggiava tra la folla per ammazzare il tempo. Il mercato era tutto un fervere di attività. Ai lati delle bancarelle, cataste di cassette di frutta vuote e mucchi di verdura già pronti per i camion della nettezza urbana. I verdurai esponevano la merce in vassoietti di plastica avvolti nel cellophane mettendo in vista quella più presentabile, oppure creavano piccole piramidi di mele, pomodori, limoni, zucchine, carote in ciotole di plastica che offrivano a un prezzo ribassato.

Davanti ai camioncini frigorifero, i macellai vendevano la carne all'asta. Da cassette di plastica tenute in alto, così che i clienti non potessero guardarvi dentro, attingevano velocissimi con le mani umide e riempivano sacchi di plastica opaca di tagli assortiti, salsicce, interiora e ossa per il brodo, decantandone la freschezza; una volta riempito il sacco, lo pesavano e davano inizio all'asta, esaltando la qualità della carne. Il prezzo, anziché aumentare come succede di solito alle aste, partiva da dieci sterline e diminuiva nel silenzio del pubblico. La folla si infoltiva. *Six pounds, five ninety, five thirty...* Una o più mani si alzavano. Affare fatto. E si ricominciava.

Io preferivo il mercato coperto. La zona africana includeva i negozi di stoffe e abiti nigeriani, una festa per gli occhi: tagli di tessuti variopinti per i vestiti tradizionali, turbanti luccicanti, cappelli con fiocchi favolosi, tutto con accostamenti cromatici azzardati e straordinariamente raffinati. A terra, scatoloni di cartone pieni di rotoli di broccato, cotone stampato, rasatello e scatole più piccole stipate di scampoli. Lì tutte le botteghe erano gestite da donne. I pescivendoli africani vendevano pesce fresco e secco: piccoli barracuda affumicati a forma di anello, la coda infilata nella bocca; lunghi pesci grigi dalle teste enormi e altri pressati ed essiccati con le teste intere dalle cui bocche fuoriusciva, come un ventaglio rotondo merlettato, la dentatura completa. Un altro mondo rispetto alla galleria, più o meno contemporanea, del mercato di Leadenhall, quasi lussuoso, al quale si accede da Gracechurch Street: da nove secoli (è uno dei più antichi della City) sotto il suo tetto di vetro sostenuto da archi di ferro si vendono formaggi, tutti i tipi di cacciagione e pollame – fagiani, faraone, anatre, oche, quaglie e pernici. Eppure i miei clienti, che vivevano dei sussidi del welfare, erano spinti dalla stessa passione per il buon cibo e dal desiderio di comprare e cucinare per la famiglia le "loro" prelibatezze.

10
Disordini a Brixton

> *A lawyer has no business with the justice or injustice of the cause which he undertakes, unless his client asks his opinion, and then he is bound to give it honestly. The justice or injustice of the cause is to be decided by the judge.*
>
> La giustizia o l'ingiustizia della causa che accetta di perorare non riguardano l'avvocato, a meno che il cliente non chieda la sua opinione, nel qual caso egli è obbligato a darla onestamente. Spetta al giudice decidere se una causa è giusta o ingiusta.
>
> SAMUEL JOHNSON

Nell'ultimo quarto del secolo scorso Londra è stata teatro di numerosi episodi di violenza: sia attentati dell'Ira, il movimento indipendentista irlandese, sia moti a sfondo razziale nelle zone abitate dagli immigrati, come – per tre volte – Brixton.

Il pomeriggio di giovedì 9 aprile 1981 ero nel mio ufficio di fronte al municipio di Lambeth. Per effetto del *flexitime* c'era sempre un discreto viavai, ma quel giorno era un vero e proprio esodo: dapprima le segretarie, poi i ragazzi di studio, infine gli avvocati sfilavano davanti alla mia scrivania. Erano tutti mogi, anche le segretarie, che normalmente iniziavano a chiacchierare dal momento in cui si alzavano dalla sedia.

«Andrei, se fossi in te. Tira una brutta aria...» mi disse un collega.

E io, come una cretina: «Temporale?».

«Mettiamola così. Dài, andiamo.»

Aspettò che raccogliessi le carte da portare a casa e mi accompagnò al parcheggio.

Brixton era silenziosa. Tanta gente rincasava presto. Non capivo. Il cielo era coperto, come spesso capita, ma non pioveva ancora. Davanti al cinema Ritzy, il solito rasta gonfio di marijuana recitava i salmi ai passanti frettolosi. Nessuno della sua cerchia di ammiratori – bianchi e neri, ragazzi sfaccendati, vagabondi, donne anziane cariche di sporte della spesa – gli stava attorno. E nessuno degli altri passanti gli dava la pur minima retta. Qualcosa stava per succedere, ma non sapevo cosa. Pensai a un regolamento di conti, come tra cosche di mafia a Palermo, e non feci domande.

Quella sera ebbe inizio la prima rivolta dei neri contro la polizia di Brixton, a cui parteciparono cinquemila persone, con risultati drammatici: 280 poliziotti e 45 civili feriti, più di 100 automobili incendiate, tra cui 56 della polizia. Brixton bruciò per cinque giorni: 30 case furono rase al suolo e 120 danneggiate. Ci furono 82 arresti. Dall'inchiesta risultò che il comportamento dei poliziotti nei confronti dei neri, che aveva dato origine alla rivolta, era il risultato di precise direttive dall'alto e non di "iniziative" dei singoli agenti. Il razzismo era diventato parte di Londra e si era insinuato tra le file della polizia.

Il 28 settembre 1985 si impose all'attenzione pubblica un altro episodio di violenza della polizia nei riguardi di una donna giamaicana, incensurata, di cui avevano voluto perquisire la casa: cercavano il figlio maggiorenne. Alle sue rimostranze l'avevano picchiata, lasciandola paralizzata dalla vita in giù: era stata la miccia della rivolta. Le finestre del nostro studio furono frantumate, ma nulla fu rubato o distrutto. Ricordo bene quella sera perché ero in casa, avevo a cena la mia socia, Marcia, e altri invitati. Mentre eravamo a tavola arrivò la prima telefonata della madre di Marcia: «Brixton è in fiamme!». Seguirono telefonate da tutto il mondo – amici americani, indiani, italiani che avevano appreso della sommossa da radio e tv. Io cercavo di mantenere la calma e di fare il mio dovere di padrona di casa: passavo le patate, servivo l'insalata, aprivo una seconda bottiglia di vino bianco. La settimana seguente a Tottenham, nel nord di Londra, ci fu un altro episodio analogo.

Il 13 dicembre 1995, come reazione alla morte di un ragazzo nero tenuto in una cella della stazione di polizia di Brixton, scoppiò un'altra rivolta. Ero avvilita: tutto quello che era stato fatto, in particolare a Londra, per accogliere e far sentire parte della nazione gli immigrati di etnie, culture e religioni diverse, sembrava fosse stato vanificato dalla stessa polizia metropolitana.

Nell'estate del 2011 a Londra si sono verificati una serie di disordini nei centri commerciali; diversi negozi di Brixton sono stati saccheggiati e incendiati, ma – a differenza dei fatti del 1981, del 1985 e del 1995 – l'episodio non era collegato ad atteggiamenti razzisti.

Storicamente Londra ha incoraggiato, accolto e assorbito l'immigrazione, sia interna (da tutta l'Inghilterra e dalle altre nazioni del Regno) sia esterna. Ne ha sempre avuto bisogno, sin dal Medioevo: le condizioni sanitarie erano talmente orribili che, fino al 1870, le morti superavano di gran lunga le nascite e la città sopravviveva – non soltanto dal punto di vista economico – grazie agli immigrati di tutto il mondo. Nell'Ottocento, Londra era stata meta di ebrei, carbonari e dissidenti politici in fuga dagli Stati assoluti d'Europa, oltre che di quanti cercavano lavoro. Tutti bene accolti.

I britannici, e i londinesi in particolare, sono meno classisti e razzisti di quanto sembrino; rispetto ad altre culture accettano gente di colore ed etnie diverse con facilità, purché siano intelligenti o di successo, o disposti a lavorare per farsi strada. La storia lo dimostra chiaramente: nel 1868 Benjamin Disraeli, membro del Partito conservatore – quello dell'aristocrazia –, divenne primo ministro. Era un ebreo, molto intelligente e non ricco, e fu il primo ministro preferito della regina Vittoria. Disraeli non rinnegò mai le proprie origini ebraiche, anche se frequentava la Chiesa anglicana. Il primo deputato di colore fu un indiano, nel 1892, Dadabhai Naoroji. Il primo membro di colore della Camera dei Lord fu invece, nel 1969, un avvocato e famoso giocatore di cricket nativo di Trinidad, Lord Nicholas Constantine, seguito nel 1975 da Lord David Pitt, anche lui caraibico.

La storia di Pitt è ben diversa da quella degli altri due parlamentari. Era un medico laburista, che tentò ben due volte di essere eletto deputato: fu sconfitto sia la prima sia la seconda da campagne denigratorie di stampo razzista messe in piedi dal Partito conservatore.

Perché Londra, così liberale, era cambiata tanto?

11
La piazza di Brixton

A generous and elevated mind is distinguished by nothing more certainly than an eminent degree of curiosity.
Un alto grado di curiosità è la caratteristica che più nettamente di altre distingue una mente nobile ed elevata.

SAMUEL JOHNSON

Brixton è il sostituto migliore del mercato di Ballarò, a Palermo. Stringo i denti e dichiaro che ha qualcosa in più: l'atmosfera è rilassata e nella galleria del mercato coperto chiamata Brixton Village si trovano ottimi ristoranti di tutti i tipi e a prezzi abbordabili, negozi che vanno dal macellaio argentino alla boutique specializzata in parrucche, dal verduraio nigeriano che vende lumache giganti all'antiquario specializzato in Art déco (io ci compro i regali di Natale per i nipoti; quasi tutto il mio guardaroba – tranne le scarpe – viene da lì e dai negozi di abiti di seconda mano, o "vintage", come si dice oggi per fare chic). E c'è anche la pizzeria migliore di Londra, Franco Manca. La gente di Brixton è calorosa: ride, bisticcia, si ama. Mi chiedo se sia perché originariamente questo era un villaggio di artisti e teatri. Di teatri ne sono rimasti due, l'Academy e il Fridge, e un cinema, il Ritzy, costruito nel 1911 con 750 posti, uno dei più grandi del paese. Forse, più di altri quartieri della città, è una babele di lingue e un punto d'incontro di gente diversa: italiani, portoghesi, sudamericani, caraibici, africani, mediorientali e cinesi si mescolano per le sue strade. Tutte le religioni vi sono presenti, inclusa la Nation of Islam, una religione nordamericana di neri, non riconosciuta dall'Islam tradizionale.

Non tutto è perfetto, a Brixton. Circola droga, e molti commercianti sono costretti a pagare il pizzo. Ci sono i gruppi criminali degli *yardies*. E si uccide: in certi posti frequentati dagli spacciatori bisogna stare attenti. D'altro canto, mi è capitato di rincasare anche molto tardi, la notte, e non ho mai avuto una brutta esperienza. Una volta ne ho parlato con un poliziotto. Mi ha spiegato che il mondo dell'illegalità ha un suo codice ben preciso: i criminali rispettano i professionisti che agiscono contro di loro – poliziotti, avvocati, pm e giudici –, purché agiscano con correttezza.

Mi sento di casa a Brixton, non perché ci ho lavorato per tanti anni, e nemmeno perché ci hanno vissuto i miei figli. Mi sento di casa per via dei miei clienti – i molti che ho aiutato a ottenere quello che era giusto che ottenessero e i pochi per i quali non ho potuto fare niente – e delle loro controparti. Li incontro mentre scelgo le melanzane al mercato, alla fermata dell'autobus, quando prendo il caffè sulla piazza del Ritzy. Le prime volte ero preoccupata, soprattutto per certi omaccioni tutti muscoli e capelli rasati che avrebbero potuto buttarmi per terra con una gomitata. Invece mi fermavano e si accertavano che fossi io, l'avvocato della loro ex compagna. «Fair play» mi disse uno che aveva massacrato la compagna a pugni ed era stato in prigione. Gli incontri con i clienti possono essere tristi – mi comunicano la morte dei genitori, del compagno, a volte del figlio malato. Piangono sulla mia spalla, davanti al verduraio, e la gente non si scompone. Ricevo anche notizie meravigliose: il bambino trascurato da una mamma troppo giovane, reinserito in famiglia con aiuti e terapie, ha vinto una borsa di studio per l'università; la cliente quasi analfabeta ha ripreso a studiare e si è diplomata; un'altra disoccupata da anni ha messo su un'impresa di pulizie e adesso se la passa bene.

Hornby and Levy aprì a Brixton nel 1979. Iniziammo in un negozio abbandonato da anni, con l'aiuto di un piccolo mutuo. Io avevo lasciato il comune di Lambeth e Marcia si era trasferita da Birmingham. Avevamo tanta buona volontà ed energia, e nessun cliente. Ma presto i clienti cominciarono ad arrivare e non ci sono mai mancati. Venivano dalla strada, poi con il passaparola. Li trattavamo tutti allo stesso modo, privati e assistiti dallo Stato tramite il Legal Aid, bianchi e neri, uomini e donne, senza tener conto del crimine di cui erano accusati, dei reati commessi in passato, dei loro orientamenti sessuali e religiosi. Strananamente, Marcia e io rappresentavamo un'eccezione tra gli studi di sinistra: a quel tempo gli avvocati, soprattutto se donne, rifiutavano i clienti uomini accusati di pedofilia, stupro o violenza prima ancora che un giudice li dichiarasse colpevoli. Oggi lo studio non è più nostro, ma continua ad assistere adulti e minori nei casi di diritto di famiglia e dei minori.

Nonostante i disordini e i moti degli ultimi trent'anni, Brixton dimostra come Londra riesca non soltanto ad assorbire i nuovi venuti, ma anche a cambiare in relativamente poco tempo: ogni volta, in tre mesi le acque si sono calmate e la vita ha ripreso a scorrere come prima. Nonostante le tre rivolte contro la polizia fossero scaturite da accuse di razzismo dimostratesi poi fondate, a Brixton non c'è rancore nei riguardi della polizia. La comunità di immigrati e quella indigena, ambedue composte dalla *working class*, hanno nuovi vicini di casa: famiglie di professionisti, anche danarosi, che hanno scelto di vivere qui per l'atmosfera informale, i teatri e il cinema, il mercato – oltre al fatto che le case costano molto meno che nel nord di Londra e la Victoria Line della metropolitana porta a Oxford Circus in un quarto d'ora.

Dopo aver fatto le mie commissioni al mercato, mi piace sedermi davanti al Ritzy a bere una birra, guardando i passanti. Bella gente, i brixtoniani. Pronti al sorriso, a scambiare due parole con gli estranei, ad aiutare chi è in difficoltà: la signora anziana con troppi pacchi, il disabile, la mamma con un neonato in carrozzina e altri bambini piccoli. Ascolto: il predicatore evangelico in giacca e cravatta, Bibbia in mano, sbraita contro i gay. Non ha pubblico, ma non gli importa. Un gruppo di travestiti passa e gli manda baci, lui grida più forte. Il marciapiede sembra di gomma; i giovani camminano molleggiati, come se ballassero alla musica delle *boomboxes* posate per terra. La musica è fondamentale a Brixton: è stato il primo incontro tra la cultura dei neri e quella dei bianchi.

Dimentico me stessa e divento la solita mosca; svolazzo attorno a loro, li osservo, poi volo da altri.

Dal 1965 la musica a Londra ha fatto quello che altrove, soprattutto in Europa, è stato fatto dalla lotta politica fuori dall'arco istituzionale. Portava con sé trasformazioni nell'ambito della moda, del gusto, dell'integrazione sociale: una rivoluzione che attraversava il costume, il colore della pelle, le classi sociali e arrivava alla percezione del mondo e dello stare al mondo. Londra, giovane come nessuna città è mai stata, ne era al centro e i giovani sono stati i primi a superare ogni barriera.

Io non sono stata coinvolta direttamente in quel processo di trasformazione, ma non ne ero immune: è sempre stato evidente, come un fenomeno atmosferico, come qualcosa che accade e lascia traccia ovunque. A Brixton la musica era per strada.

La *swinging London* era una città di musicisti miliardari che si portavano ancora dietro i tormenti da cui avevano cominciato. Con la morte di Brian Jones dei Rolling Stones – e poco dopo con quella di Jimi Hendrix – rivelò il proprio *dark side*, palpabile e cattivo, e anche una protesta che sconfinava oltre il marketing, oltre il successo, oltre l'ostentazione di ricchezza. Quella rivoluzione complessa e pervasiva si trasformò in rivolta – anche se in modi tutt'affatto diversi – per le strade di

Brixton quando aprimmo lo studio. Nel 1979 *London calling* dei Clash suonò come un segnale d'allarme: *Londra chiama le città lontane / ora che la guerra è dichiarata e la battaglia è finita*. I Clash e il punk rock avevano interpretato una nuova inquietudine sociale. La canzone *Guns of Brixton* diceva: *Potete schiacciarci / potete picchiarci / ma dovete rispondere alle pistole di Brixton*.

Quasi vent'anni dopo quella che era stata chiamata *British invasion*, la rivolta era ancora dentro la musica, era ancora giovane, era ancora più disperata. E soprattutto, era ancora a Londra.

I hope I die before I get old. La generazione che voleva morire giovane negli anni sessanta (gli Who di *My generation*) ha continuato a passare il testimone di questo messaggio, forse più come provocazione che come effettivo programma, ma certamente con una nettezza che tuttora non lascia indifferenti.

Io ci sono stata in mezzo a questa turbolenza, ai ritmi, ai *riff* aggressivi, alle gole ulcerate, ma ho colto anche la dolcezza, la vitalità, la coralità della vita londinese attraverso la musica. Soprattutto a Brixton, dove i *guns* non erano un'invenzione e dove sfidare la violenza con la violenza era un dato di fatto. Quella che sentivo e vedevo a Brixton.

Il cameriere mi sta accanto, il bicchiere è vuoto da un pezzo e lui vorrebbe essere pagato. Ma aspetta. In un altro quartiere di Londra avrebbe interrotto il mio vagare, ma non a Brixton: lui sa. Io continuo a vedere e ascoltare.

12
Doris, la South Londoner

> *It matters not how a man dies but how he lives; the act of dying is not of importance, it lasts too short a time.*
>
> Non ha importanza come un uomo muore, ma come vive; il processo del morire non ha alcuna importanza, dura troppo poco.
>
> SAMUEL JOHNSON

Gli abitanti del Sud di Londra non conoscevano quelli del Nord, a meno che non si incontrassero al lavoro, e viceversa. Avrebbero dovuto considerarsi totalmente estranei, eppure erano e si sentivano simili. E londinesi.

Underhill Road dista otto chilometri dal centro, ma Doris, una vedova sessantenne che stava a tre case da noi e mi aiutava nelle faccende domestiche e badava ai bambini quando ce n'era bisogno, aveva attraversato il Tamigi una sola volta: il giorno della vittoria sui tedeschi, l'8 maggio 1945.

Raccontava della sua meraviglia nel vedere Buckingham Palace dall'ingresso del Mall come se fosse stata Marco Polo davanti alla Grande Muraglia, senza tuttavia mostrare alcun desiderio o curiosità di ritornarvi: preferiva stare a East Dulwich. Andava al cinema e faceva le sue commissioni a Camberwell e a Peckham, a cinque fermate dell'autobus 63 da casa, festeggiava i compleanni in famiglia o al ristorante all'angolo della nostra strada e non le interessava conoscere la Londra al di là del fiume. Era stata in vacanza al mare, sulla Manica, e nel Norfolk; non era mai stata sul continente. Doris si definiva una londinese del Sud, a *South Londoner*. Le raccontavo del South Bank, la zona tra Blackfriars e il ponte di Chelsea, che da quando nel 1922 era stato costruito l'imponente palazzo della County Hall, il comune di Londra, si era arricchito di teatri e gallerie d'arte; le parlavo della Royal Festival Hall e del National Theatre, inaugurato da pochissimo. Vi portavamo i bambini il sabato, e la invitammo più volte a venire con noi. «*Too far*, troppo lontano» era, immancabilmente, la sua risposta. Non voleva allontanarsi dalla *sua* Londra. Eppure, quando si parlava di un qualsiasi posto della zona a nord del fiume, Doris aveva un'idea chiara di dove fosse e di che aspetto avesse.

«Come mai sei così informata?» le chiesi una volta.

«È la mia città, sono una londinese» rispose lei. «Nessuno può conoscerla tutta, è troppo grande. E nemmeno noi londinesi, siamo in troppi! Ma ascolto la radio, leggo il giornale e guardo la televisione. E conosco gente di tutto il mondo che vive a Londra. Sono una di loro.» Poi, con uno sguardo di condiscendenza: «Tu, poverina, ci sei venuta da adulta, e devi affannarti a vedere e a conoscere tutto quello che noi conosciamo da quando siamo nati!».

Dovetti ammettere che Doris aveva ragione: come per un processo di osmosi, lei era una vera londinese, oltre che una *South Londoner*.

Avrei pensato che i giovani conoscessero meglio la città oltre il Tamigi e sono rimasta delusa: molti coetanei dei miei figli vi erano stati soltanto in gita scolastica. Vivevano e lavoravano nel loro quartiere. Le mie giovani clienti analfabete, cresciute in affidamento e dunque sotto la tutela dei servizi sociali, non si erano mai avventurate oltre il fiume e sembravano non avere la più pallida idea di che cosa avrebbero potuto trovarvi. Quando andavano con me al tribunale dello Strand, si guardavano intorno spaesate quasi fossero appena atterrate su un altro pianeta. Loro, come Doris, si sentivano londinesi.

13
Il Freedom Pass

At seventy-seven it is time to be in earnest.
A settantasette anni è ora di fare sul serio.

SAMUEL JOHNSON

Conosco molti londinesi che, una volta in pensione, vendono casa e si trasferiscono nelle città o nei paesi della provincia, dove la vita costa meno e loro possono permettersi una bella sistemazione con una spesa relativa; i ritmi sono più rilassati, si fanno belle passeggiate in campagna e in generale è possibile avere una vita sociale attiva e gradevole. I miei amici Curle fecero il contrario.

I Curle erano un'anziana coppia di intellettuali quaccheri, facevano parte di un movimento protestante pacifista. Adam era un insigne accademico: era stata sua la prima cattedra di Studi della Pace alla University of Bradford. Negli anni ottanta, quando andò in pensione, lui e la moglie Ann decisero di lasciare lo Yorkshire per trascorrere la vecchiaia a Londra, dove ritenevano che la vita fosse più comoda e stimolante, oltre che meno costosa. Avevano ragione. Comprarono a Dulwich una deliziosa casetta con un giardino grande abbastanza per i fiori di Ann e l'orto di Adam, confinante con il nostro. Poi cominciarono a frequentare il City Lit, a Covent Garden, un centro di studi part time per adulti, famoso per la qualità di insegnanti e studenti. Ann e Adam andavano al cinema, ai concerti, all'opera, viaggiando senza mai pagare il biglietto di autobus, treni e metropolitana grazie al Freedom Pass, una tessera che il comune di Londra rilascia ancora oggi gratuitamente ai residenti al di sopra dei sessant'anni, quale che sia il loro reddito. Adam era appassionato di Londra, pur non avendovi mai vissuto a lungo. Conosceva numerose capitali e amava ripetere che Londra era unica. «È raro che una capitale sia il centro commerciale, militare, industriale e artistico-culturale di una nazione, ed è ancora più raro che uno su sei abitanti del Regno viva a Londra.»

Anni dopo, ispirata dal loro esempio, lasciai Dulwich per trasferirmi ad Ashley Gardens, nella City of Westminster: anch'io avevo ormai l'età per conoscere meglio Londra e godere del Freedom Pass, che mantiene la promessa contenuta nel suo nome: la tessera della libertà. È effettivamente liberatorio prendere un treno o un autobus qualsiasi, sapendo di poter scendere a qualunque fermata, prenderne un altro e un altro ancora senza preoccuparsi del biglietto. Mi venne la voglia di esplorare il sud di Londra – ben più vasto della zona in cui avevo vissuto e lavorato – partendo dalla vicina Victoria Station. Il sud del Tamigi, escluso da Londinium, la città romana, all'epoca dei Tudor era diventato una zona di servizio della capitale, della quale non era considerato parte integrante, e lo rimase fino ai primi dell'Ottocento. Era pieno di officine, negozi di ferramenta, birrerie, taverne, bordelli, teatri, tipografie e piccole aziende, e ci viveva soltanto chi ci lavorava. La riva a sud del Tamigi era anche il punto di arrivo e di smistamento del cibo che proveniva dalle campagne per sfamare la capitale.

Il traffico portuale, concentrato sul fiume e nelle darsene, si arrestava al London Bridge, originariamente costruito dai romani e successivamente rifatto: il Tamigi, a monte, era tutto un incrociarsi di traghetti che trasportavano passeggeri, merci e animali domestici da una sponda all'altra. Giorno e notte. Tutto ciò cambiò con l'avvento della ferrovia.

Dalla stazione Victoria i treni attraversavano il Tamigi e passavano accanto alla centrale elettrica di Battersea; svuotata e ridotta a uno scheletro, ricordava le abbazie dei conventi abbandonati dopo l'abolizione degli istituti religiosi cattolici da parte di Enrico VIII. Dai finestrini vedevo depositi, magazzini, fabbriche, casermoni popolari e quartieri operai. Scendevo alla prima o alla seconda fermata e facevo un giro in zona. Londra si era allargata a macchia d'olio attorno alle stazioni, dove spuntavano palazzi residenziali con abitazioni a prezzi abbordabili, pub, negozi, banche – il tutto per rendere comoda la vita dei pendolari della City. Ritornavo a casa a piedi, guida in mano, pronta a perdermi, e a diventare mosca per osservare meglio. Talvolta seguivo i grandi archi delle ferrovie – alcuni erano vuoti, molti erano diventati garage, negozi, depositi di merci. Mi perdevo nel dedalo di case a schiera costruite per gli operai in mattoni grigi, nei quartieri della borghesia, dalle case grandi, ornate e con il giardino antistante fiorito, entravo nelle strade di negozi. Cercavo di immaginare il sud di Londra prima dell'avvento delle ferrovie. La contea del Surrey arrivava fino alle rive del Tamigi e riforniva la capitale di derrate alimentari, cereali, frutta e animali da macello, che per giorni interi erano costretti a farsi grandi camminate guidati da pastori e bovari verso la morte. A East Dulwich c'era Goose Green, un piccolo parco alberato, dove arrivavano a piedi centinaia di oche annacandosi goffamente sulle zampe palmate, accompagnate dai loro guardiani per passarvi l'ultima notte prima di essere condotte ai mattatoi. In prossimità del fiume si coltivavano anche ortaggi. Più a sud c'erano piccoli villaggi come Clapham, Dulwich, Streatham dove si trovava la tenuta dei Thrale, gli amici presso i quali Johnson trascorse molto tempo dopo essere rimasto vedovo.

Una volta raggiunta la riva, passeggiavo costeggiando le mura della residenza dell'arcivescovo di Canterbury, una costruzione Tudor in mattoni rossi e con grandi finestre dai vetri piombati, e poi imboccavo il ponte di Westminster per ritornare ad Ashley Gardens. Altre volte andavo in treno a Clapham, un quartiere alla moda con molti ottimi ristoranti, e poi ritornavo attraverso Battersea, un altro quartiere del sud di Londra diventato chic, dirimpetto a Chelsea. Certe volte attraversavo i favolosi giardini di Vauxhall, o quello che era rimasto. Nel Settecento, un imprenditore lungimirante vi aveva costruito una rotonda centrale per l'orchestra e una pagoda; aveva aperto grandi viali in cui, a pagamento, i londinesi potevano passeggiare la sera grazie a un sistema di illuminazione molto teatrale. I Vauxhall Gardens erano frequentati da borghesi, nobili e perfino i membri della famiglia reale. Chiusero nel 1841: i londinesi avevano ben altre attrazioni, e quanto alla famiglia reale, erano passati i tempi in cui si faceva vedere in mezzo al popolo.

I primi ponti ferroviari tra le due rive furono costruiti nella prima metà dell'Ottocento; erano sufficientemente alti da permettere lo scorrimento dell'intenso traffico fluviale. In pochi anni, in corrispondenza alla crescita a dismisura della popolazione e alla necessità di costruire case e interi quartieri di pendolari, gli spericolati imprenditori a capo delle società ferroviarie, alla ricerca di profitti immediati e in spietata concorrenza tra loro, svilupparono ciascuno la propria rete senza alcun freno, nell'assenza di efficace controllo municipale e regolamentazione ministeriale. Queste grandiose opere di ingegneria avevano reso Londra la città più grande del mondo, a un prezzo: deturpando il paesaggio e le aree abitate. La stazione di Waterloo ne è esempio: la magnifica facciata liberty è occultata dal ponte di mattoni di un concorrente, che di proposito ne impedisce la piena vista. Le ferrovie crearono così la Greater London, ma non unificarono il Sud e il Nord della metropoli, e nemmeno la popolazione.

La principale differenza che notavo, sulla via del ritorno a casa, appena attraversato il Tamigi, era l'assenza di ponti ferroviari nella City of Westminster. Il duca di Westminster e altri aristocratici proprietari dei terreni su cui erano state costruite abitazioni, ospedali e musei, avevano vietato la costruzione di ferrovie sopraelevate: da lì era nata la costosa rete di tunnel sotterranei, della quale solo due linee – la Bakerloo e la Northern – si avventuravano nel sud.

Più verde e più salubre del nord, la nuova parte meridionale della capitale era ed è considerata priva di storia e di cultura, lontana dal centro e dunque meno appetibile e meno costosa. La Londra del sud, che è grandissima – spazia da Woolwich a Eltham, da Croydon a Hampton Court, da Kew a Putney –, mi ricorda l'Inghilterra della provincia e quella rurale: ricca di parchi e di spazi verdi, ha un suo goffo fascino. Eppure gli abitanti dell'altra sponda del Tamigi la guardano con una certa condiscendenza: il patrimonio artistico, culturale e finanziario rimane concentrato, continuando a fiorire, nella vecchia Londra.

14
L'avvocato Middleton e Lord Denning: i miei primi due maestri inglesi

> JOHNSON *I had no notion that I was wrong or irreverent to my tutor.*
> BOSWELL *That, Sir, was great fortitude of mind.*
> JOHNSON *No, Sir, stark insensibility.*
>
> JOHNSON Non ho mai pensato di essermi comportato male nei confronti del mio maestro, o di essere stato irriverente.
> BOSWELL Che grande esempio di forza d'animo, signore.
> JOHNSON No, signore. Insensibilità bella e buona.

Dall'avvocato Middleton avevo imparato una severa, inderogabile etica professionale. «La qualità più importante di un avvocato è la capacità di rendersi conto quando non sa e di chiedere subito consigli a chi è più competente, senza vergognarsi di rivelarlo al cliente» mi diceva. E poi: «Il bravo avvocato non deve credere ciecamente a tutto quello che gli viene detto. Deve accertarsi da solo dei fatti, confrontarsi con il cliente e dubitare fino alla fine della causa. Soltanto così potrà rappresentare al meglio il cliente e vincere». Ripeteva spesso: «Bisogna mantenere alti i princìpi della professione».

Dallo studio passavano i grandi dirigenti dell'industria italiana e le banche più importanti. Certi inglesi ostentavano una condiscendenza canzonatoria nei riguardi di quei clienti, che consideravano poco affidabili e corrotti in quanto italiani; e, sotto sotto, anche nei riguardi di noi avvocati italo-inglesi. Mi era chiaro che dovevo affermare la mia competenza e ribadire la nostra onestà, nonostante tanti altri paesi fossero ben peggiori dell'Italia. E nonostante ci fosse corruzione anche a Londra. Io, in particolare, dichiarandomi siciliana, dovevo sopportare i commenti sulla mafia, da parte di inglesi e italiani.

Una volta accertata la professionalità del proprio interlocutore, comunque, l'inglese accetta il diverso e lo rispetta. Negli anni settanta avvocati stranieri, anche di etnie diverse, e donne, come me, avevano la possibilità di fare carriera nella City. Non credo che sarebbe stato lo stesso in Italia.

Il mio secondo maestro è stato Lord Denning, il Master of the Rolls, cioè il presidente della Corte d'appello inglese, e presidente onorario della Law Society, in quanto noi *solicitors* siamo ufficiali del Tribunale. L'ho visto una sola volta e non ho mai parlato con lui a tu per tu. Comunque, indimenticabile.

Era un uomo di umili origini, nato nel Devon, di cui aveva mantenuto l'accento e la voce pastosa. Apparteneva a una famiglia modesta e non aveva frequentato le scuole prestigiose delle classi alte. A lui si doveva la sentenza che ha cambiato il diritto di famiglia inglese: nel caso di divorzio *Wechtel vs Wechtel*, stabilì il diritto della moglie a un terzo dei beni del marito. Oggi la ex moglie ha diritto alla metà. Lord Denning era uno dei miei idoli.

Allora i *solicitors* ammessi alla professione erano pochi e il Master of the Rolls consegnava il diploma personalmente nella grande hall della Law Society. Il grande giurista era soltanto sei file davanti a me. Sembrava più anziano, senza parrucca. «Vi aspettate che io vi esorti a comportarvi nella vostra futura carriera come avvocati onesti, competenti e aggiornati. Siete anche funzionari dell'Alta Corte e avete un dovere di onestà nei riguardi della giustizia, oltre che dei vostri clienti. Io non vi esorto a studiare le leggi e ad aggiornarvi. Non vi dico di fare sempre del vostro meglio per i vostri clienti. E non vi dico di comportarvi onestamente, sempre. Queste cose le sapete già. Vi dico invece che un bravo *solicitor* non deve mai dimenticare la realtà e deve osservare il mondo. E in più deve leggere. In particolare, romanzi. Un bravo avvocato deve sempre avere un libro sul comodino, perché il mondo dell'immaginario è più simile alla realtà di quanto pensiate. I romanzi aprono la mente e facilitano la comprensione delle storie rocambolesche che vi racconteranno i vostri clienti. L'avvocato che non ama la letteratura diventa arido e non sarà mai bravo. Io sono anziano; l'esperienza mi insegna, ogni volta che un avvocato nella mia aula non è all'altezza del suo compito, che costui probabilmente non ama leggere. Ogniqualvolta ho avuto l'opportunità di incontrare questi avvocati in un altro contesto e ho osato porre loro la domanda: "Che libro c'è sul suo comodino?", invariabilmente ho ricevuto la risposta che non ce n'era nessuno. Dunque leggete, e non sentitevi in colpa: la letteratura vi renderà avvocati migliori.»

Se sono diventata un bravo avvocato, lo devo all'avvocato Middleton e a Lord Denning. La carriera di romanziera, invece, è dovuta esclusivamente all'incoraggiamento di Lord Denning.

PARTE SECONDA

La mia Londra

1
Il mio nume tutelare: Samuel Johnson

> *There was as great a difference between them as between a man who knew how a watch was made, and a man who could tell the hour by looking on the dial-plate.*
> Tra loro c'era la stessa differenza che passa tra un uomo che sa com'è fatto un orologio e un altro che sa leggere le ore sul quadrante.
>
> SAMUEL JOHNSON

Per capire una città bisogna conoscerne l'anima. Imbevuta del passato e in costante trasformazione, l'anima di una città rimane strettamente legata alla sua fisicità e alle azioni di quanti la amministrano. A volte ci si innamora o si ha disgusto di un posto dal primo momento: in un caso come nell'altro, è raro che questa prima impressione porti alla scoperta dell'anima. Le anime sono pudiche, rifuggono la ribalta e perfino la conversazione. Bisogna scovarle. Comunicano attraverso uno sguardo, un gesto, una parola. Quelle delle città comunicano attraverso le pietre, le piante, le strutture urbane, la folla e i singoli abitanti. La conoscenza di una città può avvenire per mezzo di libri, giornali, televisione, oltre che con l'osservazione diretta. Come prerequisito della conoscenza, io devo dormirci almeno una volta. Raramente, comunque, l'anima di una città si rivela per caso. Le città che si presentano al visitatore frontalmente, nella propria nudità, sono spesso false: costituiscono la difesa della vera città che sta sotto. Ciò non toglie che in certi casi la loro anima possa essere talmente forte e imperiosa da manifestarsi come tale al primo impatto.

In una città nuova, mi lascio andare ai sensi e al caso. Senza pensare a niente, cammino, mi guardo intorno, mi unisco a una piccola folla curiosa, prendo i mezzi pubblici, compro il cibo di strada e mangio nei posti meno frequentati. Faccio una sosta, seduta su una panchina in un parco, bevendo una bibita in un caffè o appoggiata alla facciata di un edificio, come una mosca su un muro: e da lì osservo, odoro, ascolto. Se sono fortunata, piano piano l'anima del luogo mi si rivela.

Prima di stabilirmi a Londra, nel 1972, ho avuto casa in cinque città e tre continenti. Agrigento, da dove vedevo la Valle dei Templi e il Mar d'Africa, mi ha dato l'identità mediterranea; Palermo, la mia città natale, sontuosa e carnale, mi ha risvegliato i sensi; Boston mi ha introdotta nel mondo della cultura internazionale; Lusaka, capitale neonata formatasi attorno a uno snodo ferroviario nel centro dell'Africa, mi ha dato energia e speranze; Oxford mi ha insegnato le dissonanze tra università e municipalità.

Nel 2000 lasciai Dulwich, dove avevo avuto casa per ventotto anni, per trasferirmi a Victoria, nella City of Westminster, nel centro di Londra. Mi sbarazzai dell'automobile, pronta a scoprire la città a piedi e a farla davvero "mia". Un'impresa che mi attraeva e al tempo stesso mi sgomentava. Avevo bisogno di una guida e il caso mi venne in aiuto.

Conobbi a una festa una signora anziana e corpulenta, dallo sguardo penetrante. Indossava un abito adatto all'occasione e alla sua figura, alle orecchie portava due magnifici pendant di brillanti in stile georgiano. Le feci i complimenti. «Sono un capriccio» mi rispose lei «li ho comprati con il primo assegno ricevuto dalla mia casa editrice.» Era Liza Picard, un avvocato e funzionario del governo che, dopo essere andata in pensione, aveva scritto diversi libri storici su Londra, osservata con lo sguardo di una donna curiosa e pratica, dal punto di vista del popolo e non da quello dei potenti. Conoscevo il suo dotto e affascinante *Restoration London*, la Londra della Restaurazione.

Ci trovammo simpatiche a vicenda e lei mi regalò *Dr Johnson's London*.

Una decina di anni fa, in Sicilia, notai in casa di una coppia di amici le *Lezioni di letteratura inglese* di Tomasi di Lampedusa. Scorrendo l'indice, lo sguardo mi cadde su un breve capitolo dedicato a Samuel Johnson. «Ho dato alla presente parte di queste letture il nome di "età di Johnson"» iniziava Lampedusa, e spiegava: «Questo è il nome con cui si fa riferimento al Settecento inglese: Johnson è colui che meglio rappresenta il suo paese e l'Illuminismo inglese». Secondo l'autore siciliano, ciò era in parte dovuto al suo biografo, Boswell, il cui libro è nel suo insieme «la migliore biografia che sia stata scritta». Ma Lampedusa andava oltre, asserendo che «Johnson è l'Inghilterra». Una frase grandiosa, altisonante ed esagerata, tipica di un letterato anglofilo, pensai, e rimisi il libro nello scaffale. Snobbando Johnson per la seconda volta.

Sono ritornata sul capitolo di Lampedusa nel gennaio del 2014, dopo aver letto diverse biografie e alcune opere di Johnson. In otto punti che riporto qui sotto, Lampedusa spiega al lettore perché «comprendere Johnson è come prendere una scorciatoia per conoscere la sua patria (o forse la sua figlia)»:

– era un puro empirico di altissima cultura, che non aderì mai a una filosofia;

– la sua cultura aveva basi classiche e inglesi, senza alcun elemento degli altri paesi europei, che per lui non esistevano; non per disprezzo, ma per la propria innata impossibilità di conoscere qualsiasi altra forma che non fosse quella inglese;

– era religioso, pur non appartenendo a nessuna confessione;

– aveva un grande *sense of humour*, pur essendo collerico, intransigente e volgare;

– era un campagnolo in esilio in città, che adorava;

- era scrupoloso fino all'inverosimile nelle sue letture e nella critica letteraria, non per fare giustizia al suo testo ma per l'orgoglio di fare bene il proprio mestiere;
- badava più alla sostanza che alla forma;
- era un maestro dell'understatement e dell'autoironia.

Johnson è Londra, non soltanto l'Inghilterra, come scrive Lampedusa. Ma forse lui, uno straniero di grande intuito, l'aveva sentita, questa appartenenza a Londra.

Johnson non mi interessa come inglese ma in quanto londinese d'adozione. Avrei voluto conoscere Sam, come lui si firmava, il ventisettenne che aveva investito disastrosamente i denari della moglie in una scuola, chiusa per mancanza di alunni, ed era approdato a Londra dalla profonda provincia inglese, per fare fortuna e restituire alla moglie la ricchezza perduta. Johnson, che a Londra finì per rimanere, rappresenta tanto il londinese di ieri quanto il londinese di oggi: era diventato cittadino di Londra da subito e per sempre; aveva voglia di conoscere, di fare fortuna e di godere, e la piena coscienza di essere come tutti gli altri – senza differenze sociali, religiose o etniche. Johnson incarna i princìpi incontrovertibili e il pragmatismo di tutti i londinesi.

1. Uguaglianza

Era molto interessato alla politica e commentava sui giornali l'operato del Parlamento. Ardente fautore dell'abolizione della schiavitù, ne scrisse con forza e coerenza. Dopo la morte della moglie, nel 1752, cadde in una profonda depressione; un suo amico, il colonnello Bathurst, gli volle regalare come servitore il quindicenne Francis Barber, uno schiavo affrancato che veniva da una piantagione di canna da zucchero dei Bathurst, in Giamaica. Johnson, sorprendentemente, accettò. Quando lo scoprii ci rimasi male: non me lo sarei mai aspettato da lui e lo considerai un ipocrita. Mi sbagliavo. Johnson prese il ragazzo in casa e lo fece educare a proprie spese. Lo tenne come domestico per diversi anni e lo curò e lo amò come un figlio, facendogli fare un ritratto da Sir Joshua Reynolds. Poi lo aiutò ad aprire un negozio a Lichfield, il suo paese di origine. Morendo, lo nominò suo erede residuale con un grosso vitalizio, molto più di quanto sarebbe stato dovuto a un ex servitore. Johnson aveva voluto dimostrare al mondo di essere un uomo di libero pensiero e di aver combattuto la schiavitù con l'arma più potente: il denaro.

2. Dignità

Johnson non perse mai la dignità: facile conservarla quando si è aristocratici o ricchi, arduo non perderla quando si è uno scrittore povero. Visse i suoi primi trentanove anni in ristrettezze, cercando di mantenere decorosamente l'amatissima moglie e gli svariati amici e dipendenti che ospitava per compassione e riconoscenza. Mentre compilava il dizionario continuò a scrivere articoli. Alla morte della madre, scrisse un romanzo in sette notti – il compenso gli serviva per pagare i debiti della madre e darle un funerale adeguato.

Johnson non approfittò dei protettori che avrebbero voluto prenderlo sotto la loro ala, né degli amici abbienti: per questo non fu mai ricco, nonostante l'enorme ed eclettica produzione letteraria e giornalistica in quella che fu la prima *swinging London*. Dopo il grande successo del dizionario, Johnson rifiutò l'offerta di Lord Chesterfield, un potente pari del regno che, dopo averlo snobbato, gli si era proposto come *patron*. La sua lettera a Chesterfield è un capolavoro: tra le righe, gli trasmette il proprio disprezzo da uomo *ignobile* per un omuncolo *nobile*. Johnson ricevette soltanto in vecchiaia una pensione dal sovrano che gli permise di vivere dignitosamente senza lo spauracchio della prigione per i debitori.

3. Rinnovamento

Johnson era un Tory, dunque un monarchico conservatore legato alla vita di campagna; credeva nei cambiamenti graduali e dall'interno, ma anche nella necessità di aprire nuovi mercati e di incoraggiare i cittadini a essere ambiziosi. Sulle questioni morali come l'abolizione della schiavitù, la necessità di soccorrere i poveri e i derelitti e l'importanza di istruire il popolo, era irremovibile. Sul resto, era pragmatico. Forse Johnson avrebbe approvato la liberalizzazione della City e l'introduzione della meritocrazia di stampo thatcheriano, senza però condividerne gli eccessi.

4. Generosità

Amava la compagnia e invitava in casa amici e gente conosciuta per caso; li manteneva generosamente, e a lungo. Johnson era attento ai poveri e ai bisognosi – parenti, amici o sconosciuti. Aiutò anche i suoi concorrenti. Considerava la gratitudine la qualità più grande e la praticava indefessamente, aiutando finanziariamente e ospitando in casa, anche per anni, i figli di amici morti che lo avevano aiutato. Riservava a ricchi e poveri lo stesso trattamento onesto e rispettoso, seppur burbero.

5. Socievolezza

Johnson era sordo da un orecchio e cieco da un occhio, dalla nascita. Soffriva di vari malanni fisici e di depressione. Eppure amava la compagnia, la convivialità e soprattutto la conversazione. Fondò e frequentò fino a poco prima di morire il Literary Club, al quale appartenevano i grandi intellettuali di Londra, che si riuniva nei pub.

6. Tolleranza

Molto di quanto si sa a proposito di Johnson viene dal suo biografo, James Boswell, che lo conobbe nel 1763, quando Johnson aveva cinquantaquattro anni e lui ventitré. «Si diceva che Boswell senza Johnson sarebbe stato niente» scrive Lampedusa, e aggiunge: «Forse, allora, era vero». Concordo. Ma poi Lampedusa dichiara: «Ad ogni modo Johnson senza Boswell sarebbe stato assai meno di quello che è». Non ne sono sicura.

Folgorato dall'intelligenza di Johnson e conscio che questi gli apriva le porte delle case della gente che contava a Londra, per circa trent'anni Boswell trascorse con lui un mese all'anno – non tutti i giorni dell'anno, come scrive Lampedusa –, appuntando tutto ciò che il grand'uomo diceva: il risultato è la prima vera biografia della storia pubblicata nel 1791. Ma non il primo lavoro sulla vita di Johnson: Thomas Tyers e Sir John Hawkins, due studiosi suoi amici, pubblicarono le loro rispettivamente nel 1784 e del 1787.

Johnson era anziano quando conobbe Boswell, e forse rimpianse di aver acconsentito alla richiesta del giovane aspirante biografo, che amava se stesso almeno quanto il proprio eroe: lo tollerava. Nella sua biografia, Boswell cerca di descrivere il Johnson che voleva lui; non sempre ci è riuscito: a volte, dalle sue stesse righe trapela potente l'insofferenza di Johnson nei suoi confronti.

7. Humour

Johnson credeva nella forza della parola e dell'intelletto. Quando qualcosa non gli andava, sfoderava un sarcasmo sagace: era irriverente e non aveva paura di scontentare i potenti. Nel racconto di Boswell sono annotate tante conversazioni e tante idee di Johnson, tra le quali il suo parere per niente gentile sugli scozzesi. Boswell trascrisse tutto, perfino le battute che lo riguardavano personalmente; anche se sarebbe stata sua intenzione riportare le parole di Johnson che lui, Boswell, voleva riportare. Pare che non ci fosse cosa che non avrebbe sopportato pur di stare vicino all'oggetto della sua ossessione, che gli avrebbe fatto guadagnare immeritata immortalità – un vero e proprio fan.

Gli aforismi riflettono la capacità di Johnson di esprimere con chiarezza, in poche parole misurate, giudizi ponderati, spesso ruvidi, mai maliziosi. Sempre ironici e precisi. Mi ricordano i detti dei *cockney*, i poveri dell'East End di Londra e della zona a sud del Tamigi, attorno al London Bridge, che si sono inventati e continuano ad aggiornare un proprio dialetto, frutto anche delle storpiature dei tanti immigrati stranieri. Il *cockney* è diventato un modo di fraternizzare con i nuovi venuti e di diventare tutti londinesi, attraverso l'autoironia.

8. I sensi

Johnson era un uomo fortemente sensuale; il suo trasporto per la moglie, di ventun anni più vecchia, è ben noto, e così anche la sua passione per Hester Thrale, moglie e poi vedova del ricco proprietario di una distilleria di birra, molto più giovane di lui, di cui fu spesso ospite e con cui ebbe una vigorosa relazione carnale vagamente sadomasochista, terminata con le seconde nozze di lei con il suo maestro di musica, il veneziano Piozzi. Sei mesi più tardi, Johnson, ultrasettantenne, morì.

Dopo la sua morte, alcuni dei suoi aforismi furono sfrondati dai termini sessualmente espliciti e dalle allusioni erotiche. Boswell conservò in una cartella certi appunti segreti presi durante le loro conversazioni, finora mai pubblicati per pudore.

9. Gusto per la parola

Johnson era la quintessenza del letterato – il più grande del suo secolo. Amava la letteratura ed era affascinato dalle parole. *A Dictionary of the English Language*, pubblicato nel 1755, quando aveva quarantasei anni, e a cui aveva dedicato nove anni della sua vita, è il primo dizionario in lingua inglese in cui la definizione del vocabolo è concisa; Johnson invita il lettore a capirne il senso attraverso la citazione di brani di grandi autori, sapientemente scelti da lui. È un modo per coinvolgere il lettore e spronarlo a portare avanti la propria ricerca linguistica e letteraria. Il *Dictionary* precorre di almeno un secolo i suoi omologhi italiano e francese e l'*Oxford Dictionary*, compilati da una quantità di letterati (Johnson ebbe l'aiuto di cinque assistenti) in tempi lunghissimi. Nelle parole di Lampedusa: «Egli ci si mostra non soltanto quale filologo di grande valore ma quale esperto scrittore, avvezzo a cogliere le ombre di differenze nel senso delle parole». Il dizionario conteneva 42 000 vocaboli – pochissimi, a paragone dei suoi predecessori che ne elencavano da 250 000 a 300 000. Johnson aveva sfrondato la lingua inglese di regionalismi e sinonimi, mantenendone nel contempo la ricchezza e addirittura esaltandola.

L'opera, commissionata da un consorzio di editori, era stata pensata da Johnson affinché l'inglese crescesse, si arricchisse e si diffondesse nelle colonie dell'Impero britannico e in tutto il mondo anglofono: in questa maniera, dava la possibilità ai britannici e alla gente delle colonie di parlare un'unica lingua, apprezzare la letteratura inglese e acquisire un senso di identità e di orgoglio nell'essere sudditi di un grande regno, per cui valesse la pena combattere e dare la vita. L'impegno di Johnson era dunque politico oltre che letterario. E per questo il suo nome rappresenta l'intero secolo.

Dopo l'Atto di Unione tra Scozia e Inghilterra, storiche rivali, firmato il primo maggio del 1707, l'orgogliosa identità del giovane Regno Unito – che né una monarchia nelle cui vene scorreva parecchio sangue straniero, né un Parlamento costantemente sotto esame da parte dei cittadini avrebbero saputo dare ai britannici – fu data loro dalla lingua e dalla letteratura.

Una caratteristica che non ho mai incontrato in altre città è il costante rinnovamento di Londra, senza rinnegare il passato. A differenza di quelle, da sempre Londra accoglie i nuovi arrivati da uguali, a tutti si offre come la loro città. E offre a tutti l'opportunità di godersi la vita: il londinese all'apparenza serio è ludico, sensuale, ha un grande senso dell'umorismo e il gusto della parola, detta e scritta.

Ho camminato per Londra in lungo e in largo, da sola e in compagnia. Sempre con la curiosità e la consapevolezza che Johnson era passato di lì o, se fosse stato un mio contemporaneo, che avrebbe gradito la vista che si presentava davanti ai miei occhi: nei posti meno probabili, Londra offre scorci capaci di sorprendere e meravigliare.

Londra è una città mostruosamente grande: a volte è una sensazione opprimente, a volte no. Ha parchi che sembrano laghi e ricordano il territorio paludoso della piana del Tamigi prima che fosse arginato, costellata di isolotti che spuntavano tra le acque del fiume dal fondo basso e sabbioso. Passeggiando per le strade, i giardini e le piazze, questa immensità quasi non la percepisco; sono attratta dalle stradine, dai vicoli, dai portici delle case e finisco per convincermi – sbagliando – che quel microcosmo è la vera Londra.

Mentre è semplicemente la *mia* Londra.

2
I pub

> *I dogmatize and am contradicted, and in this conflict of opinions and sentiments I find delight.*
> Dogmatizzo e vengo contraddetto, e trovo piacere in questo conflitto di opinioni e pareri.
>
> SAMUEL JOHNSON

Il centro di Londra è pieno di pub; meritano una visita, anche solo per osservare gli inglesi nel posto in cui si sentono più a loro agio. Nella maggior parte dei pub si serve anche cibo – sempre gradevole, raramente pessimo o ottimo.

La parola *pub* viene da *public house*: nel Medioevo la *public house* era il pianterreno di una casa in cui si vendeva la birra preparata dalle donne della famiglia, nella loro cucina, facendo bollire il luppolo e poi lasciandolo fermentare. I pub erano aperti tutto il giorno. La birra serviva principalmente per uso domestico; per guadagnare qualche soldo la si vendeva al bancone del pianterreno. Ben presto la sua produzione divenne un'attività commerciale molto redditizia e nacquero le prime birrerie. I pub divennero così taverne fumose e affollate, dove si servivano anche altre bevande alcoliche.

A Londra, i pub erano particolarmente importanti per tre motivi.

Primo: la birra era fondamentale perché l'acqua era così inquinata che chi la beveva si ammalava di colera e dissenteria. La *small beer*, a basso tasso alcolico, si dava perfino ai neonati. Solo i mendicanti erano costretti a bere l'acqua velenosa di fiumi e fontane.

Secondo: Londra era la città dove si andava in cerca di fortuna o semplicemente di un lavoro; gli uomini soli alloggiavano negli *inns*, pub con camere in affitto e scuderie, veri e propri luoghi di ritrovo e di scambio. E anche poco raccomandabili, se non addirittura di perdizione, dove la gente si ubriacava e spesso scoppiavano risse – come nelle incisioni di Hogarth.

Terzo: nella City, i pub erano diventati veri e propri uffici e centri di informazione; i mercanti usavano il tavolo per lavorare. Su una parete era affisso uno di quei grandi fogli che si vendevano a un penny e su cui venivano riportati annunci commerciali e notizie che riguardavano la comunità. L'elemento ricreativo e conviviale si perpetuò attraverso i club – associazioni di amici uniti da un comune interesse –, che fiorirono in particolare nel Settecento. Risale a quel periodo la differenziazione tra clienti all'interno dello stesso pub, con la creazione di zone separate: una parte frequentata dalla nuova borghesia, l'altra dai poveri.

La birra venne scalzata dal gin, il liquore di ginepro ad altissimo tasso alcolico e meno costoso della birra, che nel 1688 fu portato dall'olandese principe d'Orange. Il gin incontrò immediata popolarità e fece danni notevoli, contribuendo al dilagare dell'alcolismo che devastava le famiglie. Ma non a lungo: gli inglesi rivendicarono il primato della loro bevanda preferita, lasciando il gin ai poveri.

La birra aveva un ruolo importante nella vita della città e la quantità di carri trainati da cavalli che ne portava a Londra i barili creava ingorghi paurosi. La birra delle Midlands era la preferita dei londinesi, per la buona qualità dell'acqua con cui veniva preparata. In particolare, era l'acqua di Burton – una città tra Birmingham e Sheffield – quella con cui si produceva la birra migliore. Ho visitato di recente l'albergo di St Pancras e la stazione ferroviaria che porta lo stesso nome, costruiti nel 1868 dalla Midland Railway: architettonicamente sono il complesso di stazione e albergo più bello che abbia mai visto.

Le cantine, con gli alti soffitti a volta, erano usate come deposito di birra: oggi ospitano uno shopping centre e la stazione dell'Eurostar, il treno che unisce Londra e Parigi attraverso il tunnel della Manica.

Mi piace l'atmosfera informale del pub, mi piace poterci andare da sola senza che nessuno mi disturbi e mi piace parlare e ridere con gli amici senza che gli altri si interessino ai fatti nostri. Nella City si andava al pub con i colleghi il venerdì sera; mio marito e io portavamo i bambini al George Inn, sulla Borough High Street, quasi di fronte alla stazione della metropolitana di London Bridge. Risale al XVIII secolo e, tra i pub storici ancora aperti, è quello che ha conservato meglio il suo charme. Oltretutto, si mangia bene. È ancora visibile la scuderia in cui carrozze e cavalli venivano ricoverati per la notte, e c'è un cortile quadrato molto gradevole, circondato da costruzioni con balconate da cui si accede alle stanze. Dalle balconate i clienti potevano assistere alle rappresentazioni musicali o teatrali a cui le compagnie itineranti davano vita nel cortile.

Mi piace andare al pub con i colleghi dopo un'udienza particolarmente impegnativa, oppure dopo una vittoria. Sapevo dalle mie letture che Johnson si riuniva ogni settimana all'Old Cheshire, su Fleet Street, con un gruppo di amici molto variegato chiamato Literary Club: ne facevano parte artisti e intellettuali, e anche qualche nobile desideroso di associarsi alla nuova intellighenzia londinese.

All'interno, l'Old Cheshire è un imbroglio di stanzette con la segatura sul pavimento e mura ingiallite dal fumo degli avventori. Si vede ancora la divisione tra lo spazio ben ammobiliato per la borghesia, il *public bar* – una piccola stanza di non più di sei metri quadrati, con un lato interamente occupato da un bancone sopra il quale sono esposte *pork pies* e cipollone sottaceto –, e l'altro spazio, più modesto, il *saloon bar*, per i meno abbienti. Tra i quali Johnson, che teneva corte seduto a un tavolino montato in una rientranza del muro, con due braccioli incastrati ai lati, è ricordato da un ritratto alla parete. Ai suoi tempi, il cibo all'Old Cheshire consisteva principalmente di un piatto unico detto *the ordinary*, che cambiava ogni giorno (oggi è offerto come *chef's special* a un prezzo ben diverso dai quattro penny di un tempo: chi entra si aspetta un trattamento «speciale», mentre per Johnson e i soci del suo club bastava l'«ordinario»).

La tradizione di Johnson continua a Londra attraverso i Book club, gruppi di persone che si riuniscono per discutere di un libro, bevendo birra e mangiando, anche se non lo sanno. Sono rigorosamente maschili o femminili, per evitare distrazioni – o almeno così mi dice il mio figlio minore che ne frequenta uno. Aperte a tutti sono le *quiz nights*, serate in cui ci si dedica a risolvere indovinelli, sciarade o altri giochi di memoria e logica. Londra sarebbe spiritualmente più povera se non ci fossero i pub, che tra l'altro svolgono un'importante funzione sociale: davanti a un bicchiere di birra tutti parlano con tutti, scambiano idee e spesso si finisce con una risata.

3

Gli inglesi a tavola

Some people have a foolish way of not minding or pretending not to mind what they eat. For my part, I mind my belly very studiously, and very carefully; for I look upon it, that he who does not mind his belly will hadly mind anything else.
Certe persone adottano lo stolto atteggiamento di non occuparsi, o di far finta di non occuparsi, del proprio stomaco. Quanto a me, mi occupo del mio stomaco con grande serietà e attenzione; perché sono dell'opinione che chi non si interessa a ciò che mangia si interesserà a ben poco altro nella sua vita.

SAMUEL JOHNSON TO BOSWELL

L'origine del mio debole per la cucina inglese

Ogni nazione ha la sua cultura gastronomica che concorre a definirne l'identità e che si manifesta nel modo di conservare, cucinare, servire e consumare il cibo, nelle innovazioni gastronomiche e nei ritorni al passato. Negli anni sessanta, a Palermo, credevano tutti che in Inghilterra si mangiasse malissimo, nonostante in pochi ci fossero stati. La cucina inglese era derisa con gusto, forse per invidia della potenza dell'Impero britannico o per antipatia verso gli inglesi. Per convincermi, a me era bastato assaggiare le tremule e stuchevoli gelatine di Miss Smith, preparate sciogliendo nell'acqua certi cubetti che lei si faceva mandare direttamente da Londra. Ma c'era una contraddizione, perché mi piacevano molto il roastbeef, servito freddo e tagliato sottilissimo, i sandwich, la zuppa inglese (il *trifle*), il dolce di frutta (il *plumcake*), tutti fatti in casa, e così anche certi prodotti che si compravano dal pizzicagnolo, come la salsa di senape, la *Worcester sauce*, le marmellate e il tè.

Nel settembre 1963, il giorno del mio arrivo a Londra, ero ansiosa al mio primo approccio con l'autentica cucina inglese, in un caffè di Buckingham Park Road. Era un self-service, accanto a Victoria Station, con tavolini di fòrmica e un bancone molto grande. Nonostante fossero le dieci, era affollato da clienti che mangiavano di tutto: dalle uova fritte al tè con i biscotti, dal caffè all'insalata. Tirai fuori dal borsellino la moneta più grande, per evitare l'imbarazzo di offrire alla cassa meno del dovuto, e stringendola nella mano mi avviai a testa alta, il cuore che batteva forte e quel poco di sicurezza che una diciassettenne siciliana al suo primo viaggio da sola, all'estero, era riuscita a racimolare. Ascoltavo attenta la commessa al bancone ma non la capivo. Indicavo il tramezzino che volevo balbettando un sommesso *please*. Dietro di me si era formata una coda: cominciai a sudare e decisi di rispondere *yes* a tutto quello che la commessa mi chiedeva. Velocissima, lei mi diede un vassoio con due tramezzini triangolari e una manciata di monete di resto; mi indicò di seguire il flusso, mettendomi in fila per il tè. La barista, una ragazzona con una cuffia di carta da cui uscivano ciuffi di capelli castani, riempiva le tazze – quattro alla volta – con una teiera di acciaio inossidabile grande quanto un annaffiatoio; aggiungeva il latte, abbondante, e un paio di cucchiaini di zucchero, dava una mescolata veloce e posava le tazze sul banco, pronte per i clienti.

Seduta al tavolo, guardavo perplessa il vassoio. Il tramezzino era stato riempito senza cura; la spessa fetta di pane sembrava appena appoggiata sul prosciutto, che sporgeva fuori. I sandwich dei ricevimenti, a Palermo, erano sottili e compatti; le fette erano state pressate al punto giusto per formare un tutt'uno leggero con il ripieno. Aprii un tramezzino: la crosta dei bordi era stata tolta con un taglio energico; un altro colpo secco, trasversale, l'aveva diviso in due triangoli identici.

L'interno della fetta di sopra era imburrato. Su quella di sotto, coperta da un velo di senape, erano adagiati pezzi di prosciutto cotto tagliati grossolanamente. Li osservai a lungo – il prosciutto cotto era una costosa leccornia, in casa nostra, e lo adoravo. Mi sentivo osservata, così richiusi il tramezzino e lo assaggiai: ottimo. Dolce e succulento, sapeva di legno affumicato, era perfino migliore di quello che mamma comprava per la cena del sabato. A ogni morso mi aspettavo di sentire tra i denti un nervetto, un pezzo di grasso, invece sentivo solo il gusto forte del burro salato, il pizzicore della senape e un non so che di deliziosamente acido nel pane, che sul momento mi era sembrato normalissimo.

Un bravo cuoco deve far venire l'acquolina in bocca al commensale attraverso la vista e l'odorato, prima che gusti la pietanza. E proprio in quel momento venne a sedersi al mio tavolo con un *sorry* un'anziana signora dai corti riccioli bianchi tendenti al lilla; sul suo vassoio c'erano una tazza di tè come la mia e un piattino con un pasticcino a forma di cubo; lucidissimo e decorato da due diagonali perfettamente parallele e spesse come un cordoncino, una di zucchero e l'altra di cioccolato, aveva al centro una cupoletta rivestita di glassa giallo canarino. Avevo appena finito il tramezzino e mangiavo con gli occhi il pasticcino, che la signora non aveva ancora toccato. Immaginavo la dolcezza della crema e il sapore di vaniglia della glassa. L'avrei ordinato, se fossi riuscita a farmi capire.

Quel primo tramezzino, comprato in un self-service senza pretese, e il voluttuoso pasticcino della mia commensale, divennero una raffinata esperienza culinaria e l'origine del mio debole per la cucina inglese. Nonostante il tè con il latte – una novità, per me – non mi fosse piaciuto.

A Cambridge, da Mrs Farmer

A Cambridge, da Mrs Farmer, la signora da cui ero a pensione insieme ad altri quattro studenti stranieri – un tedesco e tre sorelle norvegesi –, fui introdotta alla formalità dei pasti inglesi. La cena era servita alle sei e mezzo. L'abbigliamento era informale per le ragazze, mentre i ragazzi dovevano essere in giacca e cravatta. Alle sei e un quarto Mrs Farmer ci aspettava nel suo salotto in stile edoardiano. Da una bottiglia di cristallo intagliato dal collo lungo, con sopra una targhetta d'argento che recava incisa la scritta SHERRY, versava un liquido ambrato nei bicchierini di vetro soffiato colorato che porgeva agli ospiti. Profumata e con una sciarpetta di seta nera al collo, Mrs Farmer – padrona di casa compitissima – faceva la sua figura. Sorseggiavamo lo sherry dai bicchierini riempiti a metà mentre lei ci intratteneva con lo *small talk*, cioè conversazioni adatte all'occasione, brevi, semi-spiritose e di poca importanza, spesso imperniate sulle avventure in giardino dei suoi adorati corgi: i cagnolini provenivano dallo stesso allevamento di quelli della regina e si comportavano da padroni gironzolando in mezzo ai nostri piedi. Alla mezza, puntualissimi, passavamo nella stanza da pranzo: in caldo su un carrello elettrico ci aspettavano le pietanze, perfettamente scotte.

Si mangiava senza tovaglia, con piatti, posate e bicchieri posati direttamente sul tavolo di noce nudo e lucidissimo – che sensazione di sporco! Il menu si ripeteva ogni settimana con minime varianti: la domenica arrosto di carne con patate al forno, il lunedì salsicce, il martedì *Shepherd's pie* (una specie di gâteau di patate con dentro gli avanzi del pranzo della domenica), il mercoledì una grande frittata, il giovedì *meat pie* (pezzi di carne e rognone rosolati con cipolla in un involucro di pasta brisée, cotto al forno), il venerdì un'altra *pie* – questa volta di pesce – e il sabato, quando Mrs Farmer non aveva aiuto domestico, prosciutto e formaggi accompagnati da un'insalata verde e un'altra di patate bollite e maionese. Ogni pasto, completato da verdure di stagione stracotte – carote, cavolo, cavolfiore – o piselli in scatola, era sostanzioso e scipito. Lo si rendeva gustoso con certe salsine – alcune molto buone e piccanti – in piccole bottiglie di vetro. Il dessert consisteva in cremine dolcissime di vari colori e disgustose gelatine preparate con polverine dai nomi fantasiosi come *Angel Delight*, delizia degli angeli, o *Bird's Eye*, occhio di uccello. Invece le ottime *fruit pies*, torte di frutta con una copertura di pasta frolla molto leggera, speziate con cannella e chiodi di garofano e servite con la crema pasticciera, erano un godimento.

Scoprii in casa di Mrs Farmer che la cucina inglese può andare dal sublime al disgustoso, nel contesto dello stesso pasto preparato dalle stesse mani.

Natale a Richmond

Passai le vacanze del Natale 1963 insieme a Monique, una ragazza di Zurigo della quale ero diventata amica, a Richmond, una cittadina lungo il Tamigi inglobata nella grande Londra. Monique conosceva una famiglia inglese, i Fox, che abitavano lì e che ci avrebbero ospitato per il giorno di Natale. Era il mio primo incontro con una famiglia londinese e il secondo con Londra. Tutto per me era una sorpresa e "sapeva" di strano. Monique e io alloggiavamo in un albergo proprio sulla riva del Tamigi, in quel punto sufficientemente lontano dalla foce per non essere più soggetto alle maree. Vi trascorrevano le ferie, a un prezzo modico, i funzionari e gli impiegati del governo coloniale britannico che tornavano in Inghilterra ogni due o tre anni per alcuni mesi di vacanza: noi due eravamo state accettate eccezionalmente per tre settimane grazie ai Fox, lontani parenti dei proprietari. L'edificio sembrava una nave: era una costruzione vecchiotta del primo Novecento solo in parte in muratura; i tre piani superiori e la veranda sul Tamigi erano in legno. La hall e la sala da pranzo mantenevano una certa dignità, sia pure un po' decaduta: le tende erano sbiadite, la tappezzeria delle poltrone rattoppata con cura, gli angoli dei tovaglioli, impeccabilmente inamidati, sfilacciati.

Si mangiava appena un po' meglio che in casa di Mrs Farmer, anche se la tavola era pulita e ben apparecchiata, ma il mio soggiorno a Richmond rimase memorabile perché nel corso di quella vacanza scoprii come si comportano tra loro gli inglesi a tavola. Gli ospiti dell'albergo, quasi tutti anziani, durante il giorno stavano seduti nella veranda o nella hall a leggere – chi il giornale, chi un libro. Avevano un'aria dimessa eppure dignitosa, ed erano vestiti con decoro, pur non seguendo la moda. Li incontravamo nella sala da pranzo a colazione e a cena. A parte due o tre coppie, erano persone sole che amavano la propria solitudine, anche se si conoscevano tutti. Andare a mangiare era un susseguirsi di buongiorno o buonasera, con l'inevitabile commento sul tempo: *Lovely day!* Bella giornata; *Today we'll need the umbrella!* Oggi ci vorrà l'ombrello; *How boring!* Che noia; o perfino *How very boring!* Che gran noia, *Still dark!* Fa ancora buio. Ciascuno pranzava al proprio tavolo con un solo coperto, su cui il cameriere aveva messo la bottiglia di acqua o di vino con sopra scritto il nome dell'ospite, o una brocca d'acqua naturale. Le poche coppie sussurravano tra una portata e l'altra. Gli altri leggevano il giornale o guardavano pensosi la brocca dell'acqua o la bottiglia di vino mentre masticavano lentamente. Solo Monique e io parlavamo tutto il tempo in quella stanza da pranzo altrimenti silenziosa. Gli altri ci ascoltavano, però se li guardavo abbassavano subito la testa sul piatto.

A poco a poco fummo accettate dai residenti. I saluti che ci scambiavamo mattina e pomeriggio divennero più calorosi e qualcuno rispondeva al nostro *Good morning!* con un *And a very good morning to you both!* Poi cominciarono le domandine: *Had a good walk along the river, yesterday?* o *Did you enjoy the play?* Sapevano tutto di noi, e noi nulla di loro. Un signore dai capelli bianchi o biondi, comunque chiarissimi, di età indefinibile, andò addirittura oltre: ci mandava tramite il cameriere, su un vassoio, il *Times*, piegato in modo da porre in evidenza un trafiletto che aveva cerchiato a matita e che pensava potesse interessarci – una mostra, o un articolo sugli stranieri, o qualcosa sulla lingua inglese.

Non ci rimaneva che osservare per soddisfare la curiosità che ci mangiava. La coppia che ci creava maggiore difficoltà erano i Baker-Smith: quintessenzialmente inglesi, erano diversi da tutte le coppie che conoscevo in Sicilia. Quasi completamente muti, vestiti con cura e con la carnagione rosea e perfettamente liscia, come manichini. Muovevano le labbra con parsimonia. Non sembrava che uno dei due fosse taciturno e che l'altro trattenesse la propria loquacità per non infastidirlo: semplicemente, non li vedevamo mai conversare, tranne quando era strettamente necessario (*Would you pass me the pepper, please*, Mi passi il pepe, per favore) o le buone maniere lo imponevano (*After you, dear*, Dopo di te, cara). D'altro canto non sembrava nemmeno che quel silenzio togliesse loro il buonumore: sorridevano sempre e si comportavano da veri signori sia tra loro sia con chiunque li accostasse. La signora portava con sé un libro a tavola, immancabilmente. Ogni due o tre giorni il libro cambiava, ma era sempre un best seller, uno di quelli per i quali alla biblioteca comunale c'era una lista d'attesa di almeno un mese. La signora Baker-Smith sedeva con le spalle alla parete al primo tavolo entrando sulla sinistra, sopra il quale il libro era chiuso e a faccia in su: chiunque entrasse sapeva, prima ancora di quello che avrebbe ordinato per cena, cosa stava leggendo la signora. Per me erano una coppia da invidiare: contenti, calmi, colti. Il loro silenzio era una scelta che li soddisfaceva in pieno. Monique e io avremmo considerato noiosissimo mangiare in silenzio, per quanto il silenzio avesse i suoi vantaggi, per esempio concentrarsi sul cibo e sui propri pensieri. Comunque non scoprimmo mai chi dei due avesse imposto all'altro quella regola quasi monacale, tantomeno a che scopo: per l'intero soggiorno li sentimmo rivolgersi l'uno all'altro con la più squisita gentilezza.

In casa Fox si mangiava molto bene. Le stesse pietanze di Mrs Farmer, cucinate da Mrs Fox, erano deliziose: le verdure croccanti, il ragù delle *pies* profumato di vino, l'arrosto aromatizzato con una varietà di erbe – timo, rosmarino, una foglia di alloro –, i dolci squisiti, alcuni dai nomi stranissimi: *Jam roly poly*, *Bread and butter pudding*, *Eton mess*, *Treacle tart*. Come da Mrs Farmer, mangiavamo direttamente sul tavolo, anche se qui avevamo i *mats*, sottopiatti rettangolari con il fondo di sughero decorati con scene di caccia alla volpe, un po' cruente per i miei gusti. Ancora oggi mi domando perché agli inglesi piaccia tanto questo traffico di *mats* – inclusi altri *mats* più piccoli con funzione di sottobottiglia e sottobicchieri –, che non risparmia certamente lavoro. Secondo me, ha a che fare con la religione protestante e il cattolicesimo: una tovaglia che copre il tavolo (oltre al non trascurabile vantaggio di essere quasi sempre accompagnata dai relativi tovaglioli) unisce i commensali; i *mats* definiscono l'area di ciascuno, responsabilizzano l'individuo, si mangia insieme ma separati, con tovaglioli di carta. Oppure c'è una spiegazione pratica: gli inglesi non amano lavare e stirare, il che – adesso che ci penso – spiegherebbe la quasi totale scomparsa dei tovaglioli di stoffa dalle tavole giornaliere. In casa Fox scoprii che esistono una quantità di posate apposite per ogni varietà di cibo. Forchette a due, a tre e a quattro rebbi; cucchiaini a punta oppure larghi, per i frutti di bosco, con un motivo di fragoline, ribes e mirtilli sul manico lavorato; posate da pesce, con il manico d'avorio; coltelli da cacciagione di tutte le forme e dimensioni... per non parlare delle posate da portata, bellissime e immaginative.

Monique e io avevamo pochi denari; dopo uno sfortunato tentativo di andare a teatro a vedere *Romeo e Giulietta* – nonostante sapessimo la storia non capimmo una parola – decidemmo di goderci Londra mangiando. Frequentavamo soprattutto i ristoranti che non avremmo mai trovato nei rispettivi paesi, o comunque non a prezzi abbordabili: indiani, cinesi, mediorientali. Questi locali avevano una caratteristica in comune: il personale era sempre e soltanto maschile. Ci divertivamo a ordinare avendo solo una vaghissima idea di che cosa ci sarebbe stato servito e così ci lasciammo sorprendere da verdure, spezie e tecniche di cottura a noi sconosciute; tutto era buono, per le nostre papille curiose e avide di novità, compreso il piccantissimo. Anche sotto questo aspetto, Londra era una miniera di novità e di delizie.

Inverno 1969 a casa Hornby, Belgravia

Tornai brevemente a Londra nel novembre 1969, dopo due anni in Zambia con mio marito. Avremmo comprato casa a Oxford, dove lui aveva trovato lavoro. Io non avrei lavorato: aspettavo un bambino. Per le prime settimane fummo ospiti dei miei suoceri a Belgravia, uno dei quartieri più eleganti di Londra. Avremmo potuto dormire nella vecchia camera di mio marito, grande e accogliente, ma i suoceri preferirono ospitarci a spese loro in un albergo non lontano da casa. Sarebbe stata una gran comodità, se non fosse stato per il fatto che ci imponevano di andare da loro ogni mattina alle 7.30, per il breakfast.

Tutti i pasti sono una cosa seria, in Inghilterra, e in molte case i menu casalinghi – oltre che immutati da decenni – sono anche immutabili. Così era il breakfast in casa Hornby. Per arrivare puntuali dovevamo svegliarci prestissimo; mio marito, che amava bere un caffè bollente appena alzato e non mangiava niente fino all'ora di pranzo – in questo era un inglese atipico –, brontolava. Io, insonnolita, dovevo vestirmi di tutto punto da giovane Mrs Hornby – abito da città e cappotto, orecchini e collana di perle, trucco leggero – perché più tardi avrei accompagnato mia suocera a fare compere o a conoscere le sue amiche. Passando davanti alla sala da pranzo dell'albergo era difficile resistere alla tentazione di fingere un malessere da gravidanza per cedere senza rimorsi alle lusinghe dei camerieri e del buffet ricco di frutta, dolci, pasticcini, croissant, marmellate. Eppure resistevo: dovevamo uscire al freddo per arrivare, io affamata e mio marito fingendo di esserlo, al tavolo della prima colazione in casa Hornby.

La tavola da pranzo, ben lucidata, era apparecchiata con sapienza: tovagliette ricamate, sottopiatti, tovaglioli di lino, argenteria. Il menu era stato stabilito nel 1957, quando era finito il razionamento, e a detta di mio suocero non avevano mai sentito la necessità di cambiarlo. Si cominciava con mezzo pompelmo in una coppa di cristallo: un taglio a croce nella polpa avrebbe dovuto consentire di scavare ogni spicchio con una sola mossa usando l'apposito cucchiaino a punta – secondo il furbacchione che lo aveva inventato, in questa maniera si evitava di masticare la pellicina amara. Difficilissimo da mangiare e asperrimo, il pompelmo divenne il mio incubo mattutino: per di più mi sbrodolavo sempre, e non ero la sola. Gli spruzzi lasciavano macchioline sulla camicia bianca di mio marito, mentre i suoi genitori, dopo tanti anni di esercizio, padroneggiavano da virtuosi quell'infernale cucchiaino. Il resto del breakfast era buono: corn flakes con latte e zucchero, pane bianco in cassetta, già tagliato – rigorosamente nella misura media perché, diceva mia suocera, lo spessore delle fette cambiava completamente il sapore –, tostato, con burro e ottima marmellata di arance, annaffiati da Earl Grey con il latte. Per me, un caffè annacquato.

Cenavamo con i suoceri quasi ogni sera. Mio marito era figlio unico, e molto amato. I genitori non esprimevano il loro amore in modo diretto: erano inglesi del Sud, cioè di quella parte dell'Inghilterra più vicina alla capitale dell'Impero, più ricca e snob, meno espansiva e calorosa. L'affetto lo manifestavano invitandoci all'opera e portandoci nei ristoranti migliori. Mio suocero era vicedirettore di una grossa banca che aveva contribuito al restauro del Covent Garden e poteva disporre di una fila di posti riservati all'ospitalità dei clienti. A quei tempi l'opera aveva un che di esotico e stava diventando di moda nella borghesia, ma non tra i dirigenti della Lloyds Bank: avevano ben altro da fare che andare a teatro a sentir cantare in lingua straniera, e così i loro clienti. Dunque, le poltrone della quarta fila rimanevano spesso vuote. Sapendo che l'opera era una passione di mio marito, e che piaceva anche a me, mio suocero ci invitava spesso al Covent Garden. Quelle serate, di completo godimento durante la rappresentazione, per il resto erano una noia aberrante. Negli intervalli mi ingozzavo senza remore né pensieri di perdere la linea – tanto ero incinta – dei cioccolatini che mio suocero ci offriva immancabilmente, comprando ogni volta la stessa scatola di cartoncino dorato da otto pezzi. Secondo me era un tentativo di arginare l'incessante parlantina della moglie, che dominava sia i tragitti in taxi che le cene dopo il teatro.

Spessissimo la sera andavamo insieme a mangiare fuori. Mi ero chiesta più di una volta perché i suoceri andassero al ristorante almeno due volte alla settimana, finché la risposta mi arrivò, piuttosto confusamente, da mia suocera: lei odiava i laburisti, in particolare non poteva soffrire Wilson, primo ministro in carica, e il suo governo, rei di aver creato l'inflazione. *He calls himself socialist!* «E dice di essere socialista!» esclamava, come se fosse l'offesa più grave del mondo. A suo parere, Wilson voleva che la gente spendesse di più per i propri fini nefandi, che erano tanti e culminavano nel peggiore: instaurare il comunismo. Ma lei lo avrebbe sconfitto, non si sarebbe piegata dinanzi all'inflazione. Da quando c'era il governo laburista non spendeva un penny in più per comprare da mangiare. Mentre prima faceva la spesa nella Food Hall di Harrods, per risparmiare aveva cominciato ad avventurarsi da Belgravia alla vicina Chelsea, in King's Road – allora una zona quasi popolare –, per comprare le verdure e in particolare il cavolfiore da cucinare con la *béchamel* il mercoledì (i suoi menu erano rigidamente settimanali, uno estivo e uno invernale): lì costavano meno. Ma, anche con quegli accorgimenti, a volte il maledetto laburista la portava a superare il limite che si era posta. «Allora daddy mi viene in aiuto e mi invita al ristorante, così io non sono costretta a spendere di più e a darla vinta a quel maledetto socialista» concludeva pimpante. Mio suocero abbassava gli occhi con un sorrisetto di commiserazione – non per sua moglie, che adorava, ma per se stesso: costava, e tanto, rispettare il budget!

Nei buoni ristoranti imperava la cucina francese, amata da tutti. Io mi trovavo a disagio in questi locali dall'atmosfera lussuosa e formale: le sale da pranzo erano sontuose, con lampadari di cristallo, appliques, sedie dorate e una pletora di camerieri, talmente solerti a riempirci il bicchiere che non mi ricordavo più se avevo bevuto o no. E mi riempivo d'acqua. Il modo di ordinare era complicatissimo e bizantino. Appena arrivati, prendevamo posto in un salotto attiguo alla sala da pranzo, dove ci veniva servito l'aperitivo e scorrevamo il menu bilingue. Il maître aveva mio suocero come referente. Io indicavo quello che desideravo mangiare e lui ripeteva le mie scelte al maître, che le annotava sul taccuino. Alla fine, rileggeva l'ordinazione a mio suocero, che mi guardava: dopo aver ricevuto il mio assenso silenzioso, confermava. A tavola c'era un codice di comportamento molto rigido: si parlava a voce bassa, per non farsi sentire dai vicini, e si parlava soltanto di argomenti non troppo privati, o decisamente di dominio pubblico. Spesso, di nulla. Passavamo il tempo a discutere di quello che ciascuno di noi stava gustando, ma non si offriva mai un boccone o una forchettata di assaggio: non era chic. Mio marito e io ce le scambiavamo, quelle forchettate peccaminose, o pescavamo direttamente l'uno dal piatto dell'altra, mentre i suoi genitori guardavano altrove, e poi ci scambiavamo un'occhiata ridente, sentendoci molto trasgressivi.

Per fare contento il figlio, che amava assaggiare anche altre cucine, mio suocero ci invitava anche in ristoranti stranieri: una volta andammo a mangiare ungherese al Gay Hussar, a Soho, nonostante secondo mia suocera fosse un covo di socialisti, e un'altra da Veeraswami, vicino a Regent Street, allora il solo ristorante indiano di Londra – era stato aperto nel 1926, e alla porta i clienti erano accolti da un indiano in costume tradizionale. Non andammo mai in un ristorante italiano: di quelli, secondo i miei suoceri, in tutta Londra non ce n'era nessuno davvero elegante, e dunque degno di loro.

Dal febbraio 1970 a oggi. Oxford e Londra

In Inghilterra ho avuto casa prima a Oxford e poi a Londra; come in tante famiglie con bambini, a quei tempi – McDonald's non aveva ancora aperto il suo primo ristorante in Europa, a Haymarket – si mangiava a casa o a casa di amici e si andava al ristorante raramente, in occasione di compleanni o anniversari. Quando mi trasferii a Londra, era più facile mangiare bene al ristorante che in casa: a parte la mancanza di un pane davvero buono, era difficilissimo trovare gli ingredienti che mi servivano per cucinare alla siciliana, come aglio, parmigiano, olio d'oliva, pomodoro, spaghetti, salame, carne di vitello e il nostro pesce. L'olio si trovava soltanto nei grandi supermercati o nelle farmacie, in minuscole bottiglie: serviva per sciogliere il cerume! Mancava anche il prezzemolo a foglia larga, per me importantissimo. Poi scoprii che i negozi ciprioti e turchi avevano tutto. A Brixton non ce n'erano, ma ce n'era uno a Peckham, e tanti nel nord di Londra. Oggi si trova dovunque qualsiasi ingrediente italiano, di buona qualità e perfino, nei mercati, a prezzi minori rispetto all'Italia.

A me e alle mie amiche, inglesi e non, piaceva cucinare e ci scambiavamo ricette. Con una differenza: io davo quelle di casa mia, siciliane, con qualche ricetta di dolci austriaci portata dalle cuoche venete di nonna Maria, mentre loro compravano tanti libri di cucina stranieri: negli anni settanta mi davano la ricetta della *moussaka* (un piatto greco a base di carne e melanzane), negli anni ottanta quella della *ratatouille*, negli anni novanta quella del *curry* e nel nuovo millennio quella del *sushi*. Io le provavo tutte e poi, su richiesta della famiglia, ritornavo alle polpette con la salsa di pomodoro. Le inglesi non davano volentieri ricette della loro cucina, credevano che non fossero buone. Era colpa della guerra: dopo diciassette anni di rigido razionamento, le madri avevano disimparato a cucinare le ricette tradizionali e non erano in grado di insegnare alle figlie la buona cucina inglese. Le mie coetanee dovettero impararle da sole e preferivano le altre cucine europee, a quei tempi di gran moda: la francese, la greca, l'italiana e la spagnola.

Mio marito era un bravo cuoco di arrosti e cucinava un ottimo *sunday lunch*. Da Mrs Carrington, la madre di un amico, ho imparato ricette di dolci inglesi squisite che ho passato a mia madre. A Mosè, mia sorella Chiara prepara ancora il semifreddo di panna e limone e un'ottima marmellata di arance seguendo le indicazioni di Mrs Carrington. È bello, questo scambio di ricette tra Sicilia e Inghilterra. Il mio amore per la cucina inglese continua, e se posso scegliere preferisco mangiare in un ristorante inglese, cinese o indiano, in quest'ordine, anziché in un ristorante europeo.

4
Una coppia in viaggio di nozze

Nobody can write the life of a man, but those who have eat and drunk and lived in social intercourse with him.

Solo chi ha mangiato, bevuto e si è intrattenuto con un uomo può scriverne la biografia.

SAMUEL JOHNSON

Avevamo spesso ospiti italiani, perlopiù parenti, che soprattutto i primi anni non conoscevano bene l'inglese. Nella mia famiglia la prima domanda che si faceva a chi ritornava da un viaggio, anche in Italia, era: «Che hai comprato?» oppure «Che mi hai portato?», dunque la cosa più importante per i miei ospiti era fare shopping. Io, che odio i negozi, non potendo invitarli a teatro, li portavo nei ristoranti che pensavo piacessero a loro: cinesi, indiani e libanesi, allora poco diffusi in Italia. Mia madre per esempio amava moltissimo la cucina cantonese, zia Teresa preferiva la libanese. Una volta venne ospite una coppia in viaggio di nozze e decidemmo di portarli in un ristorante cinese allora di moda.

Rimasero molto delusi, specialmente il marito. Che non era certo timido e si lamentò dall'inizio alla fine. Il brodo di pollo, leggerissimo, non era abbastanza saporito. Mancava il parmigiano. E dov'era il macinino del pepe? Il riso era scondito. La salsa di soia, troppo salata. Le verdure, collose. Poi arrivò il piatto principale, l'anatra alla pechinese. Nei vassoi c'era tutto il necessario: il cestello di bambù con dentro i dischi di pasta cotta al vapore, sottili come un'ostia e caldissimi; il piatto con l'anatra croccante e cotta a puntino che il cameriere sfilettava dinanzi a noi; i piattini rettangolari con il cetriolo alla julienne e l'erba cipollina tagliata finemente; infine, le ciotoline con la salsa di Pechino, una per ciascun commensale.

Presi un disco di pasta e me lo misi sul piatto; quindi aggiunsi un po' d'anatra, la salsina piccante, il cetriolo e l'erba cipollina; infine formai un involtino e me lo portai alla bocca. Gli sposini mi guardavano esterrefatti. E continuarono per tutta la durata del pranzo, peraltro ottimo – almeno secondo mio marito e me, perché loro non apprezzarono per niente. Lui chiese una bistecca e guardò male il cameriere quando questi rispose che non ne servivano. Con la salsina dell'involtino che gli gocciolava tra le dita, esclamò torvo: «Io qui non ci tornerei neanche morto!». E incrociò lo sguardo imperturbabile di mio marito.

L'indomani ci invitarono in un ristorante italiano scelto da loro – era chiaro che di noi non si fidavano. Non andò meglio. La pasta non era al dente e le triglie non erano saporite come quelle di Palermo. Per non parlare dei fagiolini, scotti. E del tiramisù, troppo dolce. Uscendo dal ristorante, lo sposino sospirò: «Ah, quanto mi manca una bella fetta di filetto!».

«Domani ti porto dal macellaio» gli proposi immediatamente «la scegli tu e cucinate voi, a casa.»

Fu il loro pasto migliore in Inghilterra, dissero i due, dopo essersi rimpinzati di carne e patatine. Da un certo punto di vista non avevano torto: negli anni settanta, a Londra erano pochi i ristoranti italiani in cui si mangiava davvero bene.

Considerata di gran lunga inferiore a quella francese, che peraltro aveva il monopolio indiscusso dei vini, fino ai primi del Novecento la ristorazione italiana era limitata ai caffè nelle zone degli immigrati. Per un periodo, che coincise con l'avvento del fascismo, il fiorire dell'industria e della moda italiana e la propaganda culturale dell'epoca, i ristoranti italiani, come Cipriani, divennero tra i più costosi ed eleganti di Londra. Ma il boom, a tutti i livelli, risale agli anni tra le due guerre, quando la cucina italiana diventò di moda.

Nel dopoguerra, gli italiani naturalizzati inglesi che possedevano caffè e negozi avevano cambiato i nomi tradizionali – *Sorrento, Isola Bella* ecc. – con nomi inglesi – *The Corner Café, Blue Rooms* – per paura di rappresaglie da parte dei locali; le trattorie se la cavarono meglio dei ristoranti. Nel frattempo l'industria della ristorazione faceva passi da gigante in tutto il paese, ma specialmente a Londra, e i ristoranti italiani si riappropriarono dei nomi italiani. L'industria dei gelati era rimasta fiorente e così la loro vendita a bordo di furgoncini che giravano nelle zone residenziali e nei parchi, annunciando la propria presenza con musichette che facevano venire l'acquolina in bocca a bambini e adulti. Negli anni cinquanta due italiani crearono una famosa catena di ristoranti, la *Spaghetti House*, e fecero fortuna. Da allora c'è stato in tutto il paese un boom di ristoranti italiani, molti dei quali davvero ottimi.

Non di pizzerie, però. Nel 1969, quando ero incinta, avevo una gran voglia di mangiare la pizza: in tutta Londra non trovammo una sola pizzeria. Dissi a mio marito che prima o poi avrei voluto aprirne una. Poi ci trasferimmo a Oxford e alla pizzeria non ho più pensato. A volte mi domando che cosa sarebbe successo se avessi realizzato quel progetto.

Le prime pizzerie londinesi sono state aperte negli anni settanta, e da multinazionali anziché da italiani. Un'occasione perduta, ma non definitivamente.

5
Gli italiani a Londra

> *A man who has not been to Italy, is always conscious of an inferiority, from his not having seen what it is expected a man should see.*
> Chi non è mai stato in Italia è sempre consapevole di un'inferiorità che gli deriva dal non aver visto quello che un uomo dovrebbe vedere.
>
> SAMUEL JOHNSON

Nel 1975 mi arrivò una notifica dal consolato: era in corso l'aggiornamento del registro degli italiani residenti all'estero. Non avevo rapporti con il consolato dalla nascita del mio secondo figlio, anche lui debitamente registrato come cittadino italiano, e nemmeno con la comunità italiana a Londra. Mi consideravo un'immigrata nel senso stretto del termine – qualcuno che lascia il proprio paese per stabilirsi più o meno definitivamente in un altro –, ma al tempo stesso non mi sentivo tanto diversa dagli altri italiani, né lontana dai siciliani, la mia gente: in casa si parlava italiano e c'erano sempre ospiti da Palermo. A parte questo, forse la verità era che mi mancavano il tempo e lo spazio per sentimenti di esclusione o di isolamento. Facevo parte della società inglese, avevo amici da tutti i continenti e molti clienti caraibici.

Con il passare degli anni, alcune famiglie italiane cominciarono a rivolgersi al nostro studio legale: volevano un avvocato specializzato in diritto di famiglia che parlasse la loro lingua. Mi accorsi di sapere poco della comunità italiana.

A Dulwich, lo *sweet shop* preferito dei miei figli – una sorta di drogheria specializzata in dolci – apparteneva a un ligure e a una napoletana di madre messinese, la signora Rosa: lui era nato a Londra, dove aveva conosciuto la moglie, venuta a lavorare in un ospedale non lontano dal suo negozio. Lui parlava un *cockney* perfetto, lei se la cavava molto bene con l'inglese: prendeva come un complimento che i clienti la scambiassero per cipriota. Preferivano non far sapere di essere italiani. E non erano i soli.

Proprio in quel periodo il mio figlio maggiore, cinque anni, mi chiese di non parlargli in italiano quando andavo a prenderlo a scuola. Gli chiesi perché e la risposta fu: «È una cosa privata della nostra famiglia». Intervenne mio marito, che invece raccontava con orgoglio di avere una moglie siciliana, ma non ebbe successo. «Sono cose private» si sentì rispondere. «È meglio non dirlo, papà.» Seppi dopo che gli altri bambini lo prendevano in giro chiamandolo *Spaghetti eater*, e anche peggio.

Volevo saperne di più dell'immigrazione italiana a Londra, e della comunità siciliana: volevo che i miei figli fossero consapevoli di essere per metà italiani, e che ne fossero fieri.

Come i cinesi in Italia, i siciliani a Londra erano immigrati invisibili: lavoravano, stavano in casa, non si facevano vedere in giro e non causavano problemi. Mantenevano le abitudini antiche: parlavano in dialetto e i figli non erano incoraggiati a fare amicizia con gli inglesi, né a proseguire gli studi dopo la scuola dell'obbligo; spesso si sposavano con compaesani, conosciuti durante le rare vacanze in Sicilia. Pochi si erano inseriti nella società britannica. Vivevano in zone "italiane" e frequentavano quasi esclusivamente i connazionali. Credo che così facendo abbiano perduto un'opportunità: i ragazzi che sono stati incoraggiati dai genitori a studiare hanno avuto grande successo. Il più giovane professore dell'Università di Cambridge, Roberto Cipolla, è figlio di un siciliano. Insegna Information Engineering.

6
Vicini di casa in Underhill Road, Dulwich

> *I am sorry I have not learned to play at cards. It is very useful in life: it generates kindness and consolidates society.*
> Mi dispiace non aver mai imparato a giocare a carte. È un'abilità che torna utile nella vita: genera gentilezza e consolida la società.
>
> SAMUEL JOHNSON

In Inghilterra si vende e si compra casa lo stesso giorno, e ci si trasferisce immediatamente, a meno che non si abbiano i denari per vivere in un alloggio temporaneo mentre si fanno i lavori in casa nuova. Quando ci trasferimmo a Londra da Oxford, lasciammo i figli a mia madre in Sicilia per tutta l'estate. Arrivata a Londra, mi diedi da fare per mettere a posto la casa e arredarla il prima possibile. Volevo renderla subito accogliente. In due mesi tutto fu pronto e fui raggiunta dai bambini.

Mi godevo la casa e la mia piccola famiglia in attesa che ci raggiungesse la nuova bambinaia. Era un autunno insolitamente caldo. A differenza del giardino sul retro, molto ombroso, quello sul davanti era inondato di sole e profumatissimo: l'aiuola centrale era un roseto; lo avevo concimato e le piante davano il loro meglio per l'ultima fioritura dell'anno. Quello spazio chiuso da due cancelli mi sembrava ideale per i bambini; mi sistemavo sul prato con la culla del neonato e il triciclo del maggiore, accanto al muretto che lo separava dalla strada, e li tenevo d'occhio mentre facevo i miei lavori di cucito. Fu allora che ebbi i primi problemi con i vicini, con i quali fino a quel momento mi ero limitata a un cortese scambio di saluti.

«Non tenerli nel giardino davanti,» mi aveva avvertito mio

marito «i giardini sul prospetto devono rimanere vuoti e silenziosi. Sempre.»

«I tuoi figli hanno bisogno di sole e io li tengo lì, fino a quando il sole non passa dall'altro lato» gli rispondevo.

Ma aveva ragione lui. La gente che viveva nella strada, compresi quelli di cui conoscevo il nome e con cui scambiavo sorrisi quando ci incontravamo, ora passava davanti a casa mia e voltava la testa proprio quando il figlio maggiore diceva *hello* e io mi preparavo a sorridere. Anche gli sconosciuti sembravano imbarazzati dalla nostra presenza. Certuni addirittura attraversavano e dal marciapiede opposto mi lanciavano sguardi obliqui. Perseverai, nella speranza di conoscerli prima o poi. Invano.

Finché la moglie di un diplomatico a riposo ruppe il ghiaccio. Non era una vicina vera e propria, ma i nostri giardini sul retro erano confinanti. Aveva sentito la mia voce e sapeva che ero italiana. Diventammo amiche nonostante la differenza di età (lei aveva un figlio poco più giovane di me), anche perché i nostri mariti condividevano due grandi amori: la lettura e il whisky dopo pranzo.

I vicini cominciai a conoscerli grazie a mia madre, che era tornata per le feste di Natale. La vicina di sinistra avvicinò mamma mentre portava il figlio maggiore al negozietto all'angolo e la invitò a prendere il tè, estendendo l'invito a me ma unicamente per riportare a casa lei. Ho mantenuto buoni rapporti con quella famiglia per tutti gli anni in cui ho abitato in Underhill Road, ma non sono mai entrata in casa loro senza mia madre. Poi conobbi i nuovi vicini di sinistra, la moglie era una cipriota. Poi ancora quelli di fronte, e infine tutti gli altri. Ma ciascuno a suo modo non perdeva occasione per ricordarmi che non avrei dovuto tenere i bambini nel giardino anteriore: «Non si fa!».

Credevo di aver imparato la lezione: l'estate seguente non li avrei portati nel giardino sulla strada – dopotutto, *When in Rome do as the Romans do* «A Roma fai come i romani» –, ma scoprii che anche il giardino di dietro è soggetto a un certo controllo da parte dei vicini.

Insieme alla mia amica scozzese Helen, decidemmo di comprare la carne all'ingrosso, al mercato generale, e di far venire a casa mia David, un macellaio che l'avrebbe tagliata in pezzi, in modo che potessimo dividercela e conservarla nei nostri rispettivi freezer. Ogni tre mesi, uscivamo alle quattro del mattino e andavamo al mercato di Spitalfields, nella City of London. La scelta non era facile, ma Helen era più pratica di me, mentre io ero brava a mercanteggiare. Compravamo un agnello intero, un quarto di bue, a volte un maiale. Li caricavamo nelle nostre utilitarie e li portavamo a casa mia: sulla terrazza sul retro, o se pioveva nel capanno degli attrezzi in fondo al giardino, era già pronto il bancone da falegname di mio suocero, diventato per l'occasione la balata del macellaio. Quando arrivava David prendevamo il caffè insieme e allo spuntar del sole lui si metteva al lavoro. Mentre ogni colpo di martello inferto sui coltellacci per fracassare le ossa riecheggiava con un rimbombo sinistro, i gatti del vicinato si riunivano nel nostro giardino miagolando. Intorno, facce piene di sonno alle finestre, scalpiccio, fruscio di fronde smosse e occhi curiosi che sbirciavano dalle siepi. Io ero all'erta per placare le lamentele dei vicini, e nell'insieme ci riuscivo: era mio diritto preparare la carne da surgelare durante le ore di luce naturale. In quattro e quattr'otto le carcasse erano diventate pacchettini di plastica muniti di etichetta con data e descrizione del contenuto, pronti per il freezer: le nostre famiglie avrebbero avuto carne buona e io potevo andare al lavoro soddisfatta.

Purtroppo, però, i nostri oculati acquisti al mercato centrale non ottennero mai l'approvazione dei vicini.

«I gatti non fanno che miagolare!» si lamentava uno.

«Il mio cane per un pelo non ha saltato lo steccato, ho dovuto legarlo!» gli faceva eco un altro.

E un altro ancora: «Verranno le volpi stanotte, hanno un olfatto finissimo! E oltre al vostro giardino distruggeranno anche il nostro!».

Le pressioni più forti da parte del vicinato, per la verità, arrivarono anni dopo, poco prima che lasciassi Dulwich per trasferirmi nel centro di Londra. I figli erano andati a vivere per conto loro e io potevo permettermi lunghe e frequenti assenze da casa; i miei due gatti, Micia e Tonto, madre e figlio, entravano e uscivano liberamente attraverso la gattaiola – la donna delle pulizie passava ogni mattina a dar loro da mangiare e in più uno dei vicini, Adam Curle, l'anziano professore di studi sulla pace, veniva nel pomeriggio per tenere loro compagnia: si sedeva sulla mia poltrona e leggeva, con i gatti sulle gambe. Una volta, al mio ritorno, mentre prendevamo il caffè, mi informò che una nuova venuta di Underhill Road, il cui giardino confinava con il suo, aveva accolto Micia in casa e le aveva offerto da mangiare.

«Devo rimborsarle i croccantini?» chiesi.

«No, affatto!» rispose lui, e poi aggiunse in fretta: «Era mio dovere dirtelo, tutto qui».

L'indomani venne a farmi visita Ann, sua moglie, che mi raccontò della nuova vicina. Era una modella, di padre tedesco e madre nigeriana, molto bella. Aveva una bambina piccola, sembrava senza marito ma non le mancavano i denari.

«Come si chiama la bambina?» mi informai.

«Non saprei, non le ho mai parlato» rispose Ann perplessa.

«Perché?»

«Non dopo quello che ha fatto con la tua Micia...»
Non capivo.

«Be', non si fa di attirare il gatto di un vicino in casa tua...» E poi, con uno sguardo di disapprovazione: «Darle da mangiare, senza il permesso della padrona! Soltanto a Micia, poi!».

Continuavo a non capire. «Ma io ero partita! Forse dovrei andare a parlare con lei? E che le dico di Tonto?» Nella mia ingenuità, credevo che i vicini fossero preoccupati per la disparità di trattamento di cui Tonto era stato vittima.

E invece l'altro vicino, il diplomatico a riposo, mi spiegò con aria sussiegosa che i proprietari di gatti erano tanti, nel vicinato, e non potevano certamente perdonare quella signora nera: ormai evitavano di andare via anche solo per un weekend, per paura che lei ammaliasse i gatti con le sue arti e li allontanasse da loro.

«Devi prendere una posizione...» cominciò. E poi affondò il colpo: «Che cosa intendi fare con questa donna?».

Gli altri vicini furono meno espliciti, ma i loro sguardi erano carichi di intenzione.

«Stanno bene i tuoi gatti... ah, lo sai che Micia fa visita alla nuova vicina?»

«Hai parlato alla giovane nera che si è trasferita al numero 37?»

«Stai attenta a Micia e Tonto, quando non ci sei vanno in giro per tutto il vicinato!»

E poi il professore me lo disse a chiare lettere: «Devi decidere cosa fare, con questa ragazza. Non puoi permetterle di mettersi in casa Micia e lasciare fuori Tonto. Lui ne soffre moltissimo, quando non ci sei».

Dovevo agire. Ci pensai su una serata intera.

Andare dalla signora con una maxi confezione di cibo per gatti e porgerglielo in regalo dicendo: «Grazie mille per aver dato da mangiare a Micia mentre ero via, non lo faccia più per favore»? E se lei mi avesse detto che non era vero, che non la conosceva nemmeno, la mia Micia? Anzi, che era allergica ai gatti e aveva anche un certificato medico che lo attestava? In fondo non avevo alcuna prova.

Oppure, come suggerì il figlio maggiore a cui avevo chiesto consiglio, avrei potuto portarle un mazzo di fiori, grata per la compagnia e il cibo offerto a Micia, chiedendo con tatto di non farlo di nuovo perché Tonto si sentiva escluso? Scartai il suggerimento per due motivi: non volevo spendere i denari per i fiori e inoltre rischiavo che la donna attirasse in casa sua anche Tonto – e allora chi li avrebbe placati i vicini?

Pensai perfino a una vendetta: le avrei donato una piantina carnivora che le pizzicasse le dita. L'idea mi allettava, ma poi pensavo alla bambina. Non potevo certo mettere a rischio le sue, di dita.

Optai per l'inazione, una scelta faticosa e sofferta ma spesso saggia. Ed evitai accuratamente i vicini. Quando andavo via, non chiedevo a Adam di tenere compagnia ai gatti. E non chiesi alla donna di servizio di dar loro da mangiare. Al ritorno a casa, Tonto e Micia mi aspettavano sul muro di cinta, ambedue satolli.

Continuò così per mesi: senza nemmeno conoscermi, quella donna si prendeva cura dei miei gatti in mia assenza. A volte, anche quando ero a Londra e tornavo tardi, Micia e Tonto non si lanciavano verso i loro piattini come facevano di solito ma rimanevano pigramente distesi sul divano e giravano appena la testa. Ormai vivevano in due case: era ufficiale. Eravamo diventati una famiglia allargata: Micia, Tonto, la signora, sua figlia e io.

Poi i gatti capirono che la mia vicina era una padrona migliore; si trasferirono da lei, anche se passavano da casa ogni sera per una carezza e – cominciavo a temere – per la soddisfazione di farmi vedere che avevano il pelo lucido e ben spazzolato, e una pancetta rotonda.

Quando mi trasferii ad Ashley Gardens diedi la mia benedizione a Tonto e Micia, certa che non avrebbero sentito la mia mancanza.

Ma i vicini – diventati ex – non mi perdonarono mai.

Non è vero che la gente si fa i fatti suoi a Londra. Non quando ci sono di mezzo gli animali.

Non per nulla, esiste e prospera la Royal Society for the Prevention of Cruelty to Animals, mentre dei bambini vittime di crudeltà si occupa la più modesta National Society for the Prevention of Cruelty to Children.

7
Il Partito laburista

The true measure of a man is how he treats someone who can do him absolutely no good.
Il vero valore di un uomo si evince dal modo in cui tratta qualcuno da cui non può aspettarsi di ottenere nulla in cambio.

SAMUEL JOHNSON

A Dulwich conobbi tante persone e strinsi amicizie durature attraverso il Partito laburista, di cui divenni membro per via del mio figlio minore: mi iscrissi per gratitudine, una qualità poco apprezzata e ancor meno praticata, eppure fondamentale nella vita sociale. Johnson la considerava alla pari delle virtù, se non la più importante tra queste, e la praticava con assiduità. Rendere grazie e ricambiare il bene ricevuto a me sembra una qualità tipicamente protestante: la festa americana del Ringraziamento non ha un equivalente nel calendario cattolico. Johnson, in particolare, estendeva la propria gratitudine anche ai figli di coloro ai quali era grato e che erano morti. Un po' eccessivo, a mio parere, ma nell'intimo lui era un uomo passionale. Gli inglesi, comunque, sono convinti che essere grati e ricambiare il bene ricevuto aiuti a vivere una vita felice. Nel mio caso, gli amici conosciuti attraverso il Partito laburista hanno arricchito la mia vita e mi hanno fatto capire molte cose di Londra e dell'Inghilterra.

Avvenne per caso. Nel 1974 iscrissi il bambino a un playgroup che si riuniva nel bar del circolo di cricket di Dulwich per due ore, ogni mattina. Mrs Green, un'anziana signora rotondetta e arzilla, lo dirigeva da anni; guadagnava poco, ma amava moltissimo i bambini piccoli. Una mattina, le altre mamme e io la trovammo in lacrime: il circolo le aveva raddoppiato l'affitto e lei avrebbe dovuto chiudere il playgroup. «Dobbiamo scrivere a Sam Silkin!» esclamò una mamma. Le altre erano d'accordo: «Sì!», «A Sam Silkin!» le fecero eco. Io non sapevo chi fosse questo Sam Silkin; dissi anch'io di sì, pensando che fosse il direttore del cricket club. Come spesso capita, mi sbagliavo. Era invece il nostro membro del Parlamento, un deputato laburista. E per giunta, era il guardasigilli. Dubitavo fortemente che si sarebbe occupato del nostro problema, e suggerii che bisognava contattare qualcun altro – un socio del circolo, per esempio. La prima mamma mi guardò male: «Qui si fa così». E io firmai.

Tre giorni dopo, ricevetti una lettera dall'assistente del Right Honorable Member of Parliament for Dulwich, Mr Sam Silkin, che si dichiarava allarmato da quanto gli avevamo scritto; mi assicurava che avrebbe fatto del suo meglio per aiutare Mrs Green. Non voleva sbilanciarsi, Sam Silkin. «I politici sono tutti uguali» dissi a mio marito, che non mi diede conto e continuò a fumare.

Passò una settimana. Una seconda lettera: Sam Silkin era lieto di comunicarmi che il presidente del cricket club aveva ridimensionato la sua richiesta e la signora Green aveva accettato l'aumento: mio figlio avrebbe continuato ad andare al playgroup.

Ne parlai con degli amici. Per loro era normale; il membro del Parlamento è il rappresentante del popolo della sua circoscrizione: deve rispondere alle lettere della gente che rappresenta e cercare di aiutare tutti, anche se non appartengono al suo partito. Perfino se sono stranieri di passaggio.

«Che cosa ne ricava?» chiesi.

«Fa il suo dovere. E spera che alle prossime elezioni ce lo ricorderemo e voteremo per lui» fu la risposta.

«E gli stranieri?» petulai.

«Spera che se lo ricorderanno quando prenderanno la cittadinanza.»

Io ero straniera e non avevo il diritto di voto, ma i laburisti avevano di recente permesso agli stranieri di aderire al partito: mi iscrissi immediatamente.

Non ho mai conosciuto Sam Silkin. Mi piace pensare che era un buon deputato e null'altro, e che i suoi colleghi avrebbero fatto lo stesso per le Mrs Green delle loro circoscrizioni. In effetti, credo che fosse proprio così. Comunque sia, iscrivermi al Partito laburista fu una bella decisione; feci amicizie che durano ancora oggi e imparai a conoscere il funzionamento della municipalità locale. La circoscrizione parlamentare non coincideva con quella comunale, divisa in quartieri a loro volta suddivisi in sezioni chiamate *wards*. Le *wards* si riunivano una volta al mese, a rotazione, nelle abitazioni dei soci. Ogni *ward* aveva un presidente, un tesoriere e un collettore che mensilmente riscuoteva le rate della quota di associazione annuale al partito – benché fosse modesta, la gente preferiva pagarla a rate. Per diversi anni, questo compito lo svolsi io. Erano occasioni per socializzare, scambiare commenti sulla politica, incoraggiare a partecipare alle riunioni mensili e, in tempo di elezioni, per ottenere la promessa di partecipare alla campagna elettorale: questa ricadeva interamente sulle spalle degli iscritti e dei volontari – c'erano limiti rigidissimi sulle spese elettorali, e un divieto draconiano sui contributi finanziari che eccedessero la modica cifra stabilita dalla legge.

Ed era anche un'occasione per aiutare gli iscritti più anziani. Per le signorine Moutia – due insegnanti che, dopo la pensione, erano venute a Londra dall'isola di Mauritius per stare vicino agli amati nipoti – compilavo i moduli per ricevere i sussidi governativi a disposizione degli anziani e quelli per il pagamento delle spese condominiali. A Mrs Connor, fervente cattolica che raramente poteva lasciare il marito cieco, facevo la spesa "pesante" e quella "ingombrante": detersivi e carta igienica. Con la signora Frith, madre di quattro maschietti, scambiavamo i libri per bambini. E Steve, un sindacalista che era anche giudice di pace, attaccava bottone sulle decisioni dell'Alta Corte riportate sui giornali.

Al Partito laburista devo la mia educazione politica inglese, una conoscenza profonda della gente e del quartiere in cui ho vissuto e la mia identità di cittadina di Londra. E anche tante risate alle riunioni del partito.

8
Una nazione di sangue misto.
Immigrazione, gang e intolleranza

> Per confortare Johnson della morte della moglie, George Bathurst, un amico che possedeva piantagioni in Giamaica, gli mandò in dono uno schiavo quindicenne: Francis Barber. Johnson aveva scritto e parlato contro la schiavitù; si trovò in un dilemma, che risolse con il pragmatismo per il quale era famoso: accettò il «dono» e allevò e fece educare Barber come se fosse suo figlio. Quando, anni dopo, fece testamento si consultò sul vitalizio da lasciare a Barber con Sir John Hawkins, giurista e amico, nonché biografo. «Non più di cinquanta sterline all'anno, così farebbe un nobile,» suggerì Hawkins. «Allora sarò nobilissimo» rispose Johnson. «Settanta sterline, più l'intero residuo dell'eredità.»
>
> dalla *Vita di Samuel Johnson* di Sir John Hawkins

Papà raccontava che il suo amico, il principe di P., a Londra per la prima volta, era sceso al Ritz di Piccadilly. L'indomani, dopo aver fatto colazione e prima di vestirsi, aveva chiesto al suo valletto di andare in giro a vedere com'erano vestiti gli inglesi: il suo guardaroba era tutto *made in England*, ma il principe voleva essere sicuro di scegliere i capi più adatti alla città, e in generale adeguarsi agli inglesi. Il valletto uscì a fare un giro: per strada incontrò indiani, neri, europei, americani e anche qualche inglese. Nessuno era vestito con l'eleganza del padrone. Tornato in albergo glielo disse: «Eccellenza, di inglesi a Londra ci siete solo voi!». Non aveva torto, ma forse se fosse andato alla City avrebbe visto gente vestita come il principe.

Londra è diversa dal resto della nazione, in quanto residenza del sovrano e sede del governo; la City è anche capitale della finanza e del commercio. Londra è stata da sempre meta di forti flussi di immigrazione interna ed esterna, di cui l'85 per cento vi rimane. Il londinese è geneticamente diverso dagli altri inglesi. Oggi, Londra ha una popolazione di otto milioni e mezzo di abitanti, che consiste per il 44.9 per cento di bianchi e cittadini britannici. Vi si parlano 300 lingue e ci sono 50 gruppi etnici con più di 10 000 membri. Negli ultimi vent'anni, il numero dei figli di genitori residenti in Gran Bretagna ma nati all'estero corrisponde a un terzo delle nascite totali.

Nel dopoguerra l'accelerata emigrazione di rifugiati politici e vittime di guerra ha creato nuove tensioni. Il sedicenne Charlie, di padre giamaicano e madre scozzese, miei carissimi amici, tornando a casa da scuola attraversava il cortile di un complesso di palazzoni di case popolari: era la sua scorciatoia. La gang del quartiere, dominata da giovani africani rifugiati dalla guerra, gli aveva intimato più volte di stare alla larga dal loro territorio. Lui ribadiva che aveva il diritto di passarci: la strada apparteneva a tutti. Un pomeriggio lo fermarono e cercarono di tagliargli i polsi; furono interrotti dall'arrivo di un camion di traslochi e scapparono lasciandolo sanguinante. La polizia fece capire ai genitori che non potevano garantire l'incolumità di Charlie all'interno del territorio della gang e gli consigliarono di non passare più da lì. Quando il giovane fu in condizioni di lasciare l'ospedale, la madre, anziché portarlo a casa come lui avrebbe desiderato, lo portò da una parente. Quella notte la gang fece irruzione in casa loro e devastò la camera del ragazzo. Andando via, frantumò i vetri dell'automobile dei genitori. Senza lasciare tracce. La polizia sostenne che non poteva proteggere la famiglia, i loro beni e Charlie da "sconosciuti". Per tre mesi Charlie visse con me, al di là del Tamigi e in un comune differente, mentre i genitori si davano da fare per trasferirsi da Londra. Non tornò più a casa sua, e si teneva lontano dal distretto postale "di competenza" della gang. Una volta soltanto lo attraversò, in treno. Fu avvistato dal membro della gang che controllava il traffico ferroviario e gli fu intimato di non farsi vedere mai più, anche solo a bordo del treno, se aveva cara la pelle.

La famiglia ora vive in Scozia. Dove Charlie frequenta con profitto l'università.

9
La monarchia

Sir, they may talk of the King as they will; but he is the finest gentleman I have ever seen.
Possono dire quello che vogliono del re; ma per me è il gentiluomo più raffinato che abbia mai visto.

SAMUEL JOHNSON

La monarchia non aveva grande visibilità, quando arrivai in Inghilterra. Seppi in seguito che in quel periodo i Windsor avevano consapevolmente scelto un profilo defilato: la nascita del terzogenito della regina, Andrea, aveva dato adito a qualche pettegolezzo.

I ragazzi inglesi che avevo conosciuto a Cambridge non erano molto interessati alla famiglia reale: era la *swinging London*, erano i tempi dei Beatles e della marijuana. Mi sembrava che si parlasse con maggiore deferenza del Master di Trinity College che della regina. Eppure, alla fine di ogni spettacolo, al cinema come a teatro, si suonava l'inno nazionale e il pubblico lo cantava, impassibile, in piedi. All'inizio non mi univo, per pudore – sono molto stonata e a casa ero scoraggiata dal cantare insieme ai cugini –, poi decisi di fare come gli altri. Michael, il ragazzo che mi corteggiava, sembrava approvare i miei sforzi, perfino grato, e io urlavo a squarciagola: *God save our gracious queen... Long live our noble queen...* Ma il rispetto per l'inno nazionale, e dunque per la Gran Bretagna, ha poco a che fare con la monarchia. Una volta andai a un concerto dei Beatles, con un boyfriend socialista. Non sapevo chi fossero quei quattro, e non mi piacquero. Gli altri spettatori, invece, erano entusiasti: urlavano, saltavano sulla poltrona, gesticolavano, erano davvero impazziti. Alla fine dello spettacolo, quando si udirono le prime note dell'inno nazionale, si alzarono all'unisono e, compostissimi, cominciarono a cantare.

Gli inglesi accettano che la monarchia esista e debba continuare a esistere. Non si pongono il dilemma se il sistema monarchico vigente – una monarchia ereditaria priva di poteri esecutivi e di controllo sul Parlamento con un sovrano a capo della religione di Stato, la Chiesa d'Inghilterra (i cui leader hanno il diritto di essere membri della Camera dei Lord), che ha il divieto tassativo di abbracciare la religione cattolica – sia razionale o giusto. Sono convinti che la monarchia funzioni; nutrono genuino affetto per la regina, una donna cauta, ligia al dovere e operosa, insomma una brava persona, e sospettano che l'introduzione di un sistema repubblicano con un presidente potrebbe essere controverso, costoso, meno efficiente e fonte di divisioni: potrebbe cioè causare problemi non necessari. I reali, nell'insieme e con poche eclatanti eccezioni, sanno farsi i fatti loro senza destare scalpore, mentre i presidenti del Consiglio e i primi ministri ne sembrano incapaci e sono spesso protagonisti di scandali. Io credo nell'uguaglianza e nel diritto di ognuno di scegliere il proprio lavoro; sono contraria alla regola non scritta secondo cui un figlio deve necessariamente seguire le orme del padre, eppure, da cittadina britannica, sostengo che finché la regina gode di buona salute e continua a lavorare di buona lena non è il caso di mettere in discussione la monarchia. È meglio lasciare le cose come sono, seguendo ancora una volta la vecchia massima inglese: «Se una cosa funziona, perché cambiarla?». E decidere, dopo, cosa sia meglio per noi e per la famiglia Windsor.

Mia suocera adorava la famiglia reale, che chiamava «the family». Sotto di lei abitava un Bowes-Lyon, cugino primo della regina, e ogni mattina lei dava uno sguardo alla posta sul tavolino dell'ingresso, lo sguardo pronto a carpire lo stemma reale rosso lacca sulle spesse buste color crema. Poi trovava sempre il modo di parlare con la governante del nobiluomo per sapere a quale ricevimento era stato invitato, e in che data. Quando arrivava il giorno fissato, era tutta un chiacchiericcio: «Chissà cosa indosserà Sua Maestà...», «Carlo ci sarà?», «Philip è a giocare a polo, tornerà in tempo?».

I miei incontri diretti con i reali sono stati soltanto due. In occasione del Giubileo d'argento della regina, nel 1977, erano stati organizzati dei *royal walkways*, cioè delle passeggiate della regina in mezzo ai sudditi. Lungi dall'essere un incontro casuale con il pubblico in un centro urbano o in un parco, erano camminate progettate per apparire incontri quasi fortuiti tra Sua Maestà e i sudditi. Sugli schermi televisivi, però, l'effetto era di grande naturalezza. Persone di qualche rilievo, rappresentanti di opere di beneficenza, di organizzazioni non a scopo di lucro, dipendenti della sanità, insegnanti, sindacalisti e personaggi politici ricevevano un invito formale due settimane prima: dovevano presentarsi con grande anticipo sul luogo della passeggiata reale, muniti di documento di identità. Io ero stata invitata perché presiedevo il comitato direttivo di una scuola. Un'ospite americana espresse il desiderio di venire con me; ottenni con difficoltà un invito per lei. Il giorno del *walkaway*, in un parco di Southwark, fummo portate in un prato recintato in cui si snodava un sentiero a forma di *s*, fiancheggiato da transenne di legno. Aspettavamo, ciascuno al proprio posto – in prima fila i veterani di guerra, adulti e bambini in sedie a rotelle, altri disabili. Emozionati. La regina apparve all'inizio del sentiero: era vestita di rosa da capo a piedi, sorridente. Con lei, una dama di compagnia e un uomo; un passo indietro, mani allacciate dietro la schiena, il duca di Edimburgo. La regina si fermava a parlare con tutti. La guardavo attentamente: sul volto, un sorriso fisso, accompagnato da una o due parole per ciascuno. Passò oltre la mia amica, che le offriva dei fiori, e il suo sguardo e il suo sorriso sembrarono rivolti a me; in verità erano riservati all'uomo alle mie spalle, un militare, e poi a un altro, e a un altro ancora. Guardandola da vicino, mi resi conto che il sorriso era una smorfia, i muscoli della bocca contratti in modo innaturale. Mi fece pena, Sua Maestà. Il suo è un lavoro difficile.

Ero in Sicilia e preparavo le polpette di melanzane con mia madre, il 31 agosto 1997, giorno della morte della principessa Diana. Mi fu annunciata da un'amica professore universitario. «Una cosa terribile» mi disse. «Sì, che tristezza per i figli... Poverina...» E ricominciai a fare le polpette. Dimenticai facilmente la morte di Diana, perché in campagna non c'era la tv e non leggevo i giornali con attenzione; in ogni caso, non mi soffermai sugli articoli che parlavano di lei.

Tornai a Londra due giorni prima del funerale. I colleghi in ufficio erano stravolti, per la morte della principessa e per il comportamento della famiglia reale. Non li capivo: gli incidenti stradali capitano spesso, purtroppo, e lei era già divorziata, e dunque non faceva più parte dei Windsor. Poi mi resi conto che la stampa era impazzita, non si parlava che della storia di Diana e Dodi Al-Fayed, degli Spencer, dei Windsor e di Carlo. E, ultimi, dei figli William e Harry. Cercavo di capire come mai si fosse arrivati a quella follia, all'isterismo collettivo. Diana era diventata l'icona della nazione, rappresentava tutte le donne d'Inghilterra, donne tradite, innamorate, maltrattate, belle e sole (e nevrotiche, manipolative, ignoranti e capricciose). La famiglia Windsor, di contro, era cattiva, dura, insensibile. Tony Blair, da poco primo ministro, si era assunto il ruolo di paladino di Diana e di giustiziere di Elisabetta; poi sarebbe passato a quello di consigliere della regina. La monarchia sembrava instabile, il popolo disapprovava l'operato dei Windsor nei riguardi dei due orfani, di Diana, del paese. Si biasimava apertamente Carlo e la sua amante Camilla Parker-Bowles. Non mi raccapezzavo più; dovevo andare al funerale. La reazione di figli e amici fu dura: «Mamma, che ci vai a fare? Perderai solo del tempo, non vedrai niente»; «Non me lo sarei aspettato da te... un'italiana!»; «Non ti capisco: sei diventata una fan della famiglia reale?».

Andai al funerale con due amiche romane. La città era deserta. Niente automobili. Prendemmo la metropolitana per Green Park, poi ci dirigemmo a Buckingham Palace passando per il parco. Tantissima gente camminava come noi verso il palazzo reale. Una donna teneva per mano una bambina, mi spiegava che le aveva fatto saltare la scuola per farla assistere al funerale: «Così se ne ricorderà». Erano tante le famiglie con bambini, alcune indiane. C'erano pochissimi neri in mezzo a quella folla seria e concentrata. Sentivo un'aria di tragedia; sarebbe potuto capitare di tutto, quel giorno.

Girammo a sinistra, lungo il Mall, fino a St James's Palace. Sulla strada, transenne e polizia. Le romane parlavano a voce alta, ignare delle occhiate severe e irritate che arrivavano da ogni parte. Dovetti chiedere loro di abbassare la voce. Anche i bisbigli rompevano il silenzio. Osservavo tutto e tutti: un popolo mesto, disperato, confuso. Non capivo. Piangevano la scomparsa di Diana e qualcos'altro che non riuscivo a identificare.

Da St James's Palace uscivano dei militari. Eravamo esattamente nel posto di vedetta: avremmo visto passare la bara di Diana sulla via di Westminster Abbey. Silenzio. La bara veniva trasportata su un affusto di cannone. Dietro, il marito divorziato e i figli – il più piccolo, compito; il grande, devastato. Assistere al dolore dei bambini è qualcosa che spezza il cuore.

Il corteo si allontanava da noi diretto verso Admiralty. Uno scroscio di lagrime. Due ragazze davanti a me, ambedue molto belle, si tenevano abbracciate; la più alta, bionda, stringeva l'altra, bruna, singhiozzante: «Non so come farò a vivere, d'ora in poi... dove troverò la forza di vivere, senza di lei?».

Mi saliva da dentro una vocina: *Esattamente come hai fatto fino a ora, my dear*, e dovetti mordermi la lingua per non fare uscire quelle parole. Feci segno alle mie amiche e ci allontanammo.

La morte di Diana ha cambiato enormemente la famiglia reale inglese, rendendo tutti consci di dover rendersi accetti al popolo se vogliono che la monarchia continui. La nazione ha stigmatizzato il comportamento dei Windsor. Allo stesso tempo ha offerto alla regina la mano per rimettersi in carreggiata; e lei l'ha presa, con qualche incoraggiamento. Tradita dal marito forse ancor prima di essere sua, Diana aveva fatto l'errore di innamorarsi di Carlo e di protestare contro l'amante di lui, Camilla. La famiglia reale non era abituata a certi comportamenti borghesi, non capiva le sue crisi, la considerava isterica, poco affidabile e "diversa".

La morte di Diana e la successiva esplosione di dolore e affetto della nazione hanno mandato un segnale fortissimo alla monarchia: deve ascoltare il popolo, considerare e rispettare i suoi messaggi e rispondere alle sue richieste; deve esprimere i propri sentimenti e mostrare gioia e dolore, in pubblico.

Da allora è iniziata la metamorfosi della famiglia reale in celebrity, mentre il sentimento monarchico sbiadisce.

Due anni dopo ricevetti in ufficio degli inviti a un ricevimento a St James's Palace, la residenza del principe di Galles, in onore del cinquantesimo anniversario dell'arrivo del primo contingente di immigrati giamaicani in Inghilterra sulla motonave *Empire Windrush*. Erano indirizzati a me, ai miei quattro soci, al manager dello studio e alla receptionist, un ringraziamento per aver messo le nostre strutture e una linea telefonica a disposizione di Sam King, un anziano giamaicano che era venuto in Inghilterra proprio su quella nave e che era diventato il presidente del comitato. Lui era insegnante ma aveva trovato lavoro come postino e aveva fatto carriera nel sindacato. Era diventato sindaco di Southwark, il comune di Londra dove io vivevo. Uno dei miei soci era un dichiarato repubblicano: gli chiesi se voleva passare l'invito a un altro avvocato. «Per niente! Ci vado io! Mia madre è agitatissima, vuole che poi le racconti per filo e per segno tutto quello che succede a St James's!»

La receptionist mi aveva mandato qualche giorno prima un certificato medico: sarebbe stata assente tre settimane per via di un forte mal di schiena. Le telefonai: era chiaro che non avrebbe potuto accettare l'invito del principe Carlo... voleva trasferirlo alla sua assistente? «Nooo, certo che vengo! Sarò una delle prime donne nere che entrano a St James's Palace!» Non le feci notare che a quel ricevimento saremmo state noi bianche in minoranza, ma le ricordai che l'invito cadeva nel suo periodo di assenza dal lavoro per malattia. «Vado direttamente a St James's» disse lei per tutta risposta, e poi, come se fossi stata ottusa, mi spiegò: «Non ho bisogno di passare dall'ufficio». In studio sapevano tutti che aveva mandato il certificato medico, non avrei potuto sostenere che stava abbastanza bene da andare al ricevimento ma non tanto da venire al lavoro! «È meglio se rinunci a questo invito» le suggerii. Lei rispose che non ci pensava neanche e quando le dissi che allora doveva rientrare in studio l'indomani mattina accettò immediatamente.

Qualche giorno dopo, morì il padre del manager.

«Vorrei prendere due settimane di congedo per motivi di famiglia» mi disse. Avevo introdotto di recente questo congedo ed era la prima volta che qualcuno chiedeva di usufruirne.

«Certo» risposi «allora passo il tuo invito alla ragioniera che ti fa da vice?»

«Veramente vorrei andarci... mio padre sarebbe fiero di me!»

Gli spiegai che proprio lui, il manager dello studio, non poteva prendere un congedo per motivi familiari e poi andare a un ricevimento proprio in quei giorni, e per giunta insieme a me. Non era giusto, né corretto. Il manager decise di prendere soltanto quattro giorni di congedo.

A St James's Palace c'erano duecento persone. I camerieri in kilt servivano i rinfreschi. Del padrone di casa non c'era traccia. Poi Sam mi prese a braccetto. «Vieni con me, fai finta di niente!» E mi portò in una saletta. Era l'ingresso privato del principe. Gli otto membri del comitato ci aspettavano, sorridenti: un ciambellano spiegò che il principe stava per raggiungerci, avrebbe parlato con noi e poi si sarebbe unito agli altri ospiti. Eravamo in semicerchio, nove anziani caraibici, tra cui una donna, e io. Il principe camminava lentamente, seguito dai suoi segretari, e ci guardava. Fummo presentati a uno a uno, quando arrivò il mio turno io abbassai il capo come gli altri. Lui si fermava a scambiare qualche parola con ciascuno. I soliti convenevoli: «Che piacere vederla», «Che lavoro fa?» ecc.

Poi il principe si fermò davanti a me e non disse niente. Forse non capiva cosa ci facesse una donna bianca e giovane in mezzo ai veterani giamaicani. Deciso, sparò la prima domanda: «Quanti comuni hanno partecipato al Progetto?».

Non ne avevo idea. I comuni di Londra erano trentadue,

e la partecipazione era stata notevole. «Ventisette» risposi, e guardai i miei vicini. Ascoltavano benevoli, e sorridevano.

«Quanto tempo fa è stato elaborato il Progetto?»

«Diciotto mesi» inventai.

«Quante persone ci hanno lavorato?»

«Una ventina, quasi a tempo pieno. E un'altra ventina part time, più dell'aiuto occasionale.»

«Bene» disse. «E continuerete, dopo i festeggiamenti, o il Progetto si concluderà subito dopo?»

La conversazione stava diventando coinvolgente. E io ci stavo scomoda.

«Dipende dal successo del Progetto. Si spera che continui nelle scuole.» Ricordavo che ricevevamo una quantità di messaggi dalle scuole per Sam.

«Very good» commentò il principe, e passò al mio vicino. «Si è trovato bene in Inghilterra?» chiese a quell'uomo che ci viveva da cinquant'anni.

Il principe rimase con gli ospiti due ore intere; instancabile, trovò qualcosa da dire a ciascuno di loro. Ammirevole. Lasciammo St James's Palace e ci avviammo verso la metropolitana. I miei colleghi erano estasiati. Il mio socio repubblicano raccontava al manager dello studio, tutto sorridente, che il principe gli aveva fatto delle domande davvero profonde: era molto ben informato.

10
Il sesso

There is in the world no real delight (excepting those of sensuality), but exchange of ideas in conversation.
Al mondo non esiste diletto più grande (a eccezione di quello dei sensi) dello scambio delle idee.

SAMUEL JOHNSON

Mio padre era stato chiaro. Dovendo mandare all'estero la figlia diciassettenne (me) perché imparasse una lingua straniera, l'Inghilterra era di gran lunga preferibile alla Francia: gli uomini inglesi, a differenza dei francesi, erano poco interessati alle donne. Nessuno in famiglia aveva espresso un'opinione diversa. Secondo papà, quel presunto disinteresse era dovuto a una preferenza per il proprio sesso e non alla scelta della castità. Per me comunque andava bene: lasciavo Palermo per imparare l'inglese e conoscere un paese diverso, certo non per trovare l'innamorato.

Rimasi sorpresa dalla libertà sessuale delle ragazze inglesi che vedevo per strada e nei pub il venerdì e il sabato sera, e di quelle che conobbi. Un compagno di classe olandese mi portò a una festa organizzata dalla sua amica Lucy, allieva dell'Homerton College, una scuola per infermiere. Lucy, come lei stessa mi spiegò, era all'ultimo anno di tirocinio e lavorava nelle stesse corsie dove facevano tirocinio gli studenti di medicina dell'Università di Cambridge. Homerton era ambitissimo perché molte allieve infermiere trovavano marito proprio tra i futuri medici: le feste servivano anche a quello.

La *common room* era stata trasformata in sala da ballo; c'era musica, poco cibo e molto alcol: ogni ospite portava birra o vino. Le ragazze, truccatissime, in minigonna e camicetta scollata, erano provocanti. Ballavano da sole il twist – che non era ancora arrivato a Palermo, dove rimaneva in voga il lento, in coppia – e invogliavano i ragazzi a raggiungerle. In meno di un'ora, con l'aiuto dell'alcol, si scioglievano e passavano al dunque. Altro che gli sbaciucchi delle ragazze "leggere" con i loro innamorati, in balcone o in qualche angolo buio dei salotti palermitani! Lì si pomiciava e si andava oltre; alcune coppie si eclissavano, probabilmente nelle camere da letto, altre si comportavano come se fossero sole, nell'indifferenza generale. Imbarazzata, non vedevo l'ora di andare via. Il mio accompagnatore se ne accorse e mi propose di andare a mangiare un curry. Sulla festa non fece commenti.

Ne parlai con un'amica calabrese. «Stai attenta» mi disse «quando bevono, gli inglesi si comportano come animali in calore.»

«Anche i maschi?»

«Soprattutto i maschi. E con noi straniere in particolare.»

Ero sgomenta. «E che faccio quando qualcuno mi invita a prendere il tè da lui?»

«Accetta, e stai attenta. Da sobri non fanno avance a caso, le fanno solo se sono sicuri che saranno ben accette. Tieni la borsa sempre al braccio, in caso dovessi scappare, e non toglierti la giacca.»

Con il primo corteggiatore inglese, Michael, mi comportai esattamente così. E in effetti lui non provò mai a toccarmi con un dito. Forse era l'effetto deterrente della borsa.

Altri inglesi erano più diretti: «Stasera vuoi dormire con me?» mi chiese Tony all'improvviso mentre, seduti sul suo divano letto, guardavamo le fotografie di una chiesa di Hawksmoor di cui aveva parlato quella mattina in aula il professor Pevsner, l'insegnante di storia dell'arte. Avevo ottenuto il permesso di frequentare le sue lezioni come *auditor* e capivo a stento il suo inglese dal pesante accento tedesco. Tony, che avevo conosciuto a lezione, il pomeriggio mi invitava nella sua stanza per il tè con i *crumpets* e mi ricapitolava, testo alla mano, la lezione. Era bello, ripassare così. E rimasi molto male alla sua domanda. Strinsi il manico della borsa e risposi che io dormivo da sola, e soltanto nel mio letto. «Peccato» rispose lui. «Non fa niente, restiamo amici.»

Dunque, la mia idea era che i ragazzi inglesi fossero molto a proprio agio con il sesso, l'altro e il proprio: alcuni degli amici di mio marito a Cambridge erano bisessuali o omosessuali. Non ho mai avuto motivo di pensare che vivessero male questa condizione. E come avvocato dei minori, naturalmente, ho conosciuto famiglie feconde – a volte anche troppo.

I tabloid oggi parlano di un mondo in cui accoppiamenti e tradimenti sono all'ordine del giorno, nei media, nello spettacolo, nello sport e in politica. Si parla anche di pedofilia e di aberrazioni sessuali – due fenomeni dei quali ho avuto esperienza attraverso il mio lavoro.

Londra, in particolare, nel passato è stata una città in cui si muore e ci si accoppia, quasi con frenesia, nei momenti di maggiore stress. Non sono certo la prima a scoprirlo, ma c'è un legame fortissimo tra morte e sesso, e nelle città bombardate l'attività sessuale aumenta: è l'istinto della sopravvivenza. La storia di Londra, dalle cronache dettagliate dei suoi grandi diaristi e da quanto ho letto e studiato, mi porta a ritenere che i londinesi fossero molto attivi sessualmente, a partire dalla famiglia reale – basti pensare a Enrico VIII e le sue mogli – per finire ai poverissimi. Tra l'altro, i bordelli etero e omosessuali dei tempi di Johnson non sono mai stati chiusi (Casanova, che trascorse un lungo periodo a Londra, ne era un grande estimatore). Esistevano persino delle guide – come la *Harris's*

List of Covent Garden Ladies or Man of Pleasure Kalendar, in vendita a due scellini e sei pence – con descrizioni delle ladies, antesignane delle moderne escort.

Con l'eccezione del decennio del puritanesimo, sesso e sessualità hanno sempre fatto parte della vita della capitale e sono sempre stati vissuti con naturalezza. Il cosiddetto perbenismo vittoriano era il coperchio sul pentolone di una società che iniziava a decadere spiritualmente e che mascherava come poteva gli obbrobri della pedofilia e dell'abuso di donne e uomini. L'abuso sessuale sui minori, anche al di sotto dei due anni, era accettato come una cura per la sifilide: si credeva che un rapporto sessuale con una vergine salvasse il malato, che si liberava del male trasmettendolo alla vergine. Esattamente come oggi credono, e fanno, in Africa per curare l'Aids (lo si racconta anche in *The Book of Mormon*, il musical americano che attualmente fa furore nel West End). Nell'età di Johnson era opinione diffusa che le donne affette da sifilide, se rimanevano incinte, passavano il male al nascituro e spesso facevano in modo che succedesse proprio a quello scopo.

Di bello c'è, a Londra, che tanta gente si vuole bene e lo dimostra in pubblico con tatto e passione. Non c'è contraddizione, in questo. I giovani che camminano mano manuzza, abbracciati o semplicemente vicinissimi, ispirano tenerezza. Le coppie che si baciano sui binari della stazione o per strada, al cinema, nei pub, appassionatamente e non, trasmettono serenità, pace e una bella eccitazione. Gli anziani che si tengono per mano sono tanti, in Sicilia sarebbe impensabile. A Londra ci si ama e non ci si vergogna di dimostrarlo in pubblico, perché è sempre stato così.

11
Il teatro

> *I'll come no more behind your scenes, David; for the silk stockings and white bosoms of your actresses do make my genitals to quiver.*
> Non verrò più dietro le quinte, caro David; le calze di seta e i bianchi seni delle tue attrici danno un fremito ai miei genitali.
>
> SAMUEL JOHNSON

L'animo più autentico dei londinesi si rivela a teatro. Questo popolo tranquillo, che non parla nei treni della metropolitana, che fa la coda in silenzio, che risponde con un automatico *Sorry* a chi spinge o pesta un piede, senza lamento o ombra di biasimo, ogni tanto ha bisogno di lasciarsi andare alla farsa, alla commedia scollacciata e salace, agli spettacoli comici e di satira, alle operette, ai balletti e ai musical, dimenticando la compostezza della vita quotidiana. Ho visto di recente il musical *The Book of Mormon*: volgare ai limiti dell'osceno, di certo irriverente nei confronti di mormoni e africani, è tuttavia divertentissimo e affascinante – un esempio di come il teatro possa svolgere una funzione catartica anche per gli spettatori.

I londinesi hanno il teatro nel sangue. Non per nulla a Londra si è fatto teatro da sempre, dalle rappresentazioni della liturgia medioevale al teatro di strada; i più grandi drammaturghi della letteratura inglese – nessuno dei quali nato a Londra – hanno vissuto e lavorato nella capitale, a cominciare da Shakespeare. In città esistono tre ottime università di studi teatrali, ciascuna con il proprio teatro; e nelle altre università londinesi è possibile frequentare corsi di teatro. Perché questo amore per il palcoscenico in un popolo che altrimenti è di indole tranquilla e poco incline a manifestare passioni e sentimenti, tanto da sembrare freddo se non addirittura noioso? Musica e canto fanno parte della religiosità britannica. Le rappresentazioni di tragedie e commedie – dense di emozioni, sentimenti, conflitti morali, satire e trasgressioni – esprimono la volontà sanguigna dei londinesi di celebrare la vita, una vera necessità in tempi in cui la morte era una minaccia costante. Ancora oggi presente: la vita è dura a Londra, anche se bella.

Trovo disturbante la teatralità delle esecuzioni capitali, e di certe pene – linciaggio, gogna, fustigazione, marchiatura a fuoco, berlina – inflitte, in passato, alla presenza di pubblico pagante e non assiepato su gradinate e palchi costruiti all'uopo. In decine di migliaia, inclusi i bambini, partecipavano all'umiliazione del condannato e in certi casi persino alla sua morte, tirandogli pietre e carogne di cani e gatti, che abbondavano nelle strade e negli affluenti del Tamigi. La fustigazione avveniva lungo un percorso predeterminato: il malcapitato, legato, era frustato dall'aguzzino e da chiunque del pubblico volesse usare la propria frusta, portata da casa per l'occasione.

Non tutti gli immigrati condividono l'amore dei londinesi per l'arte drammatica, in special modo quelli che appartengono a culture diverse; i loro figli, che hanno l'opportunità di conoscerla e di cimentarvisi sin dall'asilo, ne sono conquistati. È sempre un'emozione assistere alle recite dei bambini: salgono sul palco e ripetono, timidi ma non confusi, la parte mandata a memoria e acquisiscono così sicurezza in se stessi e la capacità di esprimersi con chiarezza dinanzi a estranei. Gli inglesi, che in privato possono essere molto impacciati, sanno parlare in pubblico. Le scuole – sia statali sia private – portano gli alunni a teatro regolarmente: i genitori organizzano collette, tombole e altre attività per consentire che vi partecipi l'intera scolaresca senza il contributo diretto delle famiglie.

In Sicilia, quando ero ragazza, i teatranti erano considerati una casta a parte: gente stravagante, anticonformista, di dubbia moralità. Il teatro, insomma, non era una carriera da consigliare a una figlia. A Londra, già dal Seicento, i grandi interpreti del palcoscenico – uomini e donne – godevano del rispetto del pubblico, dell'alta società e persino dei reali; spesso diventavano impresari e si arricchivano. Non era inconsueto che facessero donazioni alle scuole e che finanziassero opere di carità e istituzioni culturali – ma anche attività meno convenzionali. La scuola dei miei figli, Dulwich College, era stata fondata nel 1619 da Edward Alleyn, un famoso attore elisabettiano proprietario di bordelli che lo resero ricchissimo. E profondamente rispettato dalla buona società.

Londra ha centinaia di teatri concentrati perlopiù nel West End, dove il teatro tende a essere tradizionale (quello che piace anche ai turisti). Ciascuno dei trentadue distretti di Londra – veri e propri comuni con circa 250 000 abitanti ciascuno – ha un teatro comunale, spesso all'interno del municipio. Si rappresenta di tutto, sui palcoscenici di Londra. In più, ci sono un'infinità di spettacoli di avanguardia e di cabaret (*Fringe* e *Gig*) a prezzi modici, con piccole compagnie di attori e musicisti di ogni età in cerca di successo o artisti che si esibiscono nei pub, dentro qualche magazzino e persino in edifici abbandonati. I londinesi vanno a teatro direttamente dopo il lavoro, senza passare da casa; a differenza degli spettatori della provincia e di quelli del resto d'Europa, non si agghindano: andare a teatro è considerata un'attività normale, quotidiana. La cultura a Londra non è un lusso riservato a un'élite. Esistono biglietti scontati per giovani, studenti, anziani e disabili, categorie che frequentano molto i teatri. Nei più grandi si vendono anche biglietti ridotti sponsorizzati da banche o grandi aziende.

I *buskers* – artisti, musicisti, cantanti, prestigiatori, giocolieri, mimi e acrobati di tutte le nazionalità – sono gli eredi del teatro di strada e si esibiscono nel centro di Londra dovunque trovino posto e pubblico: sotto gli archi, nelle stazioni ferroviarie, all'ingresso e nei corridoi della metropolitana, nella piazza di Covent Garden, nel South Bank, a Soho. Raccolgono l'obolo degli spettatori e anche di coloro che non si fermano ma lasciano una moneta. Sono molto amati dai londinesi, che li proteggono dalla polizia quando cerca di allontanarli, e dagli ubriachi.

Le rappresentazioni teatrali più popolari sono i musical e le pantomime, generi a me sconosciuti prima del mio arrivo a Londra. La *panto*, come la chiamano gli inglesi, non è uno spettacolo di mimi. Ha le sue origini nella Commedia dell'arte e nella tradizione britannica degli spettacoli organizzati per festeggiare il raccolto, *le masque*. La pantomima va in scena durante il periodo natalizio ed è dedicata ai più piccoli; è fatta di dialoghi, canti, balli, ed è una farsa gioiosa, rumorosa, volgare, ricca di allusioni più o meno esplicite e sboccate, ispirata alle favole tradizionali – *Aladino, Cenerentola, Giacomino e il fagiolo gigante, Dick Whittington*, la storia squisitamente inglese del ragazzo poverissimo che andò a Londra in cerca di fortuna e poi divenne Lord Mayor della City.

Con il tempo ho imparato ad amare la *panto*, ma non ho mai dimenticato la sorpresa della mia prima volta a teatro. Mio marito aveva spiegato a noi tre gli elementi che la distinguevano dagli altri generi teatrali che i bambini avevano visto: il balletto, i pupi di Palermo e i concerti per bambini alla Southbank. Il primo è che i personaggi principali sono interpretati da attori del sesso opposto: un attore particolarmente virile o comunque anziano ha il ruolo della *Dame*, spesso chiamata *Widow Twanky*, una vecchia grottesca che vuole fare la ragazzina. Gli occhi del figlio maggiore passavano dal padre a me maliziosi. Poi divennero sgomenti quando il papà disse che l'eroe sarebbe stato nientedimeno che un'attrice molto carina travestita da uomo.

«Questa volta a teatro non dovete stare sempre zitti» continuò «certe volte potete rispondere alle domande che vi faranno gli attori e perfino intervenire.»

A questo punto il figlio minore chiese: «Quando decido io?». Prima che potessimo rispondere, il grande disse: «Non chiedere, te lo dico io».

La *panto* è veramente una rappresentazione teatrale formativa ed esilarante.

La *Dame* cerca l'eroe, che si nasconde dietro la gonna voluminosa di lei. Alla domanda: *Where is he hiding?* «Dove si è nascosto?», i bambini gridano: *Behind you!* «Dietro di te!», ma a ogni *Behind you!* la *Dame* si gira e non lo vede, cosicché riprende a chiedere *Where is he?* «Dov'è?». Alle altre domande i bambini risponderanno, secondo i casi, con veementi *Nooo! Nooo!* o entusiastici *Yesss! Yesss!*.

Sono incoraggiati ad alzarsi, gridare, gesticolare e battere i piedi: esattamente quello che in casa non hanno il permesso di fare. E così anche gli adulti. La pantomima abbatte le barriere non soltanto tra pubblico e spettatori ma anche tra le generazioni – è liberatrice. Lo spettacolo non ignora gli adulti, che formano la maggioranza del pubblico. Non mancano le battute salaci, soprattutto da parte della *Dame*, su fatti di cronaca, personaggi politici e perfino sulla monarchia; e nemmeno le allusioni sessuali, anche molto volgari, a esclusivo beneficio degli adulti.

Per anni portammo i miei figli alla pantomima, con i suoceri e mia madre, che trovava quegli spettacoli piuttosto sconcertanti. Quando la *Dame* tentava di sedurre l'eroe dimenandosi goffamente, tra le risate generali, mi guardava di sottecchi e poi alzava lo sguardo al soffitto dorato del teatro. Poi, accorgendosi che mia suocera la osservava, si univa alle risate generali, lo sguardo più che perplesso. La *panto* era troppo inglese, per lei. Mia suocera invece, da buona inglese restia a esprimere i propri sentimenti, compensava questa riservatezza lasciandosi trasportare dalla teatralità.

Quando non vado a teatro, sento la mancanza del rapporto diretto non solo con gli attori ma anche con il pubblico. A teatro vedo una Londra pulsante e vivace, di tutte le età. E tanti stranieri: gli europei dell'Est sono sempre più numerosi, a differenza degli italiani. Peccato, andare a teatro a Londra, anche se non si conosce bene la lingua, è un'esperienza illuminante.

A teatro si incontrano molte coppie attempate, o addirittura decisamente vecchie. Sorseggiano un bicchiere di vino, leggono il programma, assorti, e scambiano qualche parola. Secondo Brillat-Savarin le coppie sposate, anche se non condividono più il talamo, possono conservare un matrimonio gradevole se riescono a conversare sul cibo da preparare, se lo consumano insieme e poi lo commentano: basta questo a conservare armonia e intimità. Lo stesso, secondo me, vale per il teatro: andare insieme a uno spettacolo unisce.

12
La lettura

In my early years I read very hard. It is a sad reflection, but a true one, that I knew almost as much at eighteen as I do now.

Quando ero ragazzo leggevo moltissimo. È una considerazione triste, ma vera, che oggi non so molto più di quello che sapevo a diciott'anni.

SAMUEL JOHNSON

A Londra si legge moltissimo, come nel resto della Gran Bretagna. I nuovi londinesi che vengono dall'estero sono quasi subito in grado di leggere un giornale. Li vedo nelle biblioteche pubbliche, sugli autobus e in metropolitana. Imparano la lingua della loro nuova nazione come avevo fatto io a Cambridge, dove il professore mi faceva leggere da cima a fondo, con l'aiuto del dizionario, il *Daily Telegraph*: capivo quasi tutto. Non potrei consigliare un solo quotidiano italiano a uno straniero nella mia posizione di allora; persino io che sono italiana mi perdo nella farragine di un gergo comprensibile soltanto agli addetti ai lavori.

Si legge tanto e dappertutto: sui treni, sugli autobus, nelle sale d'aspetto, nei parchi... I quotidiani, tuttora vendutissimi nonostante la diffusione sempre crescente dei giornali on line, si dividono per classe sociale e appartenenza politica. I più letti in assoluto sono i tabloid (i meno intellettuali), con un misto di notizie serie e facete e tante storie su divi dello sport e dello spettacolo: vi lavorano giornalisti colti e intelligenti, capaci di semplificare la notizia senza banalizzarla e di mandare messaggi chiari e comprensibili. Il *Daily Express*, il preferito di mia suocera, è conservatore, come il *Daily Telegraph* e il *Times* – un tempo il quotidiano dell'Establishment, la gente che conta. Due soli giornali sono laburisti: il *Guardian* e il *Daily Mirror*. Altri, come il *Daily Mail* e l'*Independent* sono meno nettamente connotati. Londra ha inoltre una serie di giornali distribuiti gratuitamente nelle stazioni e davanti ai supermercati, i *freebies*: il principale è l'*Evening Standard*, di proprietà di un magnate russo. È il giornale che leggiamo tutti noi londinesi che prendiamo i trasporti pubblici.

La passione per la lettura e il piacere di condividerla, uniti al desiderio di essere aggiornati sulle novità in libreria, hanno dato origine ai Book club: gruppi di persone che si riuniscono in genere nei pub una volta al mese o più, sulle orme del dottor Johnson e dei suoi amici.

Li riconosco, i membri dei Book club. Non bevono molto. Mangiano i loro *fish and chips*, parlano e ascoltano, l'espressione rilassata. A volte hanno discussioni accese, sono molto coinvolti; poi ridono. Qualcuno prende appunti. Questi incontri tra gente spesso diversa per età, estrazione e posizione sociale sono potenti antidoti alla solitudine, alla tristezza e all'inedia. I Book club fanno un gran bene: esaltano il piacere della lettura e della condivisione, oltre che la voglia di apprendere dagli altri, e allargano gli orizzonti attraverso le differenti interpretazioni di una stessa opera, il confronto di esperienze e opinioni, l'analisi di un autore attraverso le sue parole.

Il mio Book club è femminile, e annovera membri di tutte le età: per agevolare le mamme ci riuniamo nelle nostre case, a turno, e limitiamo la partecipazione a quanti vivono nello stesso distretto postale. Siamo molto diverse, e ci sentiamo amiche: parliamo anche delle nostre esperienze personali, nel contesto del libro, certe che non ci sarà alcun pettegolezzo. E ci vogliamo bene.

Anni fa, in casa mia, ero seduta accanto a Rachel, la più anziana, una vedova molto attiva e ancora bella. Le parlavo e d'istinto le accarezzai un braccio. Lei mi guardò con occhi umidi, e poi pianse. Non capivamo. Spiegò che da quando era morto il marito, anni prima, nessuno, proprio nessuno – nemmeno il figlio amatissimo che abitava lontano e andava a trovarla ogni mese, con moglie e nipotina –, l'aveva più toccata. Rachel apparteneva a un'altra generazione e all'alta borghesia, la più restia al contatto fisico nei rapporti personali e sociali. Da allora, noi del Book club diventammo tutte baci e abbracci, quando ci salutavamo. Forse troppo, mi dicevo certe volte.

La scorsa estate, Rachel ha lasciato il Book club. La famiglia di suo figlio si è trasferita a Londra, adesso lei il pomeriggio bada alla nipote e non ha tempo per la lettura. Mi piace pensare che i baci e gli abbracci della bambina non le faranno rimpiangere le nostre sedute, e che comunque prima o poi ritornerà a frequentare il gruppo, anche solo di tanto in tanto.

13
Librerie, bancarelle e biblioteche

> *No place affords a more striking conviction of the vanity of human hopes, than a public library.*
> Nessun luogo più di una biblioteca pubblica offre una dimostrazione efficace della vanità delle speranze umane.
>
> SAMUEL JOHNSON

Tra le sorprese più belle di Londra, quando vi arrivai per la prima volta, quella di una strada dedicata alle librerie era stata forse la più stupefacente. E gradita. Charing Cross era una successione di librerie, dalla più grande di Londra, Foyles, a quelle minuscole, superspecializzate. Ce n'erano per tutti i gusti e le tendenze: di storia militare e di storia marinara, di stampe, di moda, di botanica, di gialli, di fumetti, di biografie, di testi scientifici antichi e moderni, di teatro, di magia, e perfino di libri osé e decisamente pornografici, in tutte le lingue. Come la merce di un fruttivendolo, i volumi erano esposti sui banchetti alla portata dei passanti, che erano invitati a sfogliarli.

Oggi non più. Charing Cross è piena di bar e ristorantini, con qualche libreria.

Le librerie indipendenti stanno scomparendo velocemente, soprattutto nel centro di Londra. Rimangono quelle piccole, ma sono poche; sopravvivono nei sobborghi, specialmente in quelli ricchi. Le grandi catene dominano totalmente il mercato. Il rovescio dell'enorme scelta e del prezzo scontato è l'ignoranza del personale: non sono più librai, ma semplici commessi. Una volta, in una grande libreria di Piccadilly, cercavo un libro sulle lumache. Feci a piedi i cinque piani del bellissimo palazzo anni trenta, dalla sezione di biologia a quella di giardinaggio, da quella degli insetti nocivi (*pest*) a quella degli animali da compagnia (*pets*), da quella dei libri per ragazzi a quella di geografia, senza trovare nulla. Eppure volevo soltanto sapere l'età media delle lumache, dove abitavano, quante uova facevano... (stavo scrivendo un racconto per i miei nipoti). Una signora anziana sfogliava un libro illustrato, sprofondata in un comodo divano; mi aveva vista passare più volte davanti a lei. «Io cercherei su Wikipedia, è molto attendibile!» bisbigliò, mentre mi accasciavo al suo fianco per riprendere fiato prima di ricominciare dal piano dei testi universitari.

A Dulwich ci sono due piccole librerie, dove si vendono anche marmellate, grembiulini, sciarpe, quaderni, penne, matite. Adesso è di moda abbinare il cibo ai libri: che ci sia un bar nelle librerie mi sta bene. Un ristorante, no. E certamente non una drogheria. Non voglio comprare spaghetti, patate e salame insieme a un libro. Invece, penso che i libri dovrebbero tentare i giovani, che sono i lettori più importanti: potrebbero essere venduti nei negozi di abiti economici e alla moda per le ragazzine, in quelli di telefonia o in quelli di scarpe. Mi piacerebbe sfogliare un libro mente il commesso va a cercare nel magazzino gli stivali del mio numero!

Le *public libraries* sono, in assoluto, l'aspetto che ammiro di più della società civile inglese. Londra ne è piena: ce ne sono di modernissime, come quella di Peckham, non lontano da Dulwich, realizzata nel 2000 su progetto dell'architetto Will Alsop, vincitore del premio Stirling (un capolavoro dell'architettura moderna), e tantissime ottocentesche, per la maggior parte donate da benefattori, a volte americani, dai quali hanno preso il nome – Carnegie, Lismore, Tate –, costruite con la dovuta attenzione all'aspetto architettonico: decorativo, sobrio e invitante. Calde e accoglienti, hanno sezioni specializzate e, immancabilmente, una zona per bambini molto curata e una per la lettura dei giornali. I residenti del comune hanno diritto a usufruirne gratis e a prendere in prestito libri, dischi e dvd. Ci sono sezioni di audiolibri e di braille e stanze in cui si possono usare computer e anche prendere lezioni di tutto, dall'informatica alla storia locale, al disegno, alle lingue straniere. Il bibliotecario è a disposizione per dare consigli di ogni genere, anche per fare un po' da assistente sociale: aiuta gli anziani a compilare i moduli, accoglie il barbone che viene a dormire al calduccio sul divano, indica al passante dove si trova la fermata dell'autobus. La mia passione è la parete dei piccoli annunci che chiunque può mettere gratis: offerte e richieste della gente mi incuriosiscono sempre moltissimo.

Le biblioteche pubbliche – nel mirino del governo che minaccia tagli, ma tuttora fiorenti perché i cittadini le difendono – sono il cuore della comunità e il punto di partenza per capire Londra e farne parte.

Il mio amico Sam mi ha raccontato una volta che i primi tempi dopo il suo arrivo in Inghilterra passava ogni giorno, tornando dal lavoro, dalla biblioteca comunale: leggeva tutti i quotidiani e le riviste che gli capitavano sottomano ed era stato così che aveva imparato a conoscere il paese. Sempre su quotidiani e riviste aveva trovato indicazioni sul corso di studi più adatto per i suoi figli, che poi si erano laureati e avevano trovato ottimi posti di lavoro. «Sono cittadini britannici e si sentono caraibici» aveva concluso Sam, contento. Consideravo, mentre parlava, che nello stesso periodo – gli anni sessanta – pochissimi dei figli di immigrati italiani erano arrivati alla laurea.

A Londra, la biblioteca *par excellence* è la London Library. Fondata da un gruppo di intellettuali e filantropi nel 1841, è rimasta nella stessa sede al numero 14 di St James's Street, a due passi da Fortnum & Mason (dove si prende un ottimo *afternoon tea*), da Christie's in King Street, la mia casa d'aste preferita, della quale ho bellissimi ricordi (chiunque può entrarvi e visitare le sale in cui sono esposti i pezzi che saranno battuti all'asta successiva), e dai grandi circoli di Londra, per la maggior parte tuttora maschili. La London Library ha una caratteristica peculiare: deve rimanere dov'è, perché senza i libri crollerebbe. L'edificio, di quattro piani, si regge su una complessa impalcatura di metallo, completa di scale interne, pavimento e scaffalature, priva di fondamenta: è il peso di un milione e più di volumi a renderla salda.

Tante altre caratteristiche rendono speciale la London Library: chiunque può diventarne socio, uomo o donna, senza la presentazione di uno "sponsor"; è tecnologicamente all'avanguardia, con schermi elettronici nelle bellissime sale di lettura; i soci hanno libero accesso a tutte le sezioni tranne una, piccola, di volumi antichi, e possono vagare tra gli scaffali, scegliere il libro che vogliono, leggerlo, o portarlo a casa e tenerlo per otto settimane; se il libro non è richiesto da altri, sono autorizzati a tenerlo *ad infinitum*; è possibile ordinare i libri a distanza e riceverli per posta; società, università, circoli e altre associazioni possono godere della *corporate membership*. Il Reform Club, il mio circolo, contemporaneo della Library, ne è socio: quando richiedo un testo tramite il nostro bibliotecario, lo ricevo entro ventiquattr'ore – se non il giorno stesso –, consegnato a mano. Essendo privata, la London Library non è aperta al pubblico: ma ogni lunedì sera alle sei partono delle visite guidate, a pagamento, molto popolari. Bisogna prenotarle. I miei amici italiani ne sono rimasti entusiasti.

Le bancarelle di libri di seconda mano mi erano sconosciute; a Palermo non ne esistevano, allora. Oggi ce ne sono molte lungo via Libertà, in centro, ma spesso vendono libri mai letti, fondi di magazzino. Non è la stessa cosa. Londra invece ha molte bancarelle e librerie di libri usati. Il posto migliore rimane il South Bank, sotto il ponte di Waterloo, davanti al National Film Theatre. Metri e metri di banchi pieni di volumi da sfogliare, carezzare, leggiucchiare e comprare, a prezzo modico. Toccare un libro letto da altri dà un brivido: di fratellanza, di continuità, di resistenza.

14
Il risparmio, i londinesi e io

> *It is better to live rich, than to die rich.*
> Meglio vivere da ricchi che morire ricchi.
> SAMUEL JOHNSON

Avevo sempre pensato che il risparmio fosse parte fondamentale della natura dei londinesi. Mi sbagliavo. I siciliani risparmiano molto di più, anche se non investono. C'è una spiegazione: i popoli poveri non hanno strutture statali adeguate – sanità, alloggi, pensioni – su cui contare e non giudicano adeguata l'istruzione pubblica. Devono risparmiare per pagare qualsiasi cosa, dalla scuola per i figli alle cure mediche. I londinesi, soprattutto nel dopoguerra, grazie al welfare state non hanno mai sentito la necessità di risparmiare per la salute o la vecchiaia – certo, alcuni lo fanno, ma non è una necessità imprescindibile. Dunque, spendono; e non solo: si indebitano per comprare di tutto, dalla casa ai vestiti, per andare in vacanza e per andare al ristorante. La loro risposta alle pressioni del capitalismo e del consumismo è stata entusiastica: comprare merci e servizi per mantenere la società dei consumi; lavorare per guadagnare e spendere sempre di più.

A Londra i guadagni sono stati facili, e nonostante la crisi si continua a guadagnare. Le opportunità per lavorare e arricchirsi ci sono sempre state, per tutti. Lo dimostrano i *barrow boys* dell'East End (il nome viene dai ragazzi che nell'Ottocento spingevano carriole cariche di merci da vendere) e i *trader* dello Stock Exchange (privi di istruzione, grandi lavoratori e milionari), come del resto l'ascesa di certi immigrati, in modo particolare ebrei e, nel dopoguerra, indiani. Alcuni di loro sono entrati a far parte della Camera dei Lord proprio grazie al successo negli affari.

Il resto dell'Inghilterra e l'aristocrazia – essenzialmente legata alla provincia – erano previdenti e nemici dello spreco. I londinesi però appartengono a un'altra razza, Londra è diversa. E ricca. Il porto ha dato lavoro alla città fino agli anni sessanta del secolo scorso. Oggi glielo offre la City, dove si creano posizioni prestigiose. Ma anche tutte le altre attività della metropoli creano denaro. Nei secoli passati, chi arrivava in cerca di fortuna spesso la trovava. Johnson, per esempio, dopo il fallimento della scuola che aveva messo su, era venuto a Londra a piedi, insieme a David Garrick, il grande attore impresario, ai tempi diciottenne e suo ex pupillo.

Il mio primo impatto con Londra, nel 1972, fu improntato al risparmio, con la bella sfida di arredare casa con pochi denari e conoscere la mia nuova città senza spendere.

Ho sempre indossato abiti e portato accessori "passati" da altre donne di famiglia, scambiati e perfino prestati. Per me era normale, prima di comprare un vestito, una borsa o un foulard, pensare se in famiglia c'era qualcuno che avrebbe potuto prestarmelo, e a mia volta consideravo normale dare le mie cose in prestito. Quando andavo all'opera, zia Teresa mi offriva i suoi gioielli "da ragazza", ai matrimoni indossavo il suo giacchino di ocelot al posto del mio cappotto buono e mi sono sposata con il velo di pizzo di Bruxelles di zia Anna. In America, da sposina, trovavo strano comprare quello di cui avevo bisogno, mi sentivo troppo "nuova". Scoprii poi i grandi negozi della Salvation Army, la bizzarra organizzazione che sostiene gli alcolizzati, simile a un vero e proprio esercito – i membri sono organizzati in ranghi e indossano uniformi militari. Attinsi ai reparti dell'usato per arredare la mia casa e lì trovai da coprirmi per difendermi dal freddo inverno di Boston.

A Londra avrei fatto lo stesso. I giornali locali e le *notice boards* dei negozietti del quartiere erano pieni di annunci: *jumble sales* (vendite di usato per beneficenza), fiere parrocchiali o comunali e perfino le piccole case d'asta della zona erano ottimi posti da visitare. Comprare di seconda mano è una grande scuola per conoscere il passato, la città, e fare nuove amicizie. Scovai su una bancarella un coperchio a forma di cupola, argentato, simile a quello di una legumiera; aveva tre caratteristiche peculiari: era privo di un vassoio o di un contenitore su cui poggiare; lungo il bordo aveva una decorazione traforata (dunque il coperchio non serviva a tenere qualcosa in caldo); alla sommità della cupola c'era una rientranza grande come un orologio da tasca, anch'essa traforata. A che cosa serviva? Mi fu spiegato che era un coperchio per il tagliere di legno su cui alla fine del pranzo venivano portati a tavola i formaggi, insieme a burro, biscotti, frutta, mostarde dolci, *petit four* e l'immancabile Porto. Il bordo traforato serviva per far respirare i formaggi, e nella rientranza in cima veniva messa una spugnetta imbevuta d'acqua per tenerli umidi nel calore della sala da pranzo.

Lo acquistai; l'ho usato una sola volta, ma lo tengo con piacere: mi ricorda l'ingegnosità britannica dell'Ottocento in materia di arredo da tavola.

Una volta mio marito e il nostro figlio maggiore si lamentarono perché non compravo il cibo che piaceva a loro. L'uno non ne poteva più dei formaggi inglesi del supermercato, ne voleva qualcuno francese e raffinato. L'altro chiedeva fette di filetto anziché le polpette di casa. «Ma il *cheddar* è squisito! E il roast-beef che papà cucina la domenica è di ottima qualità!» protestavo io. Invano. L'indomani andai al supermercato e tornai con tutte le leccornie richieste. La settimana seguente, lo stesso. Spendevo il doppio di quanto spendevo di solito, ma dopotutto erano denari di mio marito. Anche la terza settimana andò così. A tavola non ci furono commenti: si erano dimenticati delle loro rimostranze, padre e figlio. Quando all'unisono chiesero polpette e salsa di pomodoro, capii che – senza tanti proclami – potevo ritornare alle antiche abitudini.

Il punto è che io trovo inconcepibile comprare cibo esotico o costoso. Non so perché, è qualcosa che ho nel sangue.

Credo nella massima del dottor Johnson, e faccio regali, ho spesso ospiti e porto figli, nipoti e amici al ristorante o a pranzo al circolo: è il mio modo di vivere da ricca e morire da povera – ma non troppo.

15
I *charity shops*, i mercati e Harrods

> *Life is a progress from want to want, not from enjoyment to enjoyment.*
> La vita è una progressione di desiderio in desiderio, non di divertimento in divertimento.
>
> SAMUEL JOHNSON

I *charity shops* hanno un grande giro d'affari e contribuiscono a sostenere molte opere di beneficenza. Il sistema è brillante. Molti occupano spazi e negozi sfitti con un comodato: trovato l'inquilino, vanno via. Altri affittano negozi da cui traggono buoni profitti grazie anche ai volontari, che vi lavorano gratis e con piacere. Hanno clienti affezionati che comprano e portano roba da vendere. Io sono una di loro, e mi è perfino capitato di ricomprare qualcosa che era mio!

I venditori dei mercati delle pulci sono stati una sorpresa per me. Molti lo fanno di mestiere, ma non tutti, specialmente nei settori dell'abbigliamento e dell'antiquariato. Ci sono giovani pensionati decisi a intraprendere una nuova carriera, madri di famiglia che si organizzano e fanno uno o due mercati a settimana per poter continuare ad accudire i figli. Una collega avvocato, elegante e bella, molto benestante, ebbe per anni una bancarella di gioielli antichi al mercato di Greenwich. Le piaceva comprarli all'asta e nei mercati, poi li puliva, se necessario li aggiustava e infine li esponeva con gran gusto per venderli. Una volta andai a trovarla al mercato. Seduta dietro il banchetto, i riccioli schiacciati da un vecchio berretto di lana, avvolta in uno scialle e con la borsa d'acqua calda sulle gambe, sembrava una donna dimessa e perfino bruttina, ma felice. Molti studenti lo fanno per guadagnare qualcosa. Altri affittano banchetti ai mercati per vendere porcellane, soprammobili, libri, dischi, vestiti, mobili ecc. di cui non hanno bisogno (spesso li hanno ereditati) o per fare spazio in casa. Nonostante i tentativi dello Stato di regolamentare questi affari, chi vende nei mercatini spesso non dichiara gli incassi (tutti in contanti) ed evade le tasse.

I londinesi non sono sempre onesti come si pensa.

Ciò detto, i mercati sono la mia passione, anche quelli dove si vende cibo. Mi ricordano quelli di Palermo, del Cairo e di Baghdad. Londra è piena di mercati, basta chiedere o cercare sul web. Si contratta e alla fine della giornata si possono fare veri affari. Quello che rimane sulle bancarelle viene venduto a prezzi stracciati ed è il momento perfetto per comprare frutta matura per farne marmellata o verdure da surgelare o da consumare la sera stessa. I miei preferiti sono il mercato di Portobello, nel nord di Londra, sotto i ponti della sopraelevata che porta a Oxford (non è più turistico e nemmeno alla moda, è ottimo sia per il cibo che per porcellane, posate, soprammobili ecc. e *odds and sods*), e quello di Brick Lane, nell'East End, specializzato in abbigliamento e tessuti. Consiglio di andarci soprattutto il sabato, mentre la domenica è bello andare a quello delle piante in Columbia Road, a Hackney. I mercati cittadini sono tantissimi, sparsi ovunque – ciascuno diverso dall'altro e tutti meravigliosi.

Londra è piena di negozi. Oxford Street, una delle principali arterie commerciali, a me non piace: caotica e volgare, diventa di giorno in giorno più dozzinale. Avevo una passione per Biba, una boutique in Kensington High Street – famosissima negli anni sessanta e settanta per i mini-abiti, le borse in pelle e i boa di struzzo – che era una sinfonia di colori meravigliosi, dalle sfumature dolci e vellutate. Me ne sono rimaste delle piume di struzzo – viola, verde scuro e blu.

Per chi vuole comprare qualcosa di davvero inglese, consiglio di andare a Mayfair: Jermyn Street per gli uomini, Bond Street, Conduit Street e la Burlington Arcade per le donne. Tra i grandi magazzini, Harvey Nichols a Knightsbridge – all'angolo con Sloane Street – è il migliore in assoluto per qualità della merce e del servizio; ottimo anche il cibo, al ristorante dell'ultimo piano, che preferisco a quello di Fortnum & Mason, fortemente americanizzato.

Non faccio acquisti da Harrods. È una questione personale. Quando andai a Cambridge, diciassettenne, mio padre mi diede una commissione: cercare la vigogna migliore e informarmi sul prezzo. Chiesi dove avrei potuto trovarla, la vigogna migliore, e il verdetto fu unanime: «A Londra, da Harrods». Così ci andai. Era estate, faceva molto caldo. Avevo ai piedi il mio primo paio di zoccoli Dr Scholl, che facevano click click a ogni passo. Harrods mi sembrò enorme, affollatissimo e decisamente sontuoso. Era anche di gran gusto, allora. Dovetti chiedere più volte informazioni prima di essere indirizzata al reparto in cui "forse" c'era la vigogna. I commessi – tutti uomini – mi si avvicinavano silenziosi, come formiche verso una zolletta di zucchero: ero l'unica cliente. Melliflui, gentili, quasi servili: «Posso aiutarla? Che cosa desidera?», «Vigogna» dicevo io. Ascoltavano, pensavano e poi suggerivano altro. Mohair? Lana merino? Fleece? Cachemire? Ma io volevo la vigogna. Uno dei commessi mi fece strada verso un grande tavolo munito di cassetti. Con una chiave aprì il primo e ne estrasse rotoli di vigogna in varie tinte delicatissime, dal bianco al grigio. La riconobbi, era la stoffa delle giacche di mio padre. Palpai un lembo del tessuto, senza chiedere il permesso, lo stropicciai tra le mani. Meravigliosamente sottile e caldo, non si sgualciva. Era la vera vigogna. Chiesi il prezzo. La domanda creò confusione. Nessuno dei commessi – erano tutti attorno a me – lo sapeva.

«Be', informatevi» dissi. Il più anziano, quello che aveva aperto il cassetto, si fece avanti: *Are you really interested, young lady?* Lo avrei piantato in asso, dopo quella domanda offensiva, ma ero certa che papà mi avrebbe mandata di nuovo a informarmi. Risposi di sì, calmissima. L'uomo chiuse il cassetto e si allontanò. Ritornò poco dopo preceduto da un signore dal piglio sicuro: il suo capo. Questi volle sapere esattamente che cosa desideravo, poi aprì il cassetto e, insieme, identificammo il tipo e il colore di vigogna che mi interessava. «Vorrei sapere il prezzo» ripetei. Lui mi squadrò: era evidente che non mi reputava un tipo da vigogna, comunque me lo disse e io lo annotai sulla mia agendina. Poi alzai gli occhi e ci scambiammo un lungo sguardo, durissimo.

Are you interested? chiese.

I was, but no more, risposi freddamente, e con tutta la dignità di cui ero capace dichiarai che si erano comportati da maleducati, lasciando intendere che non ero all'altezza di comprare la loro vigogna; avrei fatto i miei acquisti altrove, dove forse la vigogna non era altrettanto pregiata ma il personale sarebbe stato di certo più cortese. *You're uncivilized and impolite,* conclusi. Mi guardarono a bocca aperta. Credo che nessuno avesse mai osato tanto, da Harrods. Girai i tacchi e feci la mia uscita di scena a grandi passi – click clack, click clack.

Da sposata mi toccò tornare da Harrods: era il negozio dove mia suocera comprava quasi tutto. Ci portavo le scarpe di mio marito quando avevano bisogno di sopratacchi o di una suola nuova – era un servizio economicissimo – e le giacche da rammendare; quando i miei figli erano bambini, compravo lì anche le loro camicie di Viyella con i saldi. Ma a parte questo nient'altro, e poi mai più.

16
Una passeggiata alternativa allo shopping

> *Were it not for imagination, Sir, a man would be as happy in the arms of a chambermaid as of a Duchess.*
> Non fosse per l'immaginazione, signore, un uomo sarebbe felice allo stesso modo tra le braccia di una cameriera e tra quelle di una duchessa.
> SAMUEL JOHNSON

Da ragazzina accompagnavo mamma e zia Teresa a fare commissioni, portavo i pacchi. Mi piaceva ascoltarle chiacchierare e stare con loro, ma non comprare. Fare compere per me è un peso, raramente un piacere. Da quando ho scoperto i negozi di seconda mano e i rigattieri mi sono ammorbidita, ma la verità è che preferisco *fare* anziché comprare: trasformare una stola di shantung in una gonna, creare sciarpe da scampoli di seta indiana, ricavare una cintura da un pezzo di cretonne. Mi dispiace, perché ho perso non soltanto il divertimento di girare per negozi allo scopo di comprare ma anche il conforto dell'acquisto "compensativo", per una carenza affettiva o una brutta notizia. Però mi diverto a vedere prodotti nuovi, bei gioielli, vestiti, mobili; il mio shopping preferito è il *window-shopping*, la sera, quando i negozi sono chiusi: allora sì che scialo e ammiro.

Mamma e zia Teresa venivano a Londra due volte all'anno, in autunno e in primavera, per lunghi periodi. Si sistemavano nell'appartamentino della mansarda, attrezzato proprio per loro. Preferivano condividere la stanza da letto, come da ragazze, e lasciare l'altra stanza per le "commissioni": il letto matrimoniale era come un banco da esposizione, coperto dei loro acquisti, disposti in ordine: centrini di merletto con il bordo di perline per coprire i boccali dell'acqua, twin-set di cachemire per zia Teresa, i coltelli con le lame seghettate che ambedue compravano sempre, sei a sei, le scatolette di Lemsip, l'unica medicina che curava il raffreddore della zia, le stoffe africane del mercato di Brixton con cui mamma faceva le tovaglie estive per la casa di Mosè, comode scarpe Clarks, pacchettini di caramelle e di liquirizia, ritenute migliori di quelle di Palermo. La mattina prima di andare a fare altre commissioni e la sera dopo cena facevano il ripasso degli acquisti, ricordandoli e commentandoli uno per uno. Non sempre erano pienamente soddisfatte: quella certa stoffa forse era troppo cara, avrebbero dovuto comprare dodici anziché sei coltelli, il rosso della busta da toeletta era troppo acceso. Poi accarezzavano amorosamente gli acquisti di cui sarebbe stato impossibile pentirsi, tanto erano stati azzeccati e convenienti. «Mr Jones» e «Mr Lewis» erano onnipresenti nelle loro conversazioni. «Devono essere parenti» diceva zia Teresa, visto che le mercanzie dei rispettivi negozi, Peter Jones a Sloane Square e John Lewis a Oxford Street, erano simili. Mamma concordava, annuendo. Loro preferivano Mr Jones per le stoffe e Mr Lewis per gli attrezzi da cucina. Era inutile spiegare che i due enormi negozi facevano parte della stessa catena, e che in ogni caso Mr Jones e Mr Lewis erano morti e sepolti da decenni. L'indomani tornavano a encomiare il buongusto dell'uno o dell'altro, con affettuoso rispetto.

Le sorelle uscivano ogni mattina, in autobus, se il tempo era buono. Avevano due mete soltanto: Victoria, da cui si andava a Sloane Square, e Oxford Street, la preferita. Da lì si avventuravano lungo Bond Street – troppo costosa – verso la Burlington Arcade, di cui conoscevano ciascun negozio, commessi compresi, e che stranamente consideravano abbordabile. E poi passeggiavano, come a Palermo: a braccetto, lente lente; si soffermavano davanti alle vetrine e commentavano la merce esposta, senza entrare. Il loro secondo divertimento erano le pause: un caffè, un pranzo leggero, poi magari un tè all'inglese. Certe volte le raggiungevo per riaccompagnarle a casa in automobile e davo loro appuntamento a Mayfair, dove era facile parcheggiare.

È stato proprio grazie a loro che ho imparato ad amare Mayfair. Ha il pregio di essere rimasta quasi uguale a com'era nel Settecento, quando i proprietari dei campi su cui ogni anno si teneva la Fiera di maggio decisero di costruirvi residenze sontuose per sé e case da affittare alla borghesia e all'aristocrazia – i prezzi naturalmente erano diversi, ma l'armonia architettonica del quartiere era preservata con cura: dietro la facciata delle case a schiera, le abitazioni erano più o meno grandi.

È difficile non fare shopping con i miei ospiti italiani: credo che tutti vengano a Londra per comprare qualcosa. Li accompagno, per educazione o perché mi fa piacere stare con loro, ma non mi diverto. Spesso li porto in Oxford Street, poi li lascio e ci diamo appuntamento alla fine della strada. Allora sì che è un divertimento accompagnarli, perché mentre loro si danno allo shopping io faccio una passeggiata lungo Wigmore Street, la parallela a nord di Oxford Street. È una strada anonima, larga, di palazzi ottocenteschi o primo Novecento, e ce ne sono persino alcuni moderni. Ci sono anche dei negozi, ma niente a che vedere con quelli di Oxford Street.

La mia passeggiata ha tre mete. La prima è Manchester Square. Qui, dietro una cancellata, si vede la facciata di una sontuosa residenza ottocentesca; da lontano sembra un po' volgare, iperdecorata, ma custodisce una delle più belle raccolte di opere d'arte rinascimentali e del Settecento francese: la Wallace Collection.

Continuando per Wigmore Street, sempre sul lato sinistro,

c'è un piccolo ingresso con una tettoia Art Nouveau di ferro battuto e vetro, poco visibile. La mia seconda meta era l'ingresso di un grande negozio di pianoforti, diventato dal 1901 una delle più belle sale da concerto dell'Inghilterra, con un'acustica perfetta. Alla Wigmore Hall si riuniva la domenica mattina tutta l'intellighenzia mitteleuropea, formata soprattutto dagli esuli ebrei, per godersi i concerti che ancora oggi vengono organizzati. Il pubblico della Wigmore Hall è rimasto fedele a quel modello: è composto perlopiù da vecchie coppie vestite con il decoro e la dignità degli anni cinquanta. Ci sono anche giovani con un abbigliamento formale, ma a me sembra che usino colori sobri e che prediligano i vecchi tweed quasi volessero uniformarsi. I concerti, in compenso, non sono per nulla tradizionali e formali: da qui passano le nuove speranze del canto e della musica.

I concerti alla Wigmore Hall rappresentano per me il meglio della musica in Inghilterra; in sala si respira un'atmosfera di semplice godimento, nessuno è lì per farsi vedere dagli altri, come capita molto spesso nei teatri lirici.

La mia passeggiata alternativa mi porta all'inizio di Harley Street, la via dei medici. In questo, Londra ha mantenuto lo spirito medioevale, quando coloro che esercitavano un determinato mestiere si concentravano nella stessa strada. Anche a Palermo è ancora così: c'è la strada dei tappezzieri, quella dei calderai, quella dei candelai… Ma raramente ho visto in un quartiere ottocentesco una strada in cui siano riuniti i medici più illustri.

A vederla, Harley Street è come le altre strade del quartiere: facciate di mattoni scuri con portici colonnati bianchi si alternano ad altre stuccate. Dietro, si trovano gli studi di tutti gli specialisti possibili e immaginabili: dentisti, cardiologi, oculisti, ginecologi, esperti di medicina estetica, di medicina nucleare e chi più ne ha più ne metta. Sono tutti cari, e delle nazionalità più disparate: in Inghilterra la qualità del professionista trascende la sua nazionalità; in Italia non ho mai incrociato un medico straniero.

Poi attraverso Regent Street: è una strada enorme a forma di falce che unisce Regent Park a Oxford Street. Andando avanti, le case diventano meno lussuose. In quella zona c'erano fabbriche, piccole ditte che producevano la merce venduta poi in Oxford Street.

Pochi passi e mi trovo nella zona di Tottenham Court Road. La strada finisce, però da qui si raggiunge facilmente l'ultima meta: il British Museum; allora mi fermo e aspetto i miei ospiti. Una visita al British per loro è un *must*, anche se si limita alla grande sala centrale ricoperta di vetro da Norman Foster che ingloba la rotonda creata da un italiano, Panizzi: qui, fino a una decina di anni fa erano riunite le opere della British Library, che a buon motivo – ha tutto, e di tutto – è considerata la biblioteca pubblica più famosa del mondo.

A volte, quando i miei ospiti si rifiutano di andare a fare shopping ci resto male: perdo un'occasione per fare la mia passeggiata alternativa.

17
Kew

When two Englishmen meet, their first talk is of the weather.
Quando si incontrano due inglesi, il primo argomento di cui parlano è il tempo.

SAMUEL JOHNSON

Sono e continuo a essere sorpresa dalla quantità di alberi, piante e giardini che si trova a Londra. Si creano in continuazione spazi verdi anche piccoli, e si sfruttano ferrovie dismesse, zone industriali abbandonate, perché Londra si esprime liberamente nei propri parchi. Evitare di scoprirli a favore delle visite ai musei e ai teatri toglie l'opportunità di comprendere l'anima della città. Alcuni parchi appartengono a istituzioni private, come il Chelsea Physic Garden – un gioiello seicentesco circondato da alte mura e nato come giardino di piante medicinali – e il Chelsea Royal Hospital Park, dove ogni anno, nel mese di maggio, viene allestito il Chelsea Flower Show. Gli altri parchi appartengono ai distretti di Londra, che li gestiscono, e sono dunque comunali. Poi ci sono i sette Royal Parks, dove si entra gratuitamente per volontà del sovrano.

Il primo, Hyde Park, fu aperto al pubblico agli inizi del Seicento da Giacomo I, l'amatissimo figlio di Maria Stuarda. Era popolato di cervi, oltre a essere uno dei posti preferiti per duelli – illegali – e per avventure galanti (ma anche per aggressioni, furti, prostituzione maschile e femminile). Durante la settimana l'aristocrazia e i ricchi mercanti – a volte anche i reali – vi passeggiavano in carrozza per vedere ed essere visti.

La domenica potevano entrarvi tutti gli altri. Nel Seicento, il viaggiatore francese Grosley volle passarvi la notte, al riparo di uno dei *berceau* sotto i quali ci si poteva sedere, riposare o fare un picnic. Quando si svegliò si ritrovò circondato da gentilissime prostitute, rimaste a vegliare su di lui.

Il parco di St James's, il più curato e ricco di colori – capolavoro di Capability Brown, il grande paesaggista – di notte era malfrequentato e in estate era luogo di "atti osceni" che andavano dalle bische alle gare di donne nude (queste ultime incontrarono l'entusiastica approvazione di Casanova). Il pubblico aveva il permesso di entrarvi a piedi, per entrarvi a cavallo o in carrozza bisognava avere il permesso del re.

Green Park, ricco di cacciagione e mucche, era il rifugio dei ladri e dei briganti che agivano a Piccadilly. Kensington Gardens era considerato un altro covo di ladroni. Anche il parco di Greenwich e Regent Park, il più recente, erano aperti al pubblico, mentre ai Royal Botanic Gardens di Kew, il mio parco preferito, si entrava a pagamento.

Un paese civile si distingue anche per il modo in cui tratta le proprie piante. Il giardino botanico di Kew – riconosciuto dall'Unesco Patrimonio dell'Umanità – nacque intorno alla metà del Settecento su una superficie di giardino di tre ettari per volontà di una principessa di Galles: oggi gli ettari sono centoventi. Kew ospita diverse residenze reali, tra cui Kew House, scelta dalla tedesca regina Carlotta, moglie di re Giorgio III, il primo degli Hannover di madrelingua inglese. Colto, amante dei libri e della natura, Giorgio III si distinse tanto dai suoi predecessori quanto dai suoi successori. Amava Londra e prese il mestiere di re sul serio. Forse troppo, visto che dovette essere guidato e redarguito dal ministro Pitt: non doveva interferire con il governo. A Giorgio III e alla regina Carlotta – una coppia che si amò molto ed ebbe quindici figli – piaceva stare a Kew, dove vivevano stabilmente tre delle figlie zitelle. Il re vi trascorse gli ultimi anni di vita, afflitto dalla porfiria.

Il parco – donato alla nazione dalla regina Vittoria, che non vi visse mai – ha mantenuto l'impronta voluta da Giorgio III: diversi edifici sono usati per mostre scientifiche, altri sono veri e propri musei – piccoli e curatissimi – aperti al pubblico. La biblioteca di Kew, che non è dentro il parco, è eccezionalmente ricca.

L'atmosfera di Kew è tranquilla, contemplativa e al tempo stesso stimolante. Camminare in questo parco è una gioia: dopo un'oretta di passeggiata a passo spedito attraverso zone alberate e prati, lontano dalle aiuole, entro in una serra o mi fermo davanti a una delle costruzioni georgiane sparse un po' dovunque, poi seguo il perimetro del muro di cinta.

Kew è curatissimo, e ci sono sempre novità. Il recente *walkway* sulle cime degli alberi è meraviglioso. Bisogna raggiungerlo a piedi, senza usare l'ascensore per i passeggini e gli invalidi, "sentendo" la salita, costeggiando i tronchi degli alberi e perdendo di vista la terra, nel folto delle fronde. In alto, la passerella si insinua nelle chiome dei tigli, profumatissime in estate, e in quelle dei castagni e delle querce. Da lassù si vedono solo una marea di foglie e il cielo.

Gli edifici sono oggetto di una manutenzione costante. C'è sempre qualcosa di nuovo nel cottage dove stavano le principessine, nell'edificio che ospitava gli uffici amministrativi della casa reale, nelle cucine georgiane.

I padiglioni e i giardini scientifici sono riparati da siepi e filari di alberi. Uno dei miei preferiti è quello delle piante carnivore: alcune, piccole e verdi, imprigionano gli insetti all'interno delle valve dentate o filamentose. Altre hanno la forma di un'enorme calla strisciante, carnosa, con la corolla piena d'acqua: sembra un abbeveratoio e attira a sé piccoli roditori e altri animaletti, che vengono risucchiati e "mangiati". Impressionante. Ho sempre pensato alle piante come esseri viventi inermi e nell'insieme benefici; quelle velenose mi sono sempre sembrate difensive anziché offensive, e vedevo quelle che strangolano altre piante con radici e liane come giganti innocenti, inconsapevoli della loro forza. Ma non è così, e l'ho scoperto a Kew.

La notte del 15 e il 16 ottobre del 1987 un uragano autunnale colpì Londra e buttò giù una quantità di alberi maturi, dappertutto: Kew ne soffrì molto. Andai a vedere di persona cos'era successo, insieme a un amico siciliano, e trovai il parco devastato. Eravamo circondati da rami strappati e fracassati, tronchi piegati ma non sradicati, grandi alberi riversi sui prati e ancora legati alle radici da fasci di fibre. Qua e là giacevano fronde strappate ad alberi lontani e trasportate dal vento. Un campo di battaglia.

Vi tornai poche settimane dopo; le ferite erano ancora visibili, ma Kew era in ordine e pronto ad accogliere i visitatori.

18
Una passeggiata a Greenwich

A man must carry knowledge with him, if he would bring home knowledge.
Un uomo deve portare la conoscenza con sé, se vuole portare a casa conoscenza.

SAMUEL JOHNSON

La mia prima spedizione a Greenwich era iniziata male. Era l'inverno del 1970 e mio marito e io eravamo in procinto di trasferirci a Oxford. Mi era venuto il desiderio di andarvi per nessun motivo in particolare, come se fosse un'altra "voglia" della gravidanza – un po' come i Wimpy, gli antenati del McDonald's, panini con hamburger, senape, ketchup e due anelli di cipolla fritta. Mio marito mi aveva consigliato di rinviare la visita alla primavera: sotto la pioggia sarebbe stata deludente, mentre in maggio il parco sarebbe stato pieno di fiori selvatici. Ma io, testarda, una mattina partii con la mia automobile alla volta di Greenwich.

Avevo attraversato il Tamigi a Lambeth Bridge, poi costeggiai Lambeth Palace, residenza dell'arcivescovo di Canterbury, e raggiunsi Elephant and Castle, che prima della guerra, mi aveva raccontato un tassista tempo prima, era un grande campo dove si vendevano all'asta i cavalli: suo padre lo portava lì da bambino. Ora è un grosso nodo stradale metropolitano, creato dall'accorpamento degli edifici scampati ai bombardamenti nazisti: nel tempo si era aggiunto un grottesco centro commerciale, esempio della peggior urbanistica del dopoguerra. In confronto, la Old Kent Road, la lunga strada per Greenwich che attraversava Bermondsey, New Cross e Deptford – zone industriali e di abitazioni popolari modeste ma dignitose –, sembrava quasi bella.

A quel punto mi persi in un cantiere: stavano costruendo dei casermoni – altre case popolari –, e le strade erano senza nome. Avevo girato e rigirato senza raccapezzarmi; mi sentivo stanca; mi rincantucciai nel sedile del passeggero coprendomi con lo scialle che portavo sempre con me, e mi assopii.

Mi svegliò il ticchettio insistente della pioggia. Decisi di tornare a casa. Raggiunsi Belgravia senza nemmeno consultare la mappa: le indicazioni per il centro di Londra erano dovunque, e ottime.

Quella sera, per consolarmi, mio marito mi disse che saremmo andati a Greenwich insieme, un'altra volta. Poi ci trasferimmo a Oxford e non se ne fece nulla.

Sono tornata a Greenwich quest'estate, con il figlio maggiore. Parla veloce e sarcastico, come suo padre, ma sorride di più. Il Tamigi è ormai un pensionato: il traffico è limitato ai battelli turistici e alle lance della polizia, oltre Tower Bridge si trovano barche a vela e motoscafi ancorati nelle darsene dei vecchi *docks* divenuti abitazioni di lusso. Lì il porto è ampio e profondo. Fino all'inizio del Novecento tutte le imbarcazioni della flotta britannica potevano risalirlo dalla foce e attraccare. Fu soltanto nel 1913 che Londra cedette a New York il primato del porto più trafficato del mondo.

Oggi i grattacieli, e non i velieri, segnano il corso del fiume, da ambo i lati. Appaiono dopo il ponte di Waterloo. I grattacieli della City sono interni, mentre a sud quelli nuovissimi lambiscono la riva, come iceberg di vetro dalle angolature ardite, sotto la lunga ombra dell'ultimo arrivato e il più alto in assoluto, lo Shard, la scheggia a due punte di Renzo Piano. Dopo Tower Bridge, il fiume descrive una curva: lì iniziava il porto, con i cantieri navali, le darsene, i grandi bacini, i magazzini e le fabbriche di marinerie.

Il battello rallenta; siamo tutti occhi. Trent'anni fa, quando avevamo fatto lo stesso viaggio, la zona portuale era molto diversa: non una strada, non un edificio in funzione, darsene vuote, ponteggi fatiscenti, cantieri abbandonati, edifici sventrati. La City ha trasformato l'Isle of Dogs in un complesso di palazzi, grattacieli, abitazioni e porti turistici.

A destra, i tre alberi della *Cutty Sark*, grande, splendida. Quando i miei figli erano piccoli ci divertivamo a salire sul ponte, a scendere nella stiva, a immaginare la vita dei trentasette marinai dell'equipaggio, fingevamo (a turno) di essere il capitano e ci mettevamo al timone. La *Cutty Sark* esportava lana e importava tè dalla Cina; era il veliero più veloce del mondo, grazie al rivestimento della carena in tessere quadrate di una lega d'ottone chiamata *munts*, che impediva alle alghe e ai crostacei di attaccarsi e far marcire il legno. Servì la nazione durante la Seconda guerra mondiale e contribuì a salvare i londinesi dalla fame portando viveri. Poi fu esposta a Greenwich, in una darsena asciutta e divenne la beniamina dei bambini, nonché dell'intera Londra, che potevano scorrazzare attorno al veliero ed entrarvi dentro. Ma la carena, senza la pressione dell'acqua, si squilibrava e finì per cedere, poi un incendio causò ulteriori danni: sembrava fosse la fine. La *Cutty Sark* fu salvata da un privato che mise insieme una squadra di volontari: un atto di coraggio, lungimiranza e abnegazione. Come è vero che la grandezza di Londra nasce dalla generosità dei londinesi.

Il battello continua il suo corso. Dal fiume Greenwich sembra intatta. Tuttora, nessuna costruzione supera St Olave, uno dei capolavori di Hawksmoor, il mio architetto preferito. Il complesso monumentale di Greenwich ospita due edifici simmetrici, ai fianchi dello spazio verde che dalla riva sale in dolce pendio sulla collina: la sede dell'Ammiragliato e del Royal Naval College da un lato e il Royal Hospital e la casa di riposo per i marinai dall'altro. A metà strada, prima che inizi il parco, sorge la seicentesca Queen's House, di Inigo Jones, l'architetto che portò lo stile palladiano in Inghilterra. La vista è meravigliosa, le proporzioni sublimi. Dal fiume, la stupenda prospettiva crea il più bell'insieme paesaggistico di palazzi reali del mondo.

Il parco reale di Greenwich occupa la collina su cui sorge il Royal Observatory, dove fu tracciato il meridiano che segna la longitudine zero. In un certo senso, è l'ombelico della Terra. È uno dei miei parchi preferiti. A zone in cui alberi e arbusti sono stati piantati seguendo uno schema geometrico si alternano altre apparentemente disordinate. Le piante nate da un seme volato per caso sono rispettate e i vuoti lasciati da quelle che muoiono non vengono necessariamente riempiti. Il risultato è un'opera congiunta di uomo, natura e caso. La totale assenza di fiori è ingentilita dalle diverse tonalità di verde delle foglie dei cespugli, quasi un ricamo di seta cangiante.

Dirimpetto, al di là del Tamigi c'è l'East End, una vasta zona povera in cui vivevano gli immigrati, i portuali, gli operai delle concerie e degli zuccherifici – che ricordo, e da cui salivano nuvole di odori pungenti e contrastanti. Al loro posto, ora a Canary Wharf ci sono i grattacieli voluti da Margaret Thatcher. Si vedono tuttora schiere e schiere di case con i tetti di ardesia, in mezzo ai quali spuntano i campanili e i tetti delle chiese costruite da Wren e dai suoi allievi.

Nel panorama che si gode da Greenwich si legge l'intera storia militare, sociale ed economica di Londra e dell'intera nazione. È un'immagine che mi è cara: quella di un popolo proteso verso la conquista di territori d'oltremare e imperialista, che si fa carico degli umili marinai che hanno contribuito alla sua grandezza e li alloggia dignitosamente.

19
Londra in bicicletta

The triumph of hope over experience.
Il trionfo della speranza sull'esperienza.
SAMUEL JOHNSON

Nel 1988 accettai d'impulso l'invito dell'Associazione per i bambini non udenti: un viaggio in bicicletta in Giordania, allo scopo di raccogliere fondi. «Una follia» fu il commento di mia sorella; «Un atto irresponsabile da parte di una madre» le fece eco la mia amica Tina; «Un'avventura pericolosissima» si preoccupò una penalista del mio studio, e corse a iscriversi anche lei per starmi vicino e aiutarmi; «Un'impresa difficile e coraggiosa» dissero i miei amici inglesi, anche se tra gli intimi circolavano voci discordanti sulla saggezza della mia decisione. Mia madre si limitò a un fievole: «Simonetta, non farlo». E io le disobbedii, per la seconda e ultima volta.

Un amico mi regalò una bicicletta americana e io mi iscrissi in palestra – dovevo allenarmi, se volevo percorrere in una settimana mille chilometri di terreno collinoso e il deserto del Wadi Rum. Le offerte intanto fioccavano e io cominciavo a preoccuparmi. Sarebbero bastati quattro mesi per prepararsi ad affrontare un viaggio del genere insieme ad altri cento ciclisti muscolosi ed esperti?

Passavo i fine settimana pedalando per Londra. All'inizio fissavo la strada davanti a me, concentrata nello sforzo di rimanere in equilibrio e di evitare le automobili; quando mi sentii più sicura cominciai a guardarmi intorno e a seguire i percorsi più interessanti. Come filo conduttore scelsi le chiese: dovevo scoprirne il più possibile, dovunque. Avevo letto di recente che il sud di Londra era pieno di chiese vittoriane – molte delle quali vuote o sconsacrate – per volontà del governo e non per la religiosità dei fedeli. Nel 1812 infatti il Parlamento, per celebrare il fallimento dell'invasione delle truppe napoleoniche in Russia e la determinazione di fare fronte comune contro Napoleone assieme ad altre nazioni europee, promulgò la prima legge per la costruzione di chiese anglicane come un dono alla cittadinanza: un modo per riaffermare anche in patria l'unità nazionale e la potenza dell'Impero britannico. In realtà, il Parlamento era molto preoccupato dell'apparente mancanza di religiosità dei nuovi abitanti di Londra. Leggi successive imposero alla Chiesa anglicana e agli imprenditori edili che chiedevano l'autorizzazione per la costruzione di nuovi quartieri, di includervi luoghi di culto in numero proporzionale a quello degli abitanti. Con il passare del tempo, anche sinagoghe, chiese cattoliche e altre chiese protestanti ricevettero aiuti simili, ma minori, dallo Stato.

Le chiese ottocentesche di Londra sono una diversa dall'altra, in tutti gli stili che la fervida immaginazione dei vittoriani riusciva a scoprire (o inventare) e amalgamare. Mentre pedalavo, guglie, campanili e porticati erano fonte di costante meraviglia. Ben presto, l'allenamento si trasformò così nella scoperta di una Londra a me vicina eppure sconosciuta. Avvenne grazie a due persone: Phyllis Pearsall e Harry Beck.

Per chi voglia girare la città senza fare ricorso allo smartphone o al TomTom, servono due mappe. La prima è quella della metropolitana disegnata da Harry Beck nel 1933, un grafico rimasto insuperato dai tanti che hanno cercato di emularlo. La sua mappa, costantemente aggiornata, rappresenta linee e stazioni della metropolitana di Londra e di altre tre compagnie (due con pochissimi tunnel e la terza addirittura nell'aria), la

Docklands Light Railway, la London Overground e la nuovissima Emirates Air Line. La usavo, portandomi la bicicletta a un capolinea da cui poi tornavo a casa attraverso le strade secondarie. Essendo schematica, la cartina non è geograficamente corretta, mostra piuttosto l'esatta posizione delle stazioni sulle linee, gli interscambi e le zone tariffarie della Travelcard. Beck, un impiegato dell'Azienda dei trasporti di Londra, passò la sua vita lavorativa perfezionando la "sua" carta; dopo uno sfortunato tentativo di eliminare il corso del Tamigi dovette reintegrarlo a furor di popolo.

La seconda mappa in forma di libro è il *London from A to Z* di Phyllis Pearsall. Pubblicata nel 1936, aggiornata costantemente e costantemente ristampata, è diventata un classico. Prima di lei ci avevano provato in tanti: le prime mappe risalgono al Seicento; sono numerose e diverse: Samuel Pepys ne disegnò perfino una delle zone più inquinate della città, *Fumifugium*, pubblicata nel 1661.

Phyllis Pearsall era figlia di madre italo-irlandese e di padre ebreo ungherese, un editore sull'orlo del fallimento: con l'idea di salvare le finanze familiari, la giovane donna decise di disegnare una mappa di Londra. Per riuscirci, percorse tremila miglia a piedi. Le sue pagine danno indicazioni sui sensi unici e sulla numerazione civica, nonché sui luoghi di principale interesse della città, e rendono facile orientarsi. Mrs Pearsall concluse poi un contratto di distribuzione in esclusiva con W.H. Smith, le cui edicole si trovano nelle principali stazioni ferroviarie, e così conquistò il mercato, salvando le sorti dell'azienda di famiglia (che tuttora prospera). *London from A to Z* domina la cartografia della capitale britannica e il nome della sua autrice non è stato dimenticato: le scavatrici del nuovo tunnel crossrail sono state chiamate *Phyllis*. Si parla di creare un musical ispirato a lei. Come Johnson, Londra non dimentica ed è grata a chi è stato generoso con lei.

Certe volte facevo una pausa vicino a una biblioteca comunale e andavo a consultare le mappe. Tutte le biblioteche posseggono mappe del distretto e della metropoli, a disposizione dei lettori: guardarle è affascinante. L'elemento destabilizzante delle mappe, per me – soprattutto quando cerco di seguirle senza scendere dalla bicicletta –, è che il Tamigi non soltanto scorre da ovest a est ma che nei suoi meandri vaga anche da nord a sud (a Westminster) e poi da sud a nord (a Dockland). Questo mi confonde, anche se mi rendo conto che è un dato irrilevante di fronte al caos creato da duemila anni di invasioni, immigrazione e contatti commerciali con l'estero: tutto ciò si riflette nella lingua, in cui la pronuncia segue le regole della fonetica anglosassone – nonostante le parole anglosassoni siano soltanto la metà dei vocaboli dell'*Oxford English Dictionary*. Per lo straniero, è una trappola insidiosa in quello che è già un campo linguistico minato. Parole di chiara origine straniera, quando sono pronunciate acquisiscono consonanti silenziose, vocali allungate e intonazioni peculiarissime. Un invito al ristorante preferito della defunta Lady Diana, il San Lorenzo, a Beauchamp Place, Knightsbridge, dev'essere trattato con cautela. A parte il menu, che conta un po' troppo sulla gloria passata, la piazza sarà chiamata *Biicham* e la *k* di Knightsbridge è muta. Dunque, se l'indirizzo fosse trascritto foneticamente, il tassista non lo capirebbe e non riuscirebbe mai a rintracciarlo sul *London from A to Z*. Lo stesso vale per Leicester Square, *Lesta Squeaa*, e per Marlborough, *Malbro*.

Lo smartphone risolve tutti questi problemi. A saperlo usare.

Io tengo fede al consiglio di mio suocero, uomo saggio e paziente. Fu lui, nato a Bournemouth, a rivelarmi il segreto per conoscere Londra: uscire e perdersi, apposta. È una raccomandazione che faccio tuttora anch'io: si impara a stare attenti, a far caso ad alberi, case e insegne e a mantenere l'orientamento. O a riguadagnarlo. In extremis, mi infilo nella stazione della metropolitana più vicina e scendo in un posto che conosco.

Nulla di tutto ciò mi era possibile in Giordania. Rimasi saldamente nel quintetto che chiudeva la carovana dei centodieci partecipanti; talvolta ero la penultima, l'ultima mai. Mentre ansavo per la strada deserta – niente case, non un'anima viva –, cercando di raggiungere il gruppo (puntini lontani che si perdevano dietro le curve), mi ritrovavo a chiedermi: "Dove sono?". E rimpiangevo la mancanza di un *La Giordania dalla A alla Z* o del suo equivalente, che mi avrebbe permesso di capire quanto mancava alla meta del giorno.

20
Overground e underground.
Uno sguardo al passato: Londra città malata

> *Life admits no delays.*
> La vita non ammette ritardi.
> SAMUEL JOHNSON

Passeggiando per Londra, ho conosciuto una quantità di stazioni ferroviarie: Londra è troppo grande per non ricorrere alle ferrovie. Ce ne sono decine oltre alle nove importanti: disposte ad arco attorno al centro, Victoria, Paddington, Euston, St Pancras, King's Cross, Liverpool, e le due a sud del Tamigi, London Bridge e Waterloo, che insieme a Charing Cross servono il sud. Costruite a metà dell'Ottocento, ciascuna apparteneva a una compagnia che possedeva l'intera struttura: vagoni, locomotive, ponti, strade ferrate, e naturalmente le stazioni. Che erano motivo di orgoglio e determinavano un'influenza politica e sociale: rispecchiavano l'importanza della regione che collegavano alla capitale e inglobavano gli alberghi dove alloggiavano i passeggeri. St Pancras, la più imponente, ha ancora oggi una facciata in stile neogotico di mattoni rossi con archi, torri, spirali, pennacchi, davvero magnifica. «Siamo qui, ammirate cosa possiamo fare: siamo vostri pari e meritiamo maggior rispetto» sembrava dicessero al Parlamento i grandi centri industriali – Manchester, Wolverhampton e Birmingham – che quella stazione collegava a Londra. Ma Londra, superba nei confronti della provincia, ancora oggi non lo riconosce.

Nel passato, chi viaggiava in treno arrivando a Londra trovava una città sporchissima in cui ci si muoveva a bordo di carrozze trainate da cavalli. Ben presto, però, si cominciarono a utilizzare anche per i passeggeri le linee sotterranee con cui si trasportavano mattoni, carbone e prodotti agricoli, che solitamente viaggiavano lungo i canali a bordo di chiatte. I vagoni per i passeggeri erano aperti e, nonostante mandassero un fumo tale per cui molti finivano per sentirsi male, la rete sotterranea divenne una valida alternativa a quella terrestre. La prima ferrovia sotterranea, la Metropolitan, partiva da Paddington; giunta a King's Cross, piegava ad angolo retto e scendeva fino a Farringdon, nella City, seguendo le mura romane e il corso del fiume Fleet, interrato intorno al 1870. Il giorno dell'inaugurazione, nel gennaio 1861, fu imbandito un banchetto sotterraneo per seicento invitati. Il successo fu enorme: nel primo anno vennero venduti dieci milioni di biglietti. Da allora, le linee sotterranee si moltiplicarono grazie al lavoro degli operai e degli ingegneri navali dell'Irlanda del Sud: specializzati nei lavori di scavo di tunnel e canali e nell'interramento e deviazione di corsi d'acqua, si stabilirono a Clerkenwell, non lontano da Saffron Hill, dove era stanziata la colonia italiana. Gli affluenti del Tamigi scomparvero e il panorama di Londra cambiò radicalmente.

I treni andavano a carbone; il fumo era altamente tossico, e benché i vagoni ormai fossero chiusi, penetrava anche all'interno. All'uscita si vendevano ricostituenti e tonici per i passeggeri, eppure le compagnie ferroviarie cercavano di sostenere che quei vapori in verità facevano bene alla salute: un po' come avrebbero fatto i produttori di sigarette nel secolo successivo, giocando sulla dipendenza dei fumatori dalla nicotina. Per fidelizzare i viaggiatori delle sotterranee, le compagnie ferroviarie potevano contare soltanto sul caos stradale, in continuo, pericoloso aumento insieme alla popolazione cittadina: il selciato era lurido, l'aria tossica e puzzolente per lo sterco degli animali, le strade erano piene di carri tirati da cavalli (carrozze private e omnibus) e da buoi (per il trasporto delle merci), oltre che di bestie portate al macello. Gli incidenti mortali con i passanti non erano inconsueti.

Per me è stato importante capire come Londra è diventata una metropoli e qual è stato il costo per i londinesi: una città malata in cui fino al 1870 c'erano più morti che nascite.

21
Ragazze scomparse, incidenti stradali e omosessuali

> It is more for carelessness about truth than from intentional lying, that there is so much falsehood in the world.
> È più per mancanza di riguardo nei confronti della verità che per menzogne deliberate che nel mondo c'è tanta falsità.
>
> SAMUEL JOHNSON

«Attenta! A Londra scompare una ragazza ogni settimana» mi disse zia Mariola, prima che partissi, nel settembre del 1963. E poi, sgranando gli occhi: «Nessuno sa che cosa succede a quelle sfortunate!». Cercai di rassicurarla: sarei andata a Cambridge il giorno stesso del mio arrivo in Inghilterra. Ma lei pensava soltanto a Londra, e a me sperduta nella metropoli.

«Attenzione quando attraversi la strada, perché a Londra le automobili tengono la sinistra e non rispettano i passanti incauti» si raccomandò zio Peppinello. Lui l'inglese l'aveva imparato ad Agrigento e lo parlava e cantava bene, ma in Inghilterra non aveva mai messo piede.

Papà fu il più drammatico: «Sappi che il principe di P., a Hyde Park, dovette difendersi dagli omosessuali con la canna da passeggio. Sono dovunque, in Inghilterra, gli omosessuali. Gli spuntavano davanti, sul sentiero. Stavano nascosti nelle macchie degli alberi».

«E che c'entro io con questa storia?» gli risposi piccata.

Lui alzò gli occhi al cielo: «Simonetta, non si sa mai!».

In proporzione, Londra non ha più incidenti stradali delle altre metropoli, e quanto alle ragazze scomparse che non si sa dove siano andate a finire, potrebbero essere felici e contente altrove. Londra non è una città pericolosa.

La popolazione omosessuale è visibile e presente; i rapporti omosessuali tra uomini al di sopra dei sedici anni di età non sono più reato dal 1967. Quelli tra donne non sono mai stati considerati dal legislatore: o non costituivano reato, o semplicemente non contavano – erano "cose di donne". Oppure, come riportano alcune fonti, la regina Vittoria era troppo innocente perché le si potesse chiedere di apporre il suo sigillo a una legge in cui si accennava ai rapporti lesbici: e così l'omosessualità femminile venne convenientemente dimenticata dal legislatore. Non credo che sia andata così. Vittoria era una donna dalla sessualità vivace, che da vedova si confortò con un domestico, Mr Brown, e – si dice – con un signore indiano. Sui fatti del vecchio principe di P., all'inizio del secolo scorso, so poco e niente, ma sospetto che fosse andato in quella parte di Hyde Park proprio in cerca di avventure di un certo tipo e che poi, per qualche motivo, non gli fosse piaciuto. Ora, conoscendo un po' la storia di Hyde Park, mi viene il dubbio che la storia del principe di P. fosse accaduta a un suo conoscente e che lui se ne fosse appropriato.

Non c'è dubbio che molti rampolli della buona borghesia inglese, educati in collegi rigidamente maschili o femminili dall'età di otto anni, abbiano sperimentato il sesso tra loro, come farebbero tutti i ragazzini del mondo se costretti a una vita in comune e segregata. Un amico mi spiegava che a Winchester College i bagni non avevano la porta, proprio per evitare un certo tipo di attività, e mi chiedeva stupito come mai a me non fosse mai capitato di avere una passione lesbica per una compagna di classe o una professoressa. Per loro era normale. Gli chiesi se anche lui avesse avuto un'esperienza del genere a scuola. La sua risposta mi spiazzò: «No, preferivo leggere».

A Cambridge, dove gli uomini erano tre volte più numerosi delle donne, molti ragazzi erano gay. I miei amici gay vivevano tranquillamente la loro omosessualità, che dal 1957 non era più perseguita dalle forze dell'ordine. Questo era dovuto al fatto che quell'anno una commissione di esperti, voluta dal ministro degli Interni, aveva concluso che l'omosessualità non dovesse costituire più un reato. Ci vollero dieci anni prima che il governo promulgasse la legge. Le barriere sessuali cadevano a una a una. Era un bel periodo e mi sentivo emancipata, moderna. Mi ero innamorata dell'uomo che avrei sposato ed ero proprio felice.

Poi Meg annunciò il suo arrivo.

Quando avevo trascorso le feste di Natale a Richmond, con Monique, avevamo fatto una sola amicizia in albergo, con una donna di nome Meg.

Era sulla quarantina – più o meno l'età di mia madre –, alta e robusta, senza trucco, con i capelli chiari, ricci. Vestiva in modo trasandato, ma con una certa armonia nei colori, sempre sfumati – cipria, celestino, grigio chiaro, tortora. Un giorno, stavamo uscendo, la trovammo seduta nella hall, anche lei pronta per uscire. Aspettava noi, perché appena ci vide si alzò: «Stamattina, durante la prima colazione, ho sentito che avete in programma di andare al British Museum: vi disturba se vi accompagno?».

In metropolitana Meg sedette di fronte a noi, era chiaro che non voleva imporsi. Monique mi bisbigliò in francese che non ce la saremmo mai scrollata di dosso: «Non mi piace, non parlarle». Io, stizzosa, feci il contrario. Meg ci raccontò la sua vita: originaria del Devon, dopo il diploma di maestra si era imbarcata con destinazione Singapore per il suo primo lavoro in Estremo Oriente – per lei tutta l'Asia era «Far East». Da lì era andata a insegnare in un collegio per ragazze di buona famiglia sulle pendici dell'Himalaya; ci era rimasta più di vent'anni. I suoi racconti mi schiudevano un mondo fantastico: un sole nascente in un cielo turchese, paesi remoti, foreste verdissime piene di fiori esotici, mari e montagne da attraversare. Le chiesi di continuare, ma all'improvviso Meg divenne reticente e concluse in fretta: «Dopo vent'anni di lavoro mi hanno licenziata. Nehru ha voluto l'indipendenza per l'India».

Mi fece tristezza, e le guardai le mani: non portava anelli. Sembrava proprio sola al mondo e mi confermò che viveva nell'albergo da due anni. «Non potrò rimanere ancora a lungo. Non è caro, ma io non posso permettermelo: dovrò affittare una stanza in famiglia» sospirò.

Durante la visita al museo Monique mi rimproverò di nuovo: «Dai troppa confidenza agli estranei». Meg non le piaceva.

Nei giorni seguenti Meg passò molto tempo con noi: ci invitava a prendere il tè al Lyons, di fronte a Charing Cross, a fare un giro da Fortnum & Mason, la famosissima drogheria di Piccadilly. Parlava tutto il tempo, e a volte non la capivo. Ricordo una passeggiata da Aldwych fino alla cattedrale di St Paul, lungo Fleet Street. Dietro l'abside della chiesa di St Clement Danes c'era una statua non grande, di un omone vestito in abiti settecenteschi. «È il famoso dottor Johnson! L'autore del primo dizionario inglese!» disse lei, ammirata. Rimase sorpresa che io non lo conoscessi. Non osai dirle che io non sapevo nemmeno chi avesse compilato il primo dizionario italiano, e nemmeno quando. Poi mi indicò, con fare dismissivo, il palazzone neogotico del tribunale di Londra, che occupava un intero isolato. Monique non si lamentava più, ma mi sembrava gelosa del fatto che Meg parlasse tanto con me: «Io la ascolto, tu invece la guardi come se fosse un marziano» cercavo di spiegarle. Mi ero convinta che Meg mi vedesse un po' come la figlia che non aveva mai avuto, una figlia alla quale le piaceva spiegare la storia e l'arte del suo paese.

La sera prima di ritornare a Cambridge, Meg ci invitò a un New Year's party nella sua stanza: ci spiegò che sarebbe stato come un Christmas party. Noi avevamo già partecipato a una festa di Natale in casa degli amici di Monique. I Fox abitavano in una casa che a me sembrava minuscola, tanto che per pranzare dovevano aprire un tavolo che di solito stava chiuso a metà per non occupare troppo spazio e prendere le sedie dalle altre stanze. Mrs Fox aveva apparecchiato in modo elegante, con argenteria antica. Il tavolo da pranzo, chiuso contro la parete, sembrava un cassettone. Su una tovaglia di lino candida erano disposte tre bottiglie di cristallo panciute, con il collo lungo: una conteneva un vino chiaro come la paglia, la seconda un liquore ambrato e la terza un altro liquore tra il rosso e l'amaranto, i tre tipi tradizionali di sherry. Ai lati di ciascuna bottiglia tanti bicchierini di vetro, disposti a triangolo, come soldatini, tutti pieni. Agli angoli c'erano coppe d'argento colme di salatini. Era tutto quello che si offriva a questa festa: sherry e salatini. Io pensavo alla dovizia di pizzette, tartine, piccole brioche e dolci che si servivano alle nostre feste e mi guardavo intorno desolata. La gente stava in piedi e parlava ora con uno, ora con l'altro. Più bevevano e più parlavano, gli inglesi; gli uomini intercalavano la conversazione con grandi «Ah-ah», come una risata compressa, le donne lanciavano gridolini. Monique e io eravamo al centro dell'attenzione, e non c'era persona che non volesse parlare con noi e non si interessasse a quello che facevamo. In questo, pensavo, gli inglesi erano più gentili dei siciliani: quando c'era gente di fuori spesso da noi nessuno li avvicinava, per imbarazzo o per mancanza di curiosità.

Il ricevimento di Meg si svolgeva nella sua stanza da letto, un posto impensabile per una festa. In più Meg aveva spostato il letto contro una parete, lasciandolo intatto, e non trasformandolo in un divano con dei cuscini, come avrebbe fatto mamma. Sulla toilette c'erano bicchierini di sherry, patatine e noccioline e un vassoio sul quale erano disposte minuscole *Christmas pies*, dolcini squisiti di pasta frolla ripieni di uvetta e spolverati di zucchero vanigliato. Eravamo una ventina. A quanto capivo, gli amici di Meg erano perlopiù scapoli e zitelle. Strani e tristi. Sentivo nell'aria un non so che di disperato che mi disturbava. Lo sguardo di Meg non mi lasciava mai, e lei aveva sempre qualcosa da dirmi: «Prendi un'altra patatina», «Ti presento un amico», «Vuoi qualcos'altro da bere?».

Dopo due o tre sherry, Monique rideva fragorosamente con due uomini e mi aveva abbandonata. La festa, secondo l'invito scritto a mano, sarebbe finita alle sette e così fu. Come se fosse suonata una sveglia, alle sette in punto tutti sfilarono via. Molti erano ospiti dell'albergo e si ritirarono ciascuno nella propria stanza, come collegiali. Monique e io eravamo in fila per salutare la padrona di casa. Meg mi posò una mano sulla spalla: «Tu resta, così mi aiuti a mettere a posto». Era un ordine. Monique ci lasciò sbuffando.

Raccoglievo i bicchieri, li mettevo sul vassoio e li portavo in bagno, dove era pronta una bacinella con acqua e sapone. Mi muovevo veloce evitando il contatto fisico quando Meg e io ci incontravamo sulla porta del bagno, e stavo zitta. Una o due volte lei disse qualcosa, ma io feci finta di essere concentrata sul lavoro e non risposi: appena potei sgattaiolai fuori con la scatola di cartone piena dei bicchieri puliti da riportare in cucina – erano stati presi in prestito dall'albergo – e un frettoloso: «Grazie, buonanotte».

L'indomani saremmo partite per Cambridge. Alla prima colazione salutammo gli altri ospiti. Meg non c'era. Eravamo nell'ingresso e avevamo appena pagato il conto, quando spuntò lei con il cappotto: «Vi accompagno alla stazione» disse, e insistette per portarmi la valigia.

Monique mi squadrava. La sera prima mi aveva fatto una predica: Meg non le piaceva, c'era qualcosa di losco in lei. Io, per non darle soddisfazione, la accusavo di essere gelosa. Adesso, il fatto che una donna dell'età di mia madre mi portasse la valigia mi faceva sentire a disagio. Al momento del commiato, Meg mi diede un libro, *Il tormento e l'estasi*, di Irving Stone: «Leggilo, e dimmi cosa ne pensi».

Meg mi scrisse diverse lettere in cui ricordava i giorni passati all'albergo e chiedeva il mio parere su *Il tormento e l'estasi*. Io ancora non l'avevo letto e le rispondevo educata, nel mio pessimo inglese, che lo stavo leggendo e mi piaceva. Finché, ai primi di febbraio, mi annunciò che sarebbe venuta a Cambridge e mi propose una serie di date. Mi misi a leggere il libro perché non volevo deluderla. Era la storia di Michelangelo e della sua omosessualità. Sapevo poco degli uomini omosessuali; quanto all'amore lesbico, ero convinta che fosse confinato alla letteratura greca e alle meravigliose poesie di Saffo.

Cominciai a pensare che forse Monique era stata perspicace, c'era qualcosa che non quadrava in Meg, ma non glielo dissi. Ne parlai col mio innamorato. Avevo paura di incontrarla. «Ormai le hai detto di sì» mi rispose lui. «Se vuoi, vi invito a pranzo.» E così fu. Nel pomeriggio, da sola, accompagnai Meg alla stazione con l'autobus. Mi sentivo sollevata, mezz'ora e sarei tornata dal mio amato. Eravamo sedute una di fronte all'altra e al centro dell'autobus c'erano passeggeri in piedi. A ogni fermata il flusso della gente che saliva e scendeva ci divideva. Poi la folla si diradò: ci avvicinavamo al capolinea, alla stazione.

«Chi è questo ragazzo?» mi chiese Meg a bruciapelo.
«È il mio boyfriend.»

Si girò verso di me: «Avresti dovuto dirmelo, non sarei venuta».

Sembrava sull'orlo delle lacrime. Mi sentii un verme. Avevo illuso quella donna; mi ero ostinata a credere che non avesse un interesse particolare per me. Avrei dovuto ascoltare Monique. Le guance di Meg erano rigate di lacrime: vedeva in me ben altro che la figlia che non aveva mai avuto. Continuai a guardarla desolata, e lei a lacrimare. Alla stazione l'accompagnai fino al binario. Lei si era ricomposta. «Ma tu quando l'hai letto il libro che ti ho regalato?»

«L'ho finito l'altro ieri» mormorai.

Mi fecero tanta tristezza quel viaggio di Meg e la nostra non storia. Pensai molto alle difficoltà degli omosessuali, e all'isolamento in cui vivevano. E tuttora vivono. Sono d'accordo con le unioni civili riconosciute dalla legge inglese per i gay, e sono fiera di aver fatto affidare un orfano di cinque anni, trent'anni fa, a un omosessuale iraniano. I genitori erano morti di Aids e lui si era preso cura del bambino: ora voleva regolarizzare la situazione e adottarlo. Fu necessario indagare a fondo nella sua vita privata, soffermandosi sui minimi dettagli – un'imposizione atroce, perché non avremmo fatto lo stesso per un aspirante genitore eterosessuale –, comunque alla fine ci riuscii. Ricordo che i servizi sociali vollero dal mio cliente la promessa che avrebbe condotto la sua vita sessuale con la massima discrezione e che non avrebbe mai permesso al suo compagno di fermarsi a dormire in casa sua. Mi era sembrata una crudeltà, ma lui accettò: «Accontentiamoli. Nel mio paese sarebbe infinitamente peggio».

Negli anni settanta, quando la paura dell'Aids era alle stelle, un amico gay chiese di vedermi in ufficio, dopo l'orario di chiusura. Rimasi perplessa, poi pensai che fosse malato e che dovesse venire accompagnato da un infermiere. Invece era bello e aitante come sempre. Voleva semplicemente comprare casa con il suo compagno, sieropositivo come lui, e fare testamento a favore dell'Associazione contro la discriminazione verso i gay. «Perché sei venuto a quest'ora?» chiesi. La risposta fu agghiacciante. Le esperienze di altre coppie gay in studi legali erano state molto negative – gente che non voleva stringere loro la mano, che si scostava come se fossero contagiosi, niente tè o caffè nemmeno a chiederli in ginocchio. Da allora, presi l'abitudine di ricevere i clienti gay in pieno giorno facendo trovare pronto per loro il vassoio del tè o del caffè. Nessuno del personale ebbe da ridire, ma soltanto dopo che un medico venne a farci una lezione sull'Aids, poi divenuta obbligatoria nei nostri corsi di aggiornamento.

Oggi l'omosessualità non è più qualcosa da nascondere, a Londra come nel resto della Gran Bretagna. I gay si aiutano sul lavoro e sono diventati forti. Londra è piena di club e ritrovi gay – misti e non, ma quasi tutti non gradiscono la clientela eterosessuale, o addirittura la escludono. Se mi capita di entrarci per caso, non sono ben accolta. La gente mi fa capire che dovrei bere la mia birra e andarmene. Non condivido questi atteggiamenti di intolleranza, eppure li rispetto, pensando al male che la società civile e le religioni monoteistiche hanno fatto – e tuttora fanno – agli omosessuali.

22
Il palazzo di Westminster

This world where much is to be done and little to be known.
Questo mondo dove c'è così tanto da fare e così poco da sapere.

SAMUEL JOHNSON

Ogni cittadino britannico può visitare il Parlamento indisturbato. Inoltre, qualsiasi membro di una circoscrizione elettorale ha il diritto di richiedere un colloquio con il suo deputato. Anche se oggi bisogna superare i controlli di sicurezza per entrare, il diritto del cittadino rimane sacrosanto.

Ma perché mai un cittadino dovrebbe decidere di visitare il Parlamento? L'anno scorso, il suggerimento del mio figlio maggiore di vedere al più presto il palazzo di Westminster mi aveva colto di sorpresa. Ho scoperto poi che l'edificio cade letteralmente a pezzi e in un futuro non molto lontano dovrà rimanere chiuso per diversi anni. La struttura è vecchia e fatiscente. Orde di topi si aggirano per il palazzo utilizzando la fitta rete di crepe che lo percorre tutto. Quando gli è stato chiesto di commentare la situazione, il parlamentare John Pugh ha osservato che il topo che aveva visto poco prima era «coraggioso e molto sfacciato» e che sembrava godere di ottima salute. Considerando la serietà della minaccia, otto membri del Parlamento hanno addirittura suggerito una petizione per l'acquisto di un gatto che mettesse un freno all'infestazione. A parte lo humour dei parlamentari, rimane il fatto che Westminster versa in condizioni piuttosto critiche. E così abbiamo partecipato a una visita guidata, un sabato, giorno in cui si può visitare tutto il palazzo.

Eravamo un piccolo gruppo: oltre a noi, c'erano tre famiglie della provincia al gran completo, nonni inclusi, venute appositamente per fare conoscere il Parlamento ai figli. Le guide sono volontari. La nostra, un architetto in pensione, aveva lavorato a Westminster per decenni ed era un esperto della manutenzione che ogni edificio antico richiede. Edoardo il Confessore, un sovrano dell'XI secolo, volle costruire un'abbazia su un isolotto del Tamigi, Westminster Abbey. Per seguire da vicino la costruzione si fece una casa e un ufficio: la splendida e cavernosa Westminster Hall che, ingrandita e rifatta varie volte, è inglobata nel neogotico palazzo del Parlamento. All'interno vige una severa divisione di colori: verde nella Camera dei Deputati e nelle loro stanze; rosso vermiglio nella Camera dei Lord e negli appartamenti reali.

Mentre camminavamo, mio figlio e io, memori del «topo», osservavamo attenti i battiscopa alla ricerca di una coda o di un muso. Passando dal ristorante della Camera dei Lord, ci siamo guardati e, annusando l'aria con discrezione, ci siamo bisbigliati: «Tappeto umido?... Cavolo?... No, patate!». La Camera dei Lord sa di purè, e quell'odore contribuiva a creare un'atmosfera stranamente familiare in quel dedalo di corridoi, atri e sale per i dibattiti che è la casa del Parlamento britannico. Al contrario, le *state rooms* dei sovrani e gli sfarzosi saloni dove si tengono le funzioni statali erano incredibilmente freddi. Sulle pareti, enormi dipinti con immagini che richiamano la storia e le leggende britanniche: la battaglia di Waterloo, i Tudor, i cavalieri della Tavola Rotonda. Nessun visitatore, per quanto cinico o illustre, può rimanere impassibile davanti alla lunga storia qui rappresentata come un flusso causale continuo, dalle antiche leggende fino al mondo moderno del 1860. Noi, semplici cittadini e sudditi, eravamo emozionati. I bambini tutti occhi, silenziosi. Era un mondo travolgente e irraggiungibile. Che apparteneva anche a loro. Lì non c'era odore di casa.

La Camera dei Lord è piccola. Sulle pareti, sopra l'ultima fila di panche, c'è una stretta galleria aperta al pubblico da cui è possibile seguire i dibattiti, seduti su minuscole panche di velluto rosso. Negli anni sessanta, al passamano della ringhiera è stata appesa una tendina, per nascondere agli occhi dei Lord le grazie delle visitatrici che seguivano la nuova moda della minigonna. I Lord, a qualsiasi età, si concedono qualche scappatella, che a volte finisce sui tabloid. Un'altra augusta istituzione avrebbe introdotto un *dress code* per risolvere le conseguenze indesiderate dell'incontro tra toghe e minigonne, ma i Lord hanno avuto solo l'accortezza parsimoniosa di appendere una tendina. È un esempio perfetto di come un po' di buonsenso possa risolvere un problema con danni minimi per tutte le persone coinvolte – una giusta soluzione politica.

A parte lo *Speaker*, il presidente della Camera, che siede su una sedia barocca, gli altri funzionari della Camera siedono su cuscini di lana rettangolari foderati di rosso. Rappresentano il commercio di tessuti che fino al XIX secolo è stato la principale fonte di ricchezza dell'Inghilterra. Ma alla maggior parte di noi sembrano solo giganteschi e comodi divani che ci invitano a saltare a bordo e ad affondare in quella morbidezza.

Ogni tanto la nostra guida rinunciava a tenere unito il gruppetto e lasciava che le famiglie facessero capannello attorno a ciò che attirava la loro curiosità, dedicandosi a chi era veramente interessato al palazzo. La sua genuina affezione per "il *nostro* palazzo", come lo chiamava, era contagiosa. Lo conosceva intimamente, tutto. Ha avuto solo un'esitazione. Nella Central

Lobby, dove ogni inglese può entrare con o senza appuntamento per conoscere i parlamentari che lo rappresentano, abbiamo fatto una pausa per ammirare i dettagli gotici di Pugin e l'elaborato pavimento piastrellato. Alcune piastrelle erano state sostituite da altre, simili ma non identiche. Dato che la guida ci aveva mostrato poco prima come l'arco che portava nella Camera dei Deputati portasse ancora i segni di un bombardamento, una signora del Devon chiese se quelle piastrelle erano state usate per riparare altri danni causati dalla Luftwaffe. La guida ha sgranato gli occhi ed è arrossita; sembrava quasi che tremasse. Lui, proprio *lui*, non aveva mai notato quel particolare: due mattonelle spurie!

Ma per noi quello era un dettaglio importante, ci confermava che il palazzo del Parlamento non è perfetto. È "umano", come noi.

Capita a chiunque di doversi accontentare qualche volta, proprio a chiunque.

Mentre uscivamo ho chiesto alla giovane donna che ci accompagnava alla porta se altri avevano notato che la Camera dei Lord sa di patate bollite. «No,» mi ha risposto «comunque io di solito faccio le visite del mattino e allora c'è spesso un buon profumo di bacon.»

23
I Radical Wanderers

> *Exercise cannot secure us from that dissolution to which we are decreed; but while the soul and body continue united, it can make the association pleasing, and give probable hopes that they shall be disjoined by an easy separation.*
>
> L'esercizio fisico non ci mette al riparo dal disfacimento a cui siamo destinati; ma fino a che corpo e anima stanno insieme, rende gradevole il connubio e ci dà la plausibile speranza che, al momento di dirsi addio, anima e corpo si separeranno con facilità.
>
> SAMUEL JOHNSON

Anni fa cenavo con Mary e John, una coppia appena sposata e chiaramente innamorata. Mary, una mia collega, raccontava che avrebbe trascorso il weekend successivo da sola. Era uno dei pochi weekend lunghi dell'anno, una delle cosiddette *Bank Holidays*, e John, un giornalista televisivo, l'avrebbe passato nel Lake District, uno dei luoghi più ameni d'Inghilterra. Lui continuò a mangiare in silenzio senza aggiungere commenti o spiegazioni. Ne fui sorpresa, ma non feci domande.

«Vuoi venire con me a vedere *La tempesta*?» mi chiese Mary mentre prendevamo il caffè. Aveva comprato i biglietti per una nuova produzione di cui si parlava molto.

«Questo weekend?»

«No, tra un mese.»

«Ma non preferisci andarci con John?»

«Mi sarebbe piaciuto, e in effetti credevo che potesse venire. Ma va a Dover.»

Cominciai a notare che una volta al mese, con una certa regolarità, John lasciava Mary sola per una parte del weekend o addirittura dal venerdì alla domenica. Lei non ne sembrava infastidita, ma io non mi davo pace. John, un bell'uomo dagli occhi azzurri, era un noto *tombeur des femmes*; andava sempre in posti non lontano da Londra, dove non succedeva nulla, per l'intera giornata: Aldeburgh, Harwick, Layer Marnley, Burnhan – in genere, sempre sulla costa orientale. Chiesi a Mary se suo marito avesse una barca, e lei rise. Da ragazzo era quasi annegato durante una gara di nuoto e da allora aveva praticamente smesso di nuotare e di andare in barca. Eppure, le assenze di John continuavano a essere frequenti e regolari: che cosa diavolo faceva?

Colsi l'occasione durante una festa di compleanno di amici in un pub con orchestrina e pista da ballo. Mary sembrava felice, adorava ballare.

Io ero seduta accanto a John. Eravamo soli, al tavolo.

«Questo weekend siete a Londra?»

«Mary sì, io no.»

«Vai via per lavoro?»

«No, io non lavoro mai durante il weekend, per contratto.»

«Fortunato!» esclamai, odiandolo, e poi: «Che cosa fai di bello, allora?»

«Sabato, se non diluvia, prenderò il treno per Brighton.»

«Bella città, ottimi ristoranti!» commentai, e dentro di me sussultai: il *dirty weekend* a Brighton era un classico.

John non disse altro. Mary era tornata al tavolo; lui si era alzato e le aveva dato un bacio sulle labbra. Finalmente, tutto mi era chiaro: John aveva un'amante e la incontrava di nascosto. Ma che scuse inventava a Mary, visto che non erano viaggi di lavoro?

Mary tornò sulla pista, e noi due rimanemmo di nuovo soli.

«Dimmi di Brighton, non ci vado da anni, sarà cambiata…»

«Ah, non saprei! Ci vado soltanto per la conferenza del Partito laburista, quando la organizzano lì.»

«Allora che cosa ci vai a fare a Brighton sabato?»
«Non vado a Brighton.»
«Ma se me lo hai appena detto!»
«Per niente. Ho detto che prenderò il treno per Brighton, non che vado a Brighton.»
«E allora dove vai?»
«A Worthing.»
Mentre stavo per lanciargli la domanda cruciale – «E perché prendi un treno per Brighton, se vuoi andare a Worthing?» –, Mary si avvicinò e se lo portò a ballare.

La rividi in tribunale la settimana seguente. Sembrava stanca. Mentre aspettavamo i nostri clienti, le chiesi se avevano amici a Worthing. Non ne avevano, infatti non sapeva nemmeno dove fosse, Worthing.
«E tuo marito? Lui ha amici a Worthing?»
«No. Perché me lo chiedi?»
«Perché mi ha detto che va a Brighton per andare a Worthing... strano!»
«Il mio John è un Radical Wanderer!» rispose lei, stizzita. In quel momento le si avvicinò una donna con un lungo cappotto blu e Mary scattò in piedi.

Mi chiedevo che cosa significasse, "Radical Wanderer". Non ne venni a capo.
Quando Mary mi disse che aspettava un bambino, decisi che era meglio non pensarci più, ai weekend di John e a tutto quel *wandering* che tanto mi sapeva di losco. E poi c'era di mezzo un bebè. Il matrimonio sembrava felice e decisi che non era il caso di scavare nel passato di John.

Qualche anno fa ho subìto un intervento chirurgico; il medico mi aveva consigliato di fare lunghe camminate a ritmo sostenuto per rimettermi in sesto. Ne parlai a una cena tra amici. «Ti suggerisco di unirti ai Radical Wanderers, anch'io ne faccio parte!» mi disse uno di loro.

Memore della curiosità mai soddisfatta ai tempi di Mary e John, cercai di saperne di più. Era un gruppo di amici, laburisti, che da trent'anni facevano camminate a piedi per conoscere la campagna inglese: partivano da una stazione di Londra e arrivavano nel punto concordato per l'inizio della camminata; poi, giunti a destinazione, si tornava indietro con il treno. Le camminate erano da sei a venti miglia, secondo il percorso. Il leader, equipaggiato di guida, mappe e bussola, sceglieva piste e sentieri poco battuti, e gli altri lo seguivano. Altre volte si facevano vere e proprie gite di due o tre giorni, a tappe. «Vuoi venire con noi, la settimana prossima?»

Da allora anch'io sono una Radical Wanderer, una girovaga, una che passeggia senza meta. Com'è vero che non si impara mai bene una lingua straniera!

Ormai sono una veterana. Si parte la mattina presto da una stazione ferroviaria di Londra, concordata per e-mail. Abbiamo delle consuetudini fisse: si sale sempre sul penultimo vagone del treno e l'abbigliamento è sempre lo stesso – scarponi, giacca a vento col cappuccio e zainetto con acqua, caramelle, un frutto e fazzolettini di carta, per ogni evenienza. Seguiamo il capo come pecorelle; a metà camminata ci si ferma in un pub scelto in precedenza; poi, ristorati dalla birra e dal cibo, si riprende il cammino.

Ormai i soci fondatori sono pensionati da tempo o Pari del Regno; alcuni non vengono più. Ma noi a cavallo tra i sessanta e i settant'anni continuiamo imperterriti. Anzi, abbiamo aggiunto una camminata a metà settimana, il mercoledì, nei dintorni di Londra, e per scegliere le nostre mete ci ispiriamo a un libro pubblicato qualche anno fa, *The London Ring Walk*, che suggerisce quindici passeggiate di circa otto-dieci chilometri – ciascuna da parco a parco, o lungo canali o in zone verdi dei distretti esterni della Londra metropolitana, per un diametro di centoventisei chilometri.

Mi accodo con grande gioia alle camminate del mercoledì. Ho scoperto una Londra che altrimenti mi sarebbe rimasta sconosciuta, quella rurale. Ho costeggiato canali nel nord della città che sfiorano fabbriche ancora in attività, attraversano il Parco Olimpico nell'East End e poi penetrano nel centro della capitale. Ho visto parchi e spazi verdi in cui la natura è rimasta intatta, laghetti con uccelli acquatici, e il Tamigi com'era prima di essere arginato, quello con rive scoscese o dolci che si allarga e diventa paludoso, il corso inframmezzato da piccole isole, come quelle su cui fu costruita l'abbazia di St Peter che poi divenne la cattedrale di Westminster. Ho camminato sotto i ponti ad arco delle ferrovie, ho attraversato distese coltivate ad avena e granoturco, ho costeggiato campi da golf e sono entrata dentro Eton College, a Windsor, la scuola più aristocratica della nazione. Ho preso traghetti per attraversare il Tamigi.

Noi Wanderers siamo cittadini ligi alle leggi; seguiamo i sentieri e le strade su cui il pubblico ha il diritto di passaggio, e spesso preferiamo le vie poco frequentate per uno scopo ben preciso: i proprietari dei terreni su cui vige la servitù di passaggio possono fare richiesta al tribunale di abrogarla se nessuno ne ha usufruito per un determinato numero di anni. Abbiamo soltanto un problema: siamo tutti anziani. Avremmo bisogno di sangue nuovo e giovane, ma la verità è che stiamo molto bene tra di noi.

Chissà, magari gli italiani a Londra potrebbero prendere ispirazione e fondare gli Italian Wanderers…

24
Una passeggiata lungo il South Bank, da Westminster Bridge a Tower Bridge

> *A country gentleman should bring his lady to visit London as soon as he can, that they may have agreeable topics for conversation when they are by themselves.*
> Un gentiluomo di campagna dovrebbe portare la propria moglie a Londra appena ne ha la possibilità, così avranno piacevoli argomenti di conversazione per quando sono da soli.
>
> SAMUEL JOHNSON

Il passaggio pedonale quasi ininterrotto lungo le rive del Tamigi è il dono del comune di Londra ai londinesi in occasione del Giubileo d'argento della regina, celebrato nel 1977. La passeggiata da Westminster Bridge fino a Tower Bridge, da sola o in compagnia, è una delle mie grandi gioie. Può durare un'intera giornata (anche la sera, perché ci sono ben due sale da concerto, quattro teatri e quattro cinema), inclusa la pausa per uno spuntino sul lungofiume o a Borough Market. La gente mi interessa meno del solito: sono tutta occhi per il fiume e i palazzi.

Come gli inglesi, il Tamigi di oggi sembra calmo ma non lo è. Capita di rado che mostri più di leggere increspature. Le anse e le alture della città lo proteggono dalla forza degli elementi, eppure dietro un aspetto placido le sue acque si agitano senza sosta, mosse dalle maree che si propagano attraverso Londra quattro volte al giorno. Intorno alle dodici, la bassa marea rende l'acqua scura di sedimenti, per poi tornare, verso l'ora del tè, a lambire gli argini di mattoni. Dopo un tè accompagnato da tramezzini al cetriolo, l'acqua defluisce nuovamente verso il mare per una gustosa zuppa di pesce e poi il ciclo si ripete durante la notte. E non si parla di movimenti lievi. Nel tratto che va da London Bridge a Vauxhall – due tra le sezioni meno profonde e più trafficate del Tamigi –, il livello passa da due metri sotto quello del mare durante la bassa marea a più di sette metri sopra quando arriva l'alta marea. Quindi, ogni giorno c'è un ricambio di circa metà dell'acqua.

Il fiume avrà dato l'input iniziale per la fondazione della città, ma sono gli abitanti a provvedere al suo continuo slancio. L'uno e gli altri sono in moto perpetuo, nonostante l'apparenza statica. Il Tamigi mi ha insegnato la storia di Londra meglio di libri e musei. Mi spiega perché la città si trova dov'è e come si è sviluppata.

Nonostante ci siano dei tentativi di vaporetti a uso dei pendolari, sono i turisti a servirsi dei traghetti che vanno avanti e indietro tra Westminster e Greenwich; partono da Victoria Embankment, proprio dietro al carro di Boadicea sul ponte di Westminster e di fronte al Big Ben. Prima che Joseph William Bazalgette progettasse, nel 1860, il sistema fognario di Londra – i cui condotti principali corrono accanto alla Circle Line sotto i marciapiedi, le strade e i giardini dell'Embankment della riva nord – i passeggeri dei traghetti avrebbero incontrato imbarcazioni a remi, a vela o a vapore ormeggiate ai moli di legno che si protendevano dalla riva paludosa. Moli e vascelli non mancavano di certo: il Tamigi era la via principale per il trasporto di merci e persone, e il tratto che collegava la City of Westminster, il centro politico, alla City of London, il fulcro del commercio, era il più trafficato. Le strade erano fangose, gli agglomerati di baracche tra le due City erano pericolosi e il fiume, anche se maleodorante, offriva un'alternativa rapida e sicura per spostarsi. I poveri andavano a piedi.

Inizio la camminata sul South Bank, dal ponte di Westminster, costruito nel 1850. Lungo gli argini – talvolta ampi, come una piazza – sono stati piantati molti platani; dovunque, sedili e attività di ogni genere, dai *buskers* agli uomini-statua, alle bancarelle che vendono di tutto. Passo accanto alla Millennium Wheel e al Southbank Centre, poi, dopo il ponte di Waterloo, supero il Royal National Theatre e continuo fino al ponte di Blackfriars; passo dal nuovo Globe Theatre, ricostruito com'era ai tempi di Shakespeare, e poi arrivo al Millennium Bridge, nuovissimo e pedonale, che unisce la cattedrale di St Paul alla Tate Britain, ricavata in una vecchia centrale di gas. Continuo e passo dalla cattedrale di Southwark e dal Borough Market, dove ci sono ottimi ristorantini e bancarelle di cibo da asporto, e poi, dopo London Bridge, entro nella Londra dei grattacieli di vetro: qui ci sono lo Shard e, poco lontano, la semisfera che ospita il municipio. Il South Bank era una zona povera e popolare e c'erano pochi edifici antichi degni di essere conservati: dunque è la zona in cui sono esplosi gli spazi verdi, le nuove costruzioni e, soprattutto, i grattacieli. Si respira un'atmosfera di libertà.

Mi piace guardare la riva opposta, quella della vecchia Londra. Il Tamigi, prima di essere arginato, raggiungeva Whitehall Palace e i palazzi di altri nobili, affacciati sul fiume. Più su, la facciata di Somerset House – un tempo un tribunale dove ho lavorato, ora museo e galleria di mostre itineranti – rivela la cima di grandi archi sotto i quali le barche trasportavano le persone dentro e fuori dal palazzo reale. Sono affezionata a questo palazzo, che è stato un cantiere per lungo tempo e che nei secoli è stato adibito a tanti usi diversi. Fu ristrutturato nel Seicento e ricostruito nel secolo successivo in stile neoclassico, era un esempio della volontà della nuova classe politica che voleva emulare le grandi costruzioni europee del periodo e ribadire la parità di status tra l'aristocrazia e il governo parlamentare da una parte e la famiglia reale dall'altra. Vista dal fiume, la riva nord del Tamigi è imponente ma manca di armonia – sono troppi gli edifici moderni, vecchiotti e antichi sul lungofiume – fino a quando non si incontra la normanna Torre di Londra, uno dei più bei monumenti militari del mondo. E lì bisogna che io attraversi il ponte, a piedi, camminando sopra il Tower Bridge, e faccia un giro attorno alla Torre. Poi prendo tutta contenta la metropolitana e ritorno a casa.

25
Quattro piccoli musei

> *The great source of pleasure is variety. Uniformity must tire at last, though it be uniformity of excellence. We love to expect; and, when expectation is disappointed or gratified, we want to be again expecting.*
> La grande fonte del piacere è il cambiamento. L'uniformità, anche quando è l'uniformità dell'eccellenza, stanca. Amiamo avere aspettative; e quando la nostra aspettativa è stata delusa o soddisfatta, vogliamo ricominciare ad averne.
>
> SAMUEL JOHNSON

Le capitali e le grandi città si conoscono meglio attraverso il piccolo anziché il grande, che spesso è pensato per fare bella figura e non rappresenta realmente né l'animo del luogo, né quello dei suoi abitanti. La Wigmore Hall è più intima della moderna Queen Elizabeth Hall al Southbank Centre ed esprime meglio l'amore per la musica dei londinesi; il Foundling Museum a Bloomsbury e le case museo di Lord Leighton a Holland Park, di Händel in Brook Street, a Mayfair, e del dottor Johnson in Gough Square, nella City, danno un'idea di chi vi è vissuto o, nel caso del capitano Coram, di chi li ha voluti, e della Londra del tempo. Il Sir John Soane's Museum, infine, è uno dei musei più suggestivi che abbia mai visitato.

Questi musei, spesso poveri di risorse e con ingresso a pagamento, sono mantenuti da fondazioni private e dai propri sostenitori, tra cui, sempre meno di frequente, i comuni. Esistono inoltre fiorenti associazioni di Amici del Museo che raccolgono fondi, organizzano eventi e fanno da guida ai visitatori: i volontari lavorano al botteghino e nella caffetteria, tengono in ordine, puliscono e si occupano dei piccoli lavori di manutenzione. Senza il volontariato e la generosità dei benefattori – i cui nomi sono elencati su grandi cartelloni all'ingresso –, questi musei chiuderebbero i battenti.

Il Foundling Museum, il "museo dei trovatelli" in Brunswick Square

Io sono un avvocato dei minori e provo un affetto inusuale per questo inconsueto museo e per colui che lo fondò. Questo spiega perché mi soffermo sul capitano di lungo corso Thomas Coram che, oltre a Samuel Johnson, è un personaggio che avrei desiderato conoscere.

Nato come Johnson nella provincia inglese, Coram – capitano di lungo corso e avventuriero – era approdato a Londra nel 1719 all'età di cinquantun anni, dopo aver messo da parte una fortuna grazie ai commerci con le Americhe. Insieme alla moglie Eunice si inserì nella buona società londinese: fece amicizia con William Hogarth e con Georg Friedrich Händel, il compositore tedesco naturalizzato inglese, e godette in pieno di quanto offriva la Londra georgiana – palazzi e teatri sontuosi, giardini ricchi di fontane e palchi per la musica.

Londra era una città colta e godereccia. Eppure, poteva essere anche un inferno. I poveri, ammassati in tuguri, morivano di fame, tifo e alcolismo. Miseria e prostituzione costringevano le madri a mettere i figli negli orfanotrofi: finché la Chiesa anglicana, che li controllava, per arginare le richieste decise di accettare soltanto i figli legittimi. Gli illegittimi, dunque, era come se non esistessero e finivano morti o venduti. Per diciannove anni Coram mandò avanti da solo una campagna per aiutare le ragazze madri a prendersi cura dei loro bambini, per dare una casa e un'istruzione ai trovatelli (e successivamente inserirli nel mondo del lavoro) ed eventualmente per ricongiungere madri e figli. In città erano attive molte opere di beneficenza, ma nessuna che trattasse le ragazze madri alla stregua delle donne sposate e che contemplasse la possibilità di ricongiungerle al figlio. Nel 1739, all'età di settantun anni, Coram fondò un istituto che accoglieva tutti i bambini abbandonati, senza distinzioni, destando scandalo tra bigotti e benpensanti. Inoltre, instaurò un sistema di identificazione attraverso piccoli pegni – un ditale, uno straccio, una medaglia – per permettere alla madre di rintracciare il figlio nel caso in cui fosse potuta tornare a riprenderselo: i bambini di Coram House, infatti, come tutti i trovatelli, erano immediatamente battezzati e perdevano nome e identità. Giorgio II diede la sua approvazione alla fondazione e la prima riunione del comitato direttivo si tenne nel novembre di quell'anno nella stanza sopra il pub Crown and Anchor, nello Strand.

Il successo fu tale che, per regolare le ammissioni, Coram dovette istituire una lotteria: chi pescava una pallina rossa veniva ammesso; chi la pescava nera veniva rifiutato. E quando il denaro finì, gli amici del capitano – pittori, intellettuali e musicisti inglesi e stranieri – si mobilitarono, donando le proprie opere al museo allestito al piano superiore dell'orfanotrofio.

Il Foundling Museum è stato tra i primi musei d'Inghilterra aperti al pubblico. Visitarlo divenne uno degli svaghi più in voga tra i londinesi, che pagavano per ammirare le opere di Hogarth, Gainsborough e Reynolds e lo squisito barocco della Sala dei Governatori, oltre che per ascoltare i concerti di Händel. Ma pagavano anche per assistere alla vita dell'orfanotrofio. Coram fu infatti il primo a intuire il voyeurismo dei ricchi e a trarne vantaggio invitandoli a presenziare ai colloqui con le sfortunate madri e a interrogare i bambini sulle sofferenze patite – come in un moderno reality show. E per chi preferiva evitare il contatto diretto c'erano i dipinti di Hogarth e altri, grondanti pietà e in grado di soddisfare una certa curiosità malsana.

Coram era abituato a comandare e a essere obbedito. Ebbe dei disaccordi con il personale della fondazione e con alcuni membri del direttivo. Preferì dimettersi, pur di mantenere in vita la fondazione, con la quale rimase in contatto fino alla morte. Coram House ha smesso di essere un orfanotrofio ma, fedele all'idea del suo fondatore, continua le attività per bambini e famiglie: mantiene insieme genitori e figli; facilita i contatti e le visite nei casi di affidamento, separazione e divorzio; aiuta i piccoli con difficoltà di apprendimento; prepara bambini e genitori – naturali e adottivi – all'adozione; offre sostegno tramite una linea telefonica, la Coram Voice Helpline, e consulenza legale gratuita. Coram House aiuta ogni anno un milione di bambini. I miei clienti che hanno usufruito dei suoi servizi ne sono rimasti molto soddisfatti.

La visita al museo è da non perdere: a cinque minuti da Covent Garden, nella georgiana Brunswick Square, lo si riconosce da una muffola di metallo su una punta della cancellata che ne indica l'ingresso. Dal prato di fronte, gli dà le spalle la statua del capitano Thomas Coram, ma nessuno ci fa attenzione: Coram e il suo museo sono poco conosciuti dai turisti.

L'esposizione delle opere d'arte – porcellane, mobili, strumenti musicali, orologi, tappeti – è armoniosa come la musica di Händel che risuona in ogni stanza. Ma c'è di più. Ai piani inferiori sono stati ricostruiti i dormitori, il refettorio e le aule, che danno un'idea abbastanza precisa della vita dei trovatelli. Inoltre, scritti, registrazioni, disegni, quaderni e una quantità di oggetti e abiti permettono di ripercorrere lo sviluppo di Coram House fino ai giorni nostri. Con la loro generosità, il capitano

Coram e i suoi amici artisti rappresentavano il meglio della nuova classe mercantile della Londra georgiana e il nascente spirito civico dei londinesi d'adozione: la maggior parte dei donatori, Coram incluso, erano nati altrove nel Regno o addirittura all'estero, come Händel. Insieme, non si lasciarono scoraggiare dagli apatici e dai bigotti e crearono una fondazione che continua a fare del bene ai bambini. Oggi, da parte dei ricchi, non c'è la stessa attenzione nei confronti di chi ha poco o niente.

La muffola, opera di Tracey Emin, un'artista londinese di origine cipriota, è diventata simbolo del Foundling Museum.

Leighton House a Holland Park

Visito spesso Leighton House. Alla fine dell'Ottocento, la mecenate Lady Holland era stata costretta a vendere dei lotti di terreno accanto alla sua villa, Holland Park (Kensington), ad artisti suoi amici. Lord Leighton, un pittore preraffaellita ai tempi molto famoso, figlio di un ricco medico, si era costruito al numero 12 di Holland Park Road una villa opulenta, che poi aveva riempito di quadri dell'epoca e di oggetti di antiquariato collezionati nei suoi viaggi. Arredata con gusto sicuro, la casa riflette le diverse sfaccettature della personalità del suo proprietario: artista di talento, pieno di interessi, grande viaggiatore e anfitrione generoso, eppure, al tempo stesso, solitario e riservatissimo. Tre stanze potrebbero dare degli indizi.

La Arab Hall è ispirata alla Sala della Fontana del castello della Zisa di Palermo, costruito dai maestri islamici del XII secolo. Leighton ne ha ricreato l'atmosfera riprendendo la pianta quadrata sormontata da una volta a crociera ogivale, le tre nicchie su ciascuno dei lati della stanza, le semicupole con decorazioni ad alveare, i mosaici, le scritte cufiche. Nella nicchia sull'asse principale, sotto un pannello a mosaico con fondo oro, l'acqua sgorga canterina, cade sul marmo, poi scivola e si incanala verso il centro della stanza, dove si raccoglie in una vaschetta di marmo candido. Un posto di raffinata sensualità, denso di emozioni. Al piano superiore, lo studio dell'artista è un tripudio di luce e colori: da una vetrata gigantesca si gode di una bella vista sul giardino sereno, tutto è tranquillo. In drammatico contrasto, la camera in cui dormiva Leighton: piccola e volutamente spoglia, è severa come quella di un penitente. Nel periodo vittoriano, sotto il perbenismo della facciata c'era tanto marcio... chissà se Leighton ne era immune. O forse era semplicemente uno scapolo molto religioso.

Händel House Museum a Mayfair

Georg Friedrich Händel, nato in Germania e naturalizzato britannico, è stato probabilmente il più famoso abitante di Mayfair. Giunto in Inghilterra su invito del sovrano Giorgio II, Händel visse in affitto al 25 di Brook Street per trentacinque anni, fino alla morte; l'edificio è difficile da trovare, nonostante dall'indirizzo sembri facilissimo. Io stessa ho cercato di andarvi più di una volta, senza riuscirci: l'ingresso principale è chiuso e si entra da quello di servizio, nascosto in un cortile a cui si accede da una stradina priva di indicazioni. La bandiera al secondo piano, smorta e con una scritta talmente piccola da risultare illeggibile, pende moscia e sconsolata.

All'Händel House Museum sono stata con la mia amica Jennifer, che lo conosceva. Il museo si trova esattamente sopra la profumeria Jo Malone. Le due porte ai lati, di un colore neutro, sembrano far parte del negozio: invece, una piccola scritta indica l'ingresso posteriore.

È raro trovare un museo retto, come questo, interamente da volontari: e che volontari! Si occupano di tutto, dal botteghino al negozio, alla stesura degli utilissimi opuscoli che descrivono le stanze, al servizio di guide. Sono diventati parte del museo, gli angeli custodi di Händel. Parlano di lui con voce bassa e melodiosa, come se lo conoscessero: lo descrivono come un uomo che lavorava senza sosta e che probabilmente perse la vista per gli sforzi a cui sottoponeva gli occhi stanchi. Non sempre le sue opere riscuotevano successo, ma godeva del sostegno di benefattori danarosi e generosi. Händel intratteneva a pranzo molti amici e mangiava e beveva senza ritegno, come dimostrano ampiamente i suoi numerosi ritratti – ne ho contati almeno una trentina, tutti diversi: con parrucca riccia, con parrucca pettinata, con parrucca corta, con parrucca a boccoli; senza parrucca; senza parrucca con papalina; calvo. Per non parlare degli abiti che indossava: in camicia; in abito estivo leggero; con palandrana; con giacca lunga. E poi in piedi, seduto, appoggiato a un mobile, a mezzo busto, soltanto la testa... Mai con amici. Mai in gruppo. Händel si piaceva, è evidente. Ma non sappiamo se piacesse ad altri. Non prese mai moglie. E a quanto si sa, non ebbe figli. Eppure fu generosissimo con il suo amico, il capitano Coram, quando fondò il suo orfanotrofio. Un brav'uomo, Händel. E un grande compositore.

La casa, priva di ninnoli – non era ancora scoppiata la Rivoluzione industriale, che di ninnoli avrebbe riempito le abitazioni degli inglesi –, era sobria e comoda. Le guide, una per stanza, spiegano che vi si tengono concerti regolarmente. Sono state proprio loro, le guide, a rendere magnifica la nostra visita. Amano il loro lavoro e si dedicano al visitatore con dignità e nessun sussiego. Cercano di trasmettere l'amore per la musica di Händel, che per loro è un londinese e un britannico a tutti gli effetti.

La visita non mi ha arricchito particolarmente, ma quello che ho imparato su Londra, sì: ho avuto il privilegio di constatare la capacità dei londinesi di presentare al visitatore come uno di loro un uomo nato all'estero ma diventato inglese. I volontari dell'Händel House Museum hanno ribadito che Londra sa accogliere gli stranieri in modo sublime e che ha la capacità di assorbire chiunque la scelga per viverci e voglia esserne parte.

Sir John Soane's Museum a Lincoln's Inn Field

Questa casa-museo è l'opera di uno straordinario architetto neoclassico di umili origini, con interessi eclettici e una passione travolgente per l'arte. Accumulò sculture, quadri, ceramiche, argenti, reperti storici, piccoli manufatti e in generale qualunque cosa lo incuriosisse, insieme a tutta la documentazione relativa al proprio lavoro di architetto (suoi i progetti della Banca d'Inghilterra e della prima galleria d'arte londinese aperta al pubblico, la Dulwich Picture Gallery, poco lontana dalla "mia" Underhill Road). Sir John Soane, che si dice amasse le sue collezioni più dei suoi stessi figli, forse non fu quello che io chiamo "una bella persona", ma di sicuro è stato un grande architetto e uno straordinario collezionista.

Il museo consiste di tre case parte di una *terrace* settecentesca e fu progettato e realizzato da Sir John in varie fasi: donò tutto allo Stato nel 1833, a condizione che dopo la sua morte la casa fosse trasformata in un museo, lasciando ogni cosa il più possibile immutata (come in effetti è avvenuto). I tre piani sono articolati secondo un complesso progetto, con doppi e tripli volumi, mezzanini, scale e affacci, in cui gli elementi neoclassici, gotici e massoni si alternano e non stridono con l'arredamento tipicamente vittoriano delle stanze private (come la splendida Breakfast Room e il salotto giallo di Mrs Soane). Gli ambienti sono rimasti pressoché inalterati, con gli arredi originali e le collezioni messe insieme da Sir John, assiduo frequentatore di case d'aste. Come in molti musei inglesi del tempo, nel Sir John Soane's Museum si respira un'atmosfera carica di sorpresa ed emozione.

L'impressione di entrare in una casa privata è talmente forte che i visitatori, sul momento, potrebbero quasi sentirsi intrusi, ma i custodi – evidentemente scelti con grande cura – rendono la visita un'autentica esperienza. Non sono infatti semplici custodi, ma vere e proprie guide e svolgono il loro compito non soltanto con lo zelo dello studioso – un fatto in sé già abbastanza straordinario – ma addirittura con l'amore del proprietario; parlano al turista dei proprietari della casa come se fossero i loro antenati, raccontano aneddoti quasi fossero storie della loro famiglia e per la maggior parte lavorano lì da sempre. Alcuni, invecchiando, hanno finito per assomigliare agli abitanti della casa ai tempi del proprietario. Questa sensazione è amplificata dall'illuminazione piuttosto scarsa e dall'assenza di targhette descrittive dei singoli oggetti, che occupano ogni centimetro di spazio.

Non mi stanco mai di visitare questo museo, e lo consiglio ai miei ospiti: in particolare, la sera del primo giovedì di ogni mese, quando l'intero edificio è illuminato soltanto da candele.

Sir John costituisce in un certo senso il ponte tra la cultura classica dell'Impero romano e quella inglese. Lo fa, però, con l'orgoglio e l'aria di superiorità degli inglesi di fine Settecento, quando l'Inghilterra era la nazione più potente d'Europa e aveva già puntato l'obiettivo – raggiunto poco dopo – di diventare la più grande potenza del mondo. Nella consapevolezza di questa superiorità, e nella volontà di celebrare gli artisti locali anziché gli stranieri, Sir John rappresentava non soltanto gli intellettuali inglesi ma anche l'aristocrazia inglese, della quale peraltro non faceva parte.

    I quadri di maggior valore nella sua collezione sono quelli di Hogarth, gli originali della *Carriera di un libertino*.

26
La religiosità dei londinesi

> *I am afraid he has not been in the inside of a church for many years; but he never passes a church without pulling is hat off. This shows that he has good principles.*
> Sospetto che costui non entri in chiesa da molti anni; ma non passa mai davanti a una chiesa senza togliersi il cappello. Questo dimostra che è un uomo di sani princìpi.
> SAMUEL JOHNSON

L'ingresso di una casa rivela – attraverso l'arredo, i colori e gli odori – la natura di chi vi abita. Lo stesso vale per una città, attraverso lo skyline, l'architettura e gli spazi verdi. Quarant'anni fa, prima della costruzione dei grattacieli, lo skyline di Londra era disegnato da una quantità di guglie di chiese e dalle punte dei campanili, spesso ornate da pinnacoli, vasi, statue. Le chiese, in stili diversi e compositi, erano distanti dalle altre costruzioni, come se fossero loro il centro della comunità. Prive di dipinti e di incenso, erano austere e scostanti: banchi scuri, pulpito alto, altare disadorno, nessun santo nelle cappelle laterali, mai una Madonna – soltanto l'immagine di Cristo. E pochissimi fedeli.

La mia prima visita alle chiese della City è stata un colpo di fulmine. Costruite per la maggior parte da Sir Christopher Wren e dagli allievi, rappresentano il barocco inglese, più sobrio di quello italiano. Sono piccole, con campanili inglobati nella chiesa, e alte guglie. Ciascuna ha identità, forma e decorazione proprie. Le ho visitate una a una nella pausa pranzo quando lavoravo alla City. In tutte si respirano il sollievo e la gioia per la rinascita della città dalle ceneri. Architetto e committente celebravano anche la laboriosità, la ricchezza e la generosità della sua gente, persone con i piedi saldamente per terra e l'occhio attento a contare i propri denari. Più che la religiosità, in quelle chiese io noto l'orgoglio civico e nazionale che li ha mossi. La fede degli anglicani mi è sempre sembrata più umana che divina; non a caso, il sovrano inglese è ancora oggi anche il capo della Chiesa anglicana. Dio l'ho sempre sentito lontano.

Le chiese di Londra si adeguano in modi diversi ai tempi moderni e alla diminuzione dei fedeli. Quelle della City, durante l'intervallo di pranzo degli uffici ospitano concerti, cori, meditazioni e conferenze di ogni genere. La sera vi si riuniscono circoli artistici, di lettura, ensemble di musica o semplicemente gruppi culturali; la Chiesa anglicana cerca insomma di servire tutta la popolazione, non soltanto i credenti. Molto rinomate sono le attività culturali e sociali di St Martin-in-the-Fields, a Trafalgar Square: accoglie i senzatetto, ha un caffè nella cripta e a mezzogiorno e la sera vi si ascolta musica di gran qualità, a volte gratis e a volte a pagamento. È un micromondo in cui i ricavi dei concerti finanziano opere di beneficenza: a Natale, ai poveri e ai senzatetto viene offerto un ricco pranzo cucinato e servito da volontari.

27
Le mie chiese preferite

It is enough if we have stated seasons of prayer; no matter when. A man may as well pray when he mounts his horse, or a woman when she milks her cow, as at meals; and custom is to be followed.

È sufficiente individuare tempi di preghiera certi e immutabili, non importa quando. Un uomo può pregare mentre si accinge a salire in groppa al suo cavallo, o una donna mentre munge la sua vacca, esattamente come se fossero dinanzi alla tavola imbandita; purché ciascuno si attenga ai propri tempi stabiliti.

SAMUEL JOHNSON

Dopo il Grande incendio l'incarico di ricostruire le chiese distrutte dalle fiamme fu dato a Christopher Wren, inclusa la Cattedrale di St Paul. Alcune delle chiese furono costruite dai suoi allievi. Sei di queste sono opera di un suo discepolo, Nicholas Hawksmoor, il mio architetto inglese preferito. Come tanti grandi londinesi, Hawksmoor è di umile origine e non ricevette il riconoscimento meritato. Iniziò come manovale. Wren riconobbe il suo genio e lo prese come assistente; fu lui però a diventare baronetto e non Hawksmoor. Uomo di grandissima cultura e avido di sapere, non poté mai permettersi un viaggio all'estero. Imparò tutto dai libri. Assemblò nelle sue straordinarie chiese, una diversa dall'altra, gli stili più svariati: dall'assiro all'egizio, al neoclassico, fino al barocco borrominiano. Era un genio. Hawksmoor agognava una fede irraggiungibile. Forse non era nemmeno credente, ma – con le loro facciate, le loro spirali, i loro interni – le sue chiese esprimono più di qualsiasi altra che abbia mai visto una spiritualità profonda, a volte sofferta e contorta, altre serena. A Londra ne sono rimaste soltanto sei, oltre alle West Towers della facciata di Westminster Abbey. Le mie preferite sono due chiese nell'East End – Christ Church, in Commercial Road, di fronte a Spitalfield e vicino a Brick Lane, e St George in the East, in Cannon Street Road.

Nell'Ottocento il cristianesimo – e in particolare il cattolicesimo – rifiorì in tutta l'Inghilterra. Caddero le restrizioni che fino ad allora avevano precluso ai cattolici gli uffici di Stato, il voto e la possibilità di diventare deputati, e la Chiesa d'Inghilterra conobbe un movimento culturale di stampo aristocratico che ricreava la formalità e il cerimoniale della Chiesa di Roma.

Sono capitata per caso nella chiesa di All Saints in Margaret Street, nel West End. Ero arrivata in anticipo al Tribunale dei minori nella strada ad angolo, Wells Street, e vi sono entrata per curiosità. Un signore mi offrì una brochure pieghevole in italiano che ne spiegava la storia. Costruita nella prima metà dell'Ottocento da un gruppo di giovani e influenti idealisti, la chiesa si inseriva nel revival dell'anglicanesimo tradizionale; in un'Inghilterra ossessionata dal progresso scientifico e tecnologico, che sosteneva il ritorno alle radici del cristianesimo.

All Saints, tutta ricchezza di colori e decorazioni: pavimento, mura, tetto, è tutto un susseguirsi di riquadri, zigzag, strisce, rappresentazioni di figure umane intenzionalmente appiattite, mosaici, disegni geometrici, stranamente mi ricorda Hawksmoor. Vi ritorno spesso e volentieri anche quando non sono in tribunale. L'atmosfera ispira il pensiero, e col pensiero induce calma e riposo – ad All Saints ci si sente piacevolmente piccoli e insignificanti. Vi ho visto spesso dei cinesi, anche loro lì per pensare. E forse pregare. Fanno parte di un gruppo religioso che ha messo radici nell'edificio di fronte alla chiesa. A Londra questi scambi ecumenici spontanei capitano sempre più spesso, forse più che in altre città inglesi. Ed è bello, in questo caso, che capiti proprio dietro a Oxford Street, la strada dei negozi, in cui il pensiero di Dio è un po' lontano.

St James's è la chiesa parrocchiale di Piccadilly. Costruita da Wren fuori dalla City, serve la parrocchia di Mayfair – la più ricca della capitale – ed è rimasta il centro delle attività locali. L'interno è arioso, con grandi finestre, gli arredi sono sontuosi. Dietro l'altare non c'è un'immagine sacra ma due festoni di legno chiaro intagliato da un grande artista del Seicento: foglie, fiori, frutta sono straordinariamente belli e leggeri, come fossero di porcellana. Nessun crocifisso. St James's è la chiesa dell'opulenza, con una coscienza sociale. Vi passo spesso davanti, quando vado al mio circolo, il Reform Club, a Pall Mall. Il parroco lascia aperto il porticato interno perché i passanti possano usarlo come scorciatoia da Piccadilly a St James's Street, e nel farlo possano leggere nel vestibolo gli annunci delle attività culturali e religiose della settimana. Il 29 aprile 2013 sono entrata a St James's. Passando in mezzo ai banchi ho notato che, invisibili e protetti dalle spalliere, nei primi sedili c'erano sei vagabondi: dormivano tranquilli, la testa nella stessa direzione, appoggiata sul bracciolo, ignorati dai fedeli che entravano e da quelli che pregavano negli altri banchi. Anche quella era una consuetudine tollerata o forse incoraggiata nelle ore in cui non si celebravano funzioni. Raggiunto l'altare, mi sono girata e ho guardato in alto. Sopra la porta d'ingresso, l'organo enorme, scuro e dorato per cui St James's è famosa dominava l'intera chiesa. Sembrava un gigantesco tabernacolo.

Tornando a casa ho riattraversato il vestibolo: ero curiosa di vedere cosa ne era stato dei vagabondi addormentati. I banchi erano vuoti, perfettamente puliti.

La spiritualità dei londinesi si esprime anche nei parchi, nell'immenso amore per le piante, nel rispetto della natura e nel continuo sforzo di preservarla e migliorarla. Ogni parco ha il suo posto speciale, una specie di santuario, protetto da una scalinata, una siepe, uno steccato o un muro, in cui la gente può passeggiare o sedere in silenzio. Può essere un roseto, un prato, una piccola vasca o una fontanella; perfino un'aiuola di piante profumate. Spesso vi sono panchine donate dai parenti di qualcuno che amava particolarmente quel posto. Raramente sono vuoti, questi "santuari"; giovani e anziani di tutte le razze e le religioni – donne velate, uomini con la *kippah* – vi passeggiano o stanno seduti in silenzio, oppure si chinano ad ammirare e annusare i fiori. Nemmeno i bambini fanno rumore. È in questi luoghi che colgo, ogni volta, la religiosità dei londinesi.

28
Ashley Gardens

Change is not made without inconvenience, even from worse to better.
Il cambiamento comporta sempre qualche disagio, anche quando si cambia per il meglio.

SAMUEL JOHNSON

Nel 2000 mi trasferii ad Ashley Gardens, Victoria, nella City of Westminster, SW1, il codice postale più famoso di Londra. Il mio appartamento era in un comprensorio di undici palazzoni a schiera di mattoni rossi alti sette piani, con strisce di intonaco bianco e deliziosi giardini – Ashley Gardens, per l'appunto – recintati di ferro battuto nero. Anni prima ero stata a cena da amici che vivevano lì e me n'ero innamorata. Gli appartamenti erano ampi e luminosi; si respirava un'aria civile e molto inglese, di solidi valori borghesi, un po' antichi, come vent'anni prima... eppure, con un pizzico di trasgressione. Pensai che avrei voluto viverci anch'io, quando i figli avrebbero lasciato casa: un sogno irrealizzabile, credevo, e invece si era avverato. Avevo trovato proprio ciò che desideravo e ho passato dieci anni felici al terzo piano del Block 8, esattamente di fronte ai giardini, su cui si affacciavano le portefinestre della mia stanza: quando le tenevo aperte sembrava che galleggiassi nell'aria di Londra e che le chiome degli ippocastani fossero collinette fiorite di bianco e rosa.

I palazzi risalivano al 1891; erano stati costruiti su un terreno della Chiesa cattolica, adiacente alla nuova cattedrale e destinato a uso conventuale. Purtroppo per la Chiesa, e per nostra fortuna, i costi della bellissima cattedrale di impronta orientale avevano superato i preventivi e la curia aveva dovuto vendere il terreno ai nostri predecessori. Dal mio balcone si vedeva il campanile della cattedrale – mattoni rossi con strisce di intonaco bianco – e il suono delle campane mi faceva compagnia ogni giorno.

I giardini appartenevano a noi proprietari: erano curatissimi dalla squadra di giardinieri e seguiti da un apposito comitato condominiale; erano talmente belli da avere ricevuto un premio dal comune di Westminster. Certo, la manutenzione costava molto, ma pensavo che sarebbe stato meraviglioso passeggiarci dentro. Invece il regolamento era severissimo: potevamo soltanto guardarli da lontano i nostri giardini, nessuno di noi aveva il permesso di entrarvi e di sedersi sulle panche di legno disposte qua e là per motivi, a quanto sembrava, puramente architettonici. C'era il rischio che rovinassimo l'insieme con il nostro calpestio – o magari col fiato, semmai avessimo osato piegarci per odorare un fiore. Imparai presto il prezzo che si paga per vivere in una zona chic e con condòmini di successo e abbienti: bisogna sottostare a centinaia di regole di buon vicinato e di comportamento create da e per noi stessi. Ma il risultato finale – un complesso di palazzi ben tenuti, portieri efficienti e solleciti, silenzio e discrezione da parte dei vicini – valeva la pena.

L'unica regola a cui non ho mai voluto sottostare è quella che vietava di stendere la biancheria sul balcone. Lo facevo di notte, in estate, furtivamente, dopo essermi accertata che i vicini non fossero nel loro salotto, come se mi apprestassi a chissà quale trasgressione. Invece, di giorno, quando batteva il sole, drappeggiavo la biancheria intima sulle maniglie delle finestre, sui ganci delle tende e poi sui vasi dei balconi. Le lenzuola e il resto della biancheria di casa li stendevo come teli su divani, poltrone, spalliere di sedie imbottite e perfino sulle lampade Artemide. Era la mia segreta ribellione contro la proibizione del condominio. Mi sono sempre rifiutata di usare l'asciugatrice.

Il vero grande pregio di Ashley Gardens era la posizione. Ero al centro della mia Londra. Dalla stazione ferroviaria arrivavo in un quarto d'ora a casa del mio figlio maggiore, e in poco più di venti a quella del minore e a Brixton. Potevo prendere i mezzi pubblici per raggiungere uno qualsiasi dei cinque aeroporti cittadini. Victoria Street aveva tutti i negozi che mi servivano, e Pimlico, un altro quartiere di Westminster, dietro Victoria Station, i robavecchiari e i mercatini che tanto mi piacevano. C'erano due teatri a cinque minuti, e in dieci potevo raggiungere a piedi: il Parlamento, dove lavorano diversi miei amici; la Tate Britain, il mio museo preferito; il mio club; e St James's Park, uno dei parchi più belli di Londra. Ampliando il raggio, potevo andare al tribunale, a Hyde Park, nel South Bank, a Oxford Circus, a Piccadilly, a Soho e a Kensington. E all'odiato Harrods.

Avevo una gran voglia di conoscere Londra a piedi e con i mezzi pubblici: il sogno interrotto trent'anni prima quando ci eravamo trasferiti a Oxford. A Dulwich avevo usato l'automobile per i miei spostamenti; erano state tutte *convertible* le mie auto, e ne approfittavo: tenevo il tetto di tela abbassato in ogni stagione, quando non pioveva – vedere Londra seduta dall'auto era magnifico. Per forzarmi ad andare a piedi, regalai la mia automobile tedesca di seconda mano al meccanico turco che per dieci anni l'aveva tenuta insieme. Comprai una bella mappa, di quelle da appendere sul muro, una guida di Pevsner e scarpe comode: ero pronta alla conquista della mia seconda città – con trent'anni di ritardo.

Mentre nel Sud avevo imparato presto la storia dei posti e degli edifici – era tutto così recente –, a Victoria scoprii di essere ignorante sulla City of Westminster; pian piano mi resi conto che la mia ignoranza riguardava tutta la città. Presi allora *Londra. Una biografia* di Peter Ackroyd, uno dei miei scrittori preferiti, e lessi tutto quello che mi capitava; lessi anche i libri che mi prestavano i miei nuovi e colti vicini. Era una gioia uscire e raggiungere una meta prendendo strade sempre diverse – a Victoria, e dovunque nel centro di Londra, è possibile farlo, senza perdere tempo o allungare troppo. A parte Victoria Street – rovinata negli anni sessanta dalle costruzioni moderne, sede dei ministeri e dei grandi negozi – la zona di Victoria è rimasta relativamente intatta e ottocentesca, con qualche edificio più antico: la Blue Coat School, per esempio, all'angolo di Buckingham Gate e Vandon Street, una costruzione modesta dove è raffigurato uno scolaro con la palandrana blu. Fondata nel 1688, era una scuola per poveri, finanziata come tante altre dalla beneficenza di privati. Nella Londra anglicana, l'abolizione dei monasteri, che si occupavano di istruire i giovani, aveva lasciato un vuoto che i privati cercavano di colmare. Ora c'è l'ufficio del National Trust, il maggior proprietario terriero del regno, una *charity* di cui anch'io sono diventata membro dietro pagamento di una modica somma. Vi si possono comprare libri e utili souvenir.

Westminster era una zona paludosa e malsana, e con malsane occupazioni: i parlamentari erano avidi consumatori di alcol e frequentatori di prostitute. Tuttora, mi assicura la mia amica Laura che è giudice di pace e si occupa delle licenze per il consumo di alcolici nei circoli privati, se ne rilasciano tante quante se ne revocano. Le prostitute oggi sono a Mayfair, non lontano dal Parlamento. Grandi palazzi di case popolari ottocenteschi e degli anni trenta occupano lo spazio dietro la Tate Gallery: sono tutti molto belli e opera di grandi architetti, tra i migliori esempi di architettura pubblica e di beneficenza, il Peabody Trust, creato da un ricchissimo americano anglofilo. Ci vivono ancora molti poveri e alcuni dei miei clienti.

29
Una passeggiata da Ashley Gardens al Parlamento

> *A Frenchman must be always talking, whether he knows anything of the matter or not; an Englishman is content to say nothing, when he has nothing to say.*
> I francesi parlano sempre, anche se non sanno niente dell'argomento in questione; gli inglesi si accontentano di non dire niente, quando non hanno niente da dire.
>
> SAMUEL JOHNSON

Una delle mie passeggiate preferite è da Ashley Gardens a Westminster Square attraverso Buckingham Gate, Caxton Street, Palmer Road, Petty France, The Broadway, Queen Anne Street, Old Queen Anne Street, e alla fine una stradina minuscola e strettissima che sbuca a Parliament Square.

Cammino lungo Victoria Street, tenendo la sinistra. Raggiunto il semaforo dell'incrocio con Artillery Row a destra e Buckingham Gate a sinistra, mi fermo davanti al pub ad angolo, The Albert. Vittoriano, con meravigliose vetrate smerigliate e intatte – furono rimosse durante la guerra e conservate nel Kent –, ha una brutta facciata: un'accozzaglia di mattoni rossi, gialli e grigi e legno dipinto in verde e nero. L'interno è gradevole, ma si mangia appena discretamente e si paga molto. L'Albert è vittima della sua posizione: circondato da grattacieli, sembra tozzo. Di fronte, un grande edificio di mattoni rossi: Artillery Mansions, uno dei primi palazzi ad appartamenti di Londra, diviso in locali residenziali, minuscoli e grandissimi, e commerciali. Da fuori, si intravede nel cortile interno una bella fontana: è un misto tra il neogotico e lo stile rinascimentale, molto kitsch. Io lo trovo affascinante.

Vado avanti su Buckingham Gate e giro a destra in Caxton Street. Caxton vi aveva allestito la prima macchina da stampa nel 1476: il potere di produrre, distribuire, vendere e guadagnare apparteneva al proprietario della rara tecnologia, e non più all'autore, che era stato pagato una tantum dal proprietario della macchina da stampa. Caxton Hall, un tempo sede del comune di Westminster, è un magnifico edificio vittoriano di mattoni rossi modellati a stampo. Accanto, il St Ermin's hotel. Ma non ci vado; giro a sinistra in Palmer Road e poi a destra in Petty France per vedere il palazzo dei London Transports, la direzione di tutti i servizi pubblici: *tube* e autobus. Un grandioso edificio completato nel 1929, costruito da Holden e abbellito da opere di Eric Gill e Jacob Epstein – sugli ingressi della *tube* e nei bassorilievi sui piani alti e rientranti della costruzione –, era allora il palazzo privato più alto di Londra. Le due sculture sulle porte di Petty France e Broadway, di Epstein – *Isacco con l'angelo* e una potente *Pietà* –, sono commoventi. I fregi di Gill rappresentano i venti e sono davvero belli. Imbocco Queen Anne Street, che curva a destra. Si può procedere dritto e si arriva attraverso un passaggio a Birdcage Walk; da lì si va a St James's Park.

Continuando per Queen Anne Street, entro nella Londra del Seicento. Oggi la strada è unica, ma all'origine erano due, costruite in epoche diverse, da diversi padroni e di diversa larghezza, separate da un muro che si nota tuttora in corrispondenza della statua della regina Anne. Fino ai primi dell'Ottocento, le strade potevano appartenere a privati: chiunque possedesse del terreno poteva costruirvi ciò che voleva. Unificate nel tardo Ottocento, entrambe le strade sono straordinariamente eleganti e fascinose. I portici delle entrate sembrano di stucco e non di legno intagliato. Da Queen Anne Street, un altro passaggio seminascosto porta a Birdcage Walk.

A destra c'è Westminster Abbey, con le due torri della facciata diverse dal resto: furono rimodellate nel Settecento da Hawksmoor e splendidamente inserite nella facciata medioevale. Non entro nell'abbazia – è a pagamento e la ricordo come un mausoleo. Attraverso il grande arco di Westminster College, la famosa *public school*. Posso accedere al chiostro dell'abbazia: un angolo di pace e riposo. Non vedo gli studenti – avranno i loro spazi privati; penso a Robert Hooke, il Curatore degli esperimenti scientifici della Royal Society, che era arrivato a Londra a piedi e si era pagato gli studi a Westminster con l'eredità paterna. Per imparare. Lavorare. Guadagnare. Unicamente con le proprie forze.

È l'etica protestante, così lontana da quella cattolica.

30
La piazza di Westminster Cathedral.
I mendicanti, i polacchi, i senzatetto

> *A decent provision for the poor is the true test of civilization.*
> Provvedere decentemente ai poveri è la vera prova di civiltà.
>
> SAMUEL JOHNSON

Nel 1963, la facciata della cattedrale cattolica non era visibile da Victoria Street: apparve nel suo splendore quando le case intorno furono demolite per creare la piazza fronteggiata dai palazzi gemelli di vetro e cemento con i portici su Victoria Street. E proprio quei portici sono stati adottati dai senzatetto e dai mendicanti. Le guardie comunali li fanno sgomberare, e loro ritornano ancora più numerosi. Ero sorpresa che potessero bivaccare impunemente davanti alla cattedrale. Giorno e notte, occupano le loro postazioni con un senso di possesso ben radicato, e se necessario violento. I senzatetto invece di giorno stanno in giro e la notte tornano.

I mendicanti di Londra sono stati immortalati nella letteratura (a cominciare da Dickens), nelle incisioni di Hogarth e nei disegni di Gustave Doré, che lavorò a Londra intorno alla metà dell'Ottocento. I bambini abbandonati, simili a quelli delle odierne favelas, vivevano per strada. Facili vittime di orchi e destinati a una breve vita, erano anch'essi mendicanti, spesso irretiti e schiavizzati dai *fagin* di ogni epoca. Le strade erano usate come fogne, gli affluenti del Tamigi erano cloache con carcasse di animali in putrefazione. Fu la generosità dei singoli a creare un welfare privato che mantenne il sistema sociale ed evitò disastri maggiori. I ricchi londinesi fondavano scuole, ospedali, orfanotrofi e ricoveri per anziani e lasciavano abbastanza capitali per mantenerli. Altri, meno abbienti, come il capitano Coram, cercavano contributi per mantenere le strutture da loro create.

Sam Johnson rischiò la prigione per debitori almeno due volte, eppure faceva l'elemosina ogni giorno ai mendicanti. La sera, al ritorno dai pub, passava dove i bambini di strada dormivano stretti uno sull'altro, nei portici delle case, davanti alle finestre con una tettoia, sotto gli archi, e lasciava una moneta nelle mani di ciascuno perché potessero comprarsi un po' di pane l'indomani.

Una sera di gennaio stavo camminando verso la stazione della metropolitana di Kensington High Street, tornavo a casa. Piovigginava e faceva freddo. Davanti alla vetrina di un negozio di scarpe, una donna bianca dall'età indefinibile, smunta e con i capelli arruffati, era accovacciata su un cartone, circondata da sacchetti di plastica e cartoni di vino. Un bellissimo ragazzo nero, vestito con gusto impeccabile, era chino su di lei: «Quello di ieri le è piaciuto?». Notai allora che le aveva portato un pacchetto proveniente da una delle pasticcerie migliori (e più care) di Londra. La donna farfugliava, e lui la incalzava: «Quanto ha mangiato? Come si sente? Ha sofferto il freddo la notte scorsa?». Lei rispondeva a monosillabi; sorrideva, guardandolo, con la bocca sdentata. E stavano così, occhi negli occhi. Mi chiesi se quel samaritano sapesse di Johnson, se si rendesse conto di essere uno dei tanti londinesi che amano il prossimo e non si vergognano di dimostrarlo in pubblico: un amore che unisce fortunati e meno fortunati. Un amore che non ho mai visto con altrettanta semplicità, e forza, in nessun'altra città.

In modo diverso, ma con lo stesso spirito, oggi un camioncino celeste parcheggia nella strada accanto alla cattedrale cattolica. Appartiene a un avvocato di grido. Da anni lui, la moglie e alcuni amici portano enormi thermos da cui offrono ai vagabondi e ai poveri della zona minestra fumante da loro stessi preparata. Ogni giorno. Raramente ho notato mendicanti in quella piccola folla. A Londra, i poverissimi appartengono a caste diverse: i drogati, i senzatetto, i malati mentali, i clandestini, e così via.

Per circa due anni, la notte hanno bivaccato davanti alla cattedrale cattolica, vicino ai mendicanti ma separati da loro, i disoccupati polacchi. L'immigrazione dei polacchi – competenti, istruiti, ottimi elettricisti, falegnami, operai – ha aumentato le congregazioni cattoliche in tutta Londra. Dapprima trovavano lavoro; risparmiavano e mandavano denari alla famiglia rimasta in patria. Alcuni hanno fatto una piccola fortuna. Con la crisi economica, che ha avuto pesanti ripercussioni sull'edilizia, si sono ritrovati disoccupati. Poi hanno perso l'alloggio. E hanno cominciato a fare la fame. Venivano nel pomeriggio e partecipavano alla messa. Poi uscivano dalla chiesa e si fermavano poco più in là, non lontano dal sagrato, come se aspettassero. Erano dignitosi. Alcuni sembravano torvi, ma più probabilmente erano "solo" disperati. A volte venivano a portare loro da mangiare i volontari delle associazioni religiose. Non ho mai avuto la spudoratezza di osservarli: la povertà di chi vuole lavorare è penosa da vedere. Poi alcuni sparivano, e ne arrivavano altri. Finché, a un tratto, sono scomparsi dalla piazza. Spero che siano tornati in Polonia, e comunque che lavorino, dovunque siano.

I mendicanti si comportano con dignità. A me sembra che escludano gli stranieri; soltanto a Brixton ho visto (pochissimi) mendicanti neri, ma erano comunque londinesi – è come se fosse una corporazione riservata ai cittadini di tutte le etnie, con regole proprie. Alcuni hanno un posto per dormire e un altro per mendicare; altri rimangono sempre nello stesso posto. Chiedono senza insistere, scambiano qualche parola sia con chi fa loro l'elemosina sia con chi passa e li saluta, perché ormai sono parte della città. Li ho visti reagire, con disprezzo, se qualcuno li offende e li umilia e guardano torvo chi lascia un obolo troppo modesto, per esempio cinque penny. Raramente se ne trovano davanti alle chiese, come nei paesi cattolici. Drogati e alcolizzati sono una minoranza – anche loro formano una categoria a sé – e si fanno vedere soltanto nei luoghi in cui si beve o ci si buca, confidando nella generosità di chi si trova nella loro stessa condizione.

A Natale le chiese e i luoghi pubblici diventano mense. Coordinati da opere di beneficenza, centinaia di londinesi di ogni età preparano da mangiare, servono gli ospiti – senzatetto, drogati, gente sola e chiunque si presenta –, li intrattengono e poi fanno le pulizie, gratis.

31
La passeggiata ai borgomastri di Calais

> *As I know more of mankind, I expect less of them, and am ready now to call a man a good man, upon easier terms than I was formerly.*
> Più conosco gli uomini, meno mi aspetto da loro. E oggi mi basta molto meno che in passato per definire un uomo un brav'uomo.
>
> SAMUEL JOHNSON

Lasciavo l'amatissimo appartamento ad Ashley Gardens, in centro, in cui avevo vissuto per dodici anni. Tornavo nel Sud, dove vivono i miei figli e i nipotini: un motivo gioioso. Eppure ero malinconica. Mi piaceva casa mia, e adoravo la vista dal balcone, sulle cime degli alberi e sul campanile rosato di Westminster Cathedral.

Davo addio al distretto SW1 con un'ultima passeggiata al Parlamento. Non sarei entrata nel palazzo, volevo congedarmi dalla piazza e dai suoi abitanti, i miei interlocutori silenziosi diventati quasi amici: le statue di uomini insigni, ignorate da turisti e passanti.

Quando, agli inizi dell'Ottocento, la Gran Bretagna raggiunse la piena consapevolezza della propria potenza, il governo decise di creare nella piazza del Parlamento, a Westminster, una zona in cui i suoi figli più illustri potessero godere di gloria eterna nel marmo e nel bronzo. Col tempo, vi trovarono posto anche le statue di tre stranieri: due africani e un americano, Abraham Lincoln. La statua è una copia di quella del Lincoln Park di Chicago: Lincoln si è appena alzato dalla sedia, ed è pronto a fare un discorso. Sembra a disagio, dà le spalle al palazzo della Corte Suprema.

Quasi al livello dei pedoni, le braccia aperte tese verso i passanti, Nelson Mandela – senza alcun dubbio il più grande uomo del Novecento – indossa la sua caratteristica camicia abbottonata fino al collo. Non lontano da lui, su un alto piedistallo, il suo connazionale Jan Smuts, primo ministro della Repubblica del Sudafrica fino al 1949, in uniforme da generale, tiene le mani intrecciate dietro la schiena, petto in fuori. Era un boero e un ardente anticolonialista; combatté contro l'esercito della regina Vittoria e poi contro quello del figlio Edoardo VII, infliggendo loro sonore sconfitte. Smuts condusse le trattative per l'indipendenza del suo paese, ottenuta nel primo decennio del secolo scorso. Poi, sorprendentemente, durante la Prima guerra mondiale, da alleato guidò le truppe sudafricane a sostegno dell'Impero britannico. È inconsueto che degli stranieri siano onorati con una statua proprio nella piazza del Parlamento. Il fatto che due di loro siano addirittura stati coinvolti in una lotta armata contro la Gran Bretagna, e uno sia stato definito un terrorista (così la Thatcher a proposito di Nelson Mandela), rende ancora più clamoroso che le loro statue siano vicine a quelle di due primi ministri, Benjamin Disraeli e Winston Churchill; è anche un'eclatante testimonianza della volontà del popolo britannico di riconoscere i propri errori e di immortalarli in un materiale che sfida i secoli, oltre che un esempio del loro pragmatismo.

Il governo britannico è poco rancoroso e realista: attribuisce grande rilievo ai rapporti commerciali con le altre nazioni, rispetto ai quali i princìpi morali passano in secondo piano. Un tempo consideravo cinica questa dichiarata presa di posizione, ora la trovo meno sgradevole dell'atteggiamento ipocrita di tanti altri paesi che credono di gabbare i propri cittadini e il mondo intero esaltando la propria onestà mentre segretamente accettano compromessi e tollerano ingiustizie insopportabili, che a volte addirittura alimentano. Nei miei primi anni a

Londra ero sorpresa del gran numero di strade con nomi non inglesi e dal rispetto nei riguardi di tanti stranieri: pensavo che la gente e i governanti in particolare non li amassero e li considerassero inferiori. Non sapevo allora che la monarchia è stata rinvigorita da una grande varietà di famiglie reali europee e che il popolo aveva applaudito l'omaggio a quegli illustri forestieri. Quando, all'inizio degli anni novanta, ho deciso di diventare cittadina del Regno Unito, è stato anche sulla base di una riflessione proprio su questa apertura nei riguardi degli stranieri da parte dei sudditi di una regina di origine non inglese (Elisabetta è di sangue tedesco da parte di padre e scozzese da parte di madre), sposata a un marito di puro sangue tedesco, anche lui discendente dalla tedesca regina Vittoria.

La prima statua in ordine di anzianità è quella di George Canning, un parlamentare del primo Ottocento, brillante ministro degli Esteri – credeva sia nel colonialismo sia nell'abolizione della schiavitù – che morì durante il regno di Giorgio IV, nel 1827, cento giorni dopo essere stato eletto primo ministro. Drappeggiato in una toga da senatore romano, Canning, un personaggio molto serio, è conosciuto da pochi e sembra ridicolo, in apparente contrasto con il realismo illuminato del suo secolo e con le altre statue della piazza, tutte in abiti contemporanei. A lungo m'ero chiesta perché lui e tanti altri uomini fossero stati immortalati in dipinti e statue in abiti romani. Dopo tutto la dominazione romana era durata un po' più di tre secoli; aveva lasciato ben poco a Londinium, rimasta deserta per circa trecento anni prima della conquista danese nel IX secolo.

Perché allora i sovrani e i personaggi della politica inglese venivano rappresentati come condottieri o senatori romani? Lo chiesi a mio marito un giorno, mentre andavamo alla National Gallery; mi aveva incuriosito a sinistra dell'ingresso, la statua in bronzo del cattolico Giacomo II in lorica, toga e calzari romani. Sembrava imbarazzato dalla sua mise da imperatore, come se anche lui se ne chiedesse il motivo. Mio marito mi spiegò che proprio durante il regno di Giacomo II l'Inghilterra era diventata una grande potenza, quasi per caso. In quel periodo gli altri regni cattolici erano in declino e, tra quelli protestanti, l'Olanda non aveva più una flotta in grado di tener testa a quella inglese, ormai padrona dei mari. L'Inghilterra era formata da varie regioni con lingue, tradizioni e leggi diverse, e sentiva l'esigenza di darsi un'identità e un'unità culturale: la monarchia degli Stuart non rappresentava più la nazione, né la unificava, né era rispettata dai sudditi. Serviva dunque un simbolo in carne e ossa per il quale ogni uomo fosse disposto a morire: innalzare la patria a un grande impero – emulando i romani – e unificarla creò un collante sia in patria che nelle colonie. Questa era la ragione dell'abbondanza di statue di bronzo e di marmo ispirate all'antica Roma. La *mise* del povero Canning, dunque, non fu un errore e certamente non era considerata ridicola dai suoi contemporanei. Nel secolo successivo, l'affermarsi dell'Illuminismo aveva dato impulso contemporaneamente alla libertà di pensiero – da cui si sviluppò una letteratura d'avanguardia di cui furono protagoniste per la prima volta molte donne –, al commercio, all'industria, alla scienza e alle sue applicazioni pratiche. Il Regno ferveva di nuove attività e scoperte nel campo della meccanica, della fisica e della chimica: prese avvio così la prima Rivoluzione industriale, che diede un forte impulso al commercio d'oltremare. L'attività mercantile richiedeva una flotta enorme non solo per garantire i trasporti marittimi ma anche per acquisire nuove colonie – ovvero, materie prime, manodopera e nuovi mercati. In tre generazioni questi cambiamenti resero la Gran Bretagna "proprietaria" di un terzo del globo e di un quarto della sua popolazione totale, oltre che sovrana di tutti i mari. Questa straordinaria ascesa non poteva essere spiegata con una congiuntura di condizioni favorevoli o, peggio, con la fortuna. Si avvertiva ancora più forte l'esigenza di identificare cause e riconoscere meriti. Era inevitabile che i pensatori si confrontassero con il solo impero del passato che potesse essere paragonato a quello britannico – Roma – per dare una prospettiva storica al proprio successo, e anche per legittimare un'imprevista leadership mondiale.

Reperti e opere d'arte romani, acquistati in tutta Europa, riempirono i palazzi dei privati e i musei nazionali. Colonne e archi trionfali, come Marble Arch, venivano eretti per celebrare i successi – grandi o piccoli – della flotta e dell'esercito. Il ritorno dei generali sul suolo patrio era celebrato come nell'antica Roma, con solenni cortei, al punto da dover disperdere la folla in festa all'interno di Hyde Park. Fu così che il povero Canning, incappato nella riedizione dell'Impero britannico come erede di quello romano, fu immortalato nel marmo abbigliato con una toga. Ma non rimase solo a lungo.

A poche centinaia di metri, vittime della stessa fantasticheria, Boadicea e le sue figlie occupano un piedistallo sul lungofiume di Westminster e sfidano il vento su un carro decisamente diverso da qualsiasi macchina da guerra che gli iceni avessero mai conosciuto prima di scontrarsi con l'esercito romano. Anche in tale ipotesi, le lame rotanti attaccate alle ruote e l'assenza di briglie sui cavalli avrebbero sorpreso ambedue gli eserciti. Il monumento di Boadicea risale all'età vittoriana, quando la vita sociale era tutta un susseguirsi di ricevimenti in abito da sera, e ha un non so che di ridicolo, pur non essendo una celebrazione nuova per gli inglesi.

Guardavo il volto candido di Boadicea e a poco a poco ricordavo che, dopo l'inaspettata vittoria della flotta contro l'Invencible Armada nel 1588, Elisabetta I, anziché posare come in altri dipinti con il classico globo sul palmo della mano, a simboleggiare l'obiettivo imperiale per il prossimo futuro, era stata ritratta con una lepre sotto il braccio – la lepre indica il legame con un passato guerriero. Si diceva che Boadicea avesse liberato una lepre prima della battaglia contro i romani: la direzione presa dall'animale avrebbe indicato l'esito dello scontro imminente. Il paragone con una donna indigena a capo di un esercito che combatté contro una potenza straniera con forze superiori era decisamente appropriato, anche se la regina Vittoria, che mostrava in pubblico soltanto il volto e le mani, sarebbe impallidita davanti alla nudità della sua "collega". Il fatto che poi Boadicea fosse stata sconfitta non preoccupava il potentissimo Impero britannico: era comunque un simbolo potente di regalità, un legame *sui generis* con l'Impero romano.

Per completare il processo di unificazione nazionale e linguistica, il mio amato dottor Johnson torna in causa. La Gran Bretagna, nata dall'unione tra l'Inghilterra e la Scozia nel 1708, si sentiva unificata dalla lingua di Shakespeare e dalla letteratura inglese, ma i due popoli non lo erano. Nonostante ciò Londra agli occhi degli europei era diventata la città più grande d'Europa e di tutti i tempi, prendendo il posto di Roma. L'Impero romano era l'ineludibile modello a cui continuava a guardare l'Impero britannico; il nemico storico, il centro dell'animosità europea, era la Francia. Parigi era la capitale da sconfiggere. La rivalità tra Francia e Inghilterra risaliva al Medioevo; dal punto di vista culturale, fino agli inizi del Settecento la supremazia francese era stata schiacciante in tutta Europa, con schiere di scrittori, artisti e uomini di pensiero molto più illustri di quelli britannici. Nell'Ottocento la Francia non era più una rivale, nonostante alla fine del secolo precedente fosse stato proprio un francese nato in Corsica a minacciare seriamente di invadere l'Inghilterra e sconfiggere la sua flotta. In pochi decenni, la

Gran Bretagna prese il sopravvento e la Manica, da ponte per gli invasori stranieri, si era trasformata in fossato invalicabile, sotto l'esclusivo controllo della marina britannica.

Il fiume, maestoso, curvava verso sudest; le acque chiare tremolavano; sul cielo alto, un magnifico tramonto rosato. I grattacieli della City e quelli nuovissimi del South Bank riflettevano la luce tenera e marcavano la gloriosa crescita della città. Io ero una di otto milioni di abitanti. La più grande città d'Europa, seconda soltanto a Mosca.

Boadicea rappresentava degnamente, agli occhi dei vittoriani, la loro invincibilità e la potenza militare ed economica della Gran Bretagna nel mondo: la sua statua e la collocazione all'ingresso del ponte di Westminster avevano un loro senso, tutto britannico.

In tempi di grande espansione, l'uomo cerca di capire il meccanismo che regola la natura e la sua causalità per trarne il maggior beneficio possibile. Questo processo è di vitale importanza per i governanti e le classi al potere. Durante l'età elisabettiana, fu il caso a salvare l'Inghilterra dagli spagnoli: un repentino cambiamento della direzione in cui soffiava il vento trascinò l'Armada del re di Spagna, pronta a invadere l'Inghilterra, lontano dalla costa inglese e la mandò a fracassarsi sugli scogli della Scozia e dell'Irlanda. Durante l'età vittoriana, il lungo elenco di eventi fortuiti include anche una Rivoluzione industriale resa possibile da una grande quantità di carbone facilmente accessibile, l'economia più fiorente del mondo e un popolo con una forte avversione alle rivoluzioni. Per spiegare queste fortunate coincidenze bisogna considerare tutte le teorie, purché abbiano una base storica o scientifica, non importa quanto sembrino improbabili o lontane dalla realtà. Il gruppo monumentale sull'Embankment rappresentava la ricerca di un parallelismo tra Vittoria, imperatrice di origine germanica, e

Boadicea, regina indigena degli iceni, ambedue fiere protettrici del proprio potere e della propria supremazia. I personaggi famosi sulla piazza, a quei tempi, dimostravano che il popolo britannico era predestinato a comandare sugli altri.

Ritornai sui miei passi verso la piazza, costeggiando il palazzo del Parlamento. La torre dell'orologio, un tempo chiamata Big Ben, ora Torre della regina Elisabetta, troneggiava su di me. Al primo piano del palazzo, dietro le enormi finestre dell'appartamento dello *Speaker*, il presidente della Camera dei Deputati, c'era un lettone monumentale riservato al sovrano: era il suo rifugio nel caso di una rivolta del popolo. Lo avevo visto anni prima, quando ero stata ospite dello *Speaker* di allora, una laburista statuaria quanto Boadicea e di poderosa intelligenza, che in gioventù aveva calcato il palcoscenico come ballerina di avanspettacolo.

Girai l'angolo. Westminster Hall: il tetto, il più grande tetto ligneo del Basso Medioevo, sembrava schiacciato dal palazzo del Parlamento. Di fronte, la chiesa di St Margaret, un gioiello di proporzioni perfette che nel Duecento aveva dominato l'isolotto di Westminster, sembrava piccina accanto a Westminster Abbey. Sul muro dell'abside, c'era una targa con dei versi dell'*Ecclesiaste*, il prologo 6 del capitolo 1. Li sapevo a memoria, quei versi:
*Il vento soffia a mezzogiorno,
poi gira a tramontana;
gira e rigira
e sopra i suoi giri il vento ritorna.*
Il senso del tempo. E delle giuste proporzioni. Il buonsenso.

Entrai attraverso la porta di ferro battuto di Parliament Gardens, il giardino rettangolare che unisce il Parlamento al ponte di Lambeth. Volevo vedere *Les Bourgeois de Calais*.

«Stiamo per chiudere, è il tramonto!» disse, cortese, l'addetto ai giardini, un ragazzo nero con i capelli rasta, in uniforme impermeabile arancione. E puntò il dito verso il cielo amaranto al di là del Tamigi. Fiocchi di nuvole dai bordi di fuoco vi galleggiavano sereni.

«Ci sono altri nel parco!» insistetti, indicando il gruppetto di ragazzi che si dirigeva verso il chiostro ottocentesco, vicino al fiume. Lo avevo spiazzato: non se n'era accorto, il suo collega avrebbe dovuto fermarli.

«Cos'è che vuole vedere?»

Feci un cenno in direzione del gruppo di statue di bronzo.

«Faccia presto: dobbiamo chiudere. Il mio collega sta facendo uscire quei ragazzi.»

E rimase, vigile, accanto a me.

Non so chi abbia deciso di esporre *Les Bourgeois de Calais* nel giardino di Westminster su un alto piedistallo, in modo che diano le spalle alla Camera dei Lord. Siamo nel 1347, ma potrebbe essere oggi. Mangiate dalla vergogna della sconfitta eppure fiere del proprio sacrificio, le cinque figure emaciate sono portate da Eustache de Saint Pierre alla morte per mano inglese che salverà la cittadinanza ridotta allo stremo da undici mesi di assedio delle truppe di Edoardo II. Contorti e sofferenti, i borgomastri di Calais sono fusi in un grumo di disperazione. Mantengono però intatta la propria dignità; spetta a loro la vittoria morale contro la prepotenza del sovrano inglese che li ha costretti a consegnargli le chiavi della città. I borgomastri, eletti per proteggere la libertà del comune di Calais, hanno tradito il loro mandato, asservendosi al vile aggressore inglese, per salvare i cittadini da una certa morte per fame. Il capolavoro di Rodin, come i busti degli schiavi di Michelangelo al Louvre di Parigi, è un monito universale contro lo strangolamento delle libertà dell'individuo da parte dell'assolutismo politico, del potere delle dinastie ereditarie e, oggi, della plutocrazia. Non potrebbe essere in un posto più adatto.

Mi ero attardata. Mi scusai con il ragazzo dai capelli rasta. «Non si preoccupi, se vuole può andare a vedere anche quello.» E indicò il chioschetto nel giardino. «Il mio collega ha trovato degli amici...» E le sue labbra carnose si aprirono in un sorriso smagliante. Non capii, ma ne approfittai per avviarmi verso il chioschetto, a grandi passi.

Accovacciati sull'erba umida, otto musulmani pregavano in due file da quattro. Perfettamente geometriche. Sette dorsi scuri. L'ottavo, nella seconda fila, arancione: era l'altro giardiniere. Accanto a un tronco, il pallone da calcio. Pregavano rivolti alla Mecca – il sole morente, tutto un bagliore, infuocava il cielo. Non volli andare oltre. Mi chiedevo se sapevano che il chioschetto ottocentesco dinanzi a cui pregavano era stato eretto da un deputato in memoria del proprio padre, fervente abolizionista della schiavitù. Ignari di tutto, gli occhi puntati a Oriente, bisbigliavano le loro litanie e si genuflettevano all'unisono.

Ritornai dal giovane con i capelli rasta. Aveva le chiavi in mano, pronto a chiudere i cancelli. Gli chiesi se l'altro giovane in arancione era un suo amico.

«No, è un sostituto del collega che lavora di solito con me. Era andato a chiudere l'altro cancello, poi si è accorto che quei ragazzi si erano inginocchiati e zitto zitto li ha raggiunti e si è unito a loro.» Poi aggiunse, guardandoli: «Dovremmo andar via, è tardi. Se finiscono presto, il capo non si accorgerà del ritardo...». E poi, con un lampo negli occhi: «Gli dirò che c'era una signora straniera che voleva vedere quella statua tanto brutta... e che ha insistito moltissimo!».

«Attento» lo ammonii «io sono londinese come lei.» Poi guardando le spalle robuste dei ragazzi genuflessi in preghiera, esclamai: «Londinese come loro!».

APPENDICI

L'immigrazione italiana a Londra e l'immigrazione nera a Brixton

> *My dear friend clear your mind of can't.*
> Caro amico, togliti dalla mente la frase «io non ci riesco».
>
> SAMUEL JOHNSON

La presenza italiana a Londra è documentata a partire dal 1290, dopo la cacciata degli ebrei espulsi da Edoardo I, quando i *lombardi* subentrarono loro nel "commercio del denaro", come veniva allora chiamata l'attività bancaria. Di loro è rimasto il nome della strada che avevano trasformato nel loro quartier generale: Lombard Street.

Dal tardo Quattrocento in poi, artisti e letterati italiani furono molto popolari a corte e tra gli aristocratici; la loro lingua era parlata e studiata. Intorno alla fine del secolo successivo, giunsero molti artigiani italiani specializzati nella costruzione di strumenti di precisione e soffiatori di vetro, la cui opera fu essenziale per lo sviluppo della scienza. Nel Seicento, poi, il boom delle ville palladiane creò una forte richiesta di decoratori, scalpellini, falegnami e pittori. Canaletto lavorò a Londra e l'intellighenzia italiana del periodo era presente nell'arte e nella cultura inglese. Tra i fondatori della Royal Academy ci fu, nel 1768, il pittore e incisore Giovanni Battista Cipriani.

L'immigrazione vera e propria iniziò nel 1790, dalla Liguria e dalla Lombardia. Erano artigiani, soprattutto incisori e orologiai, che non interferivano con le corporazioni di lavoratori inglesi.

Un secondo e nuovissimo flusso di immigrazione si verificò intorno al 1820 e durò per vent'anni: i rifugiati politici. Foscolo, nel 1818, fu il primo. Molti si stabilirono in Inghilterra e si integrarono; erano ben visti dai liberali. Alcuni, come Antonio Panizzi – il primo direttore del British Museum – e Dante Gabriel Rossetti – il pittore e traduttore di Dante, nato in Inghilterra da genitori italiani –, divennero famosi.

Il terzo flusso, quello del 1830, aveva tutte le caratteristiche dei flussi migratori di oggi, determinati da fame e povertà. Contadini dell'Appennino tosco-emiliano seguirono l'esempio dei fuoriusciti politici e formarono il gruppo più numeroso di immigrati italiani. Alcuni erano stagionali: partivano in primavera e attraversavano l'Europa con mezzi di fortuna – nel frattempo si mantenevano facendo vari lavori: venditori di castagne, saltimbanchi, imbianchini e perfino cantanti e attori – per lavorare nelle campagne inglesi durante la stagione estiva. Tornavano poi a svernare al paese d'origine.

Poi gli stagionali divennero residenziali; lavoravano come venditori ambulanti, anche di gelati fatti con ghiaccio grattato e sciroppo. A Londra facevano gli arrotini: avevano la loro officina su una carriola e si posizionavano davanti alle porte posteriori di ristoranti e alberghi per affilare i coltelli. Altri erano figurinai – modellavano statuette di creta –, e altri ancora mosaicisti.

Non sono fiera dello scandaloso fenomeno dei cosiddetti "garzoni", che durò dalla metà fino alla fine dell'Ottocento. Operai che avevano fatto più o meno fortuna, i "padroni", tornavano in patria e persuadevano le famiglie più povere ad affidare loro i figli minorenni, allettandoli con la promessa di vitto e alloggio e un bel gruzzolo alla fine di un periodo di lavoro di quattro anni. I ragazzini entravano in Inghilterra come dipendenti o parenti dei padroni, i *fagin* italiani, ed erano tenuti come schiavi, affamati e maltrattati. Giravano per la città chiedendo l'elemosina e suonando organetti e zampogne, e probabilmente venivano addestrati anche a rubare. Sin dal

1840 la stampa inglese aveva parlato del «trattamento crudele dei ragazzi italiani»; Dickens vi fa cenno, senza specificare la nazionalità. Durante il suo esilio, dal 1840 al 1848, Mazzini fondò una scuola e, tramite le sue amicizie politiche, contribuì ad attirare l'attenzione sul maltrattamento dei garzoni. Nell'insieme, comunque, gli italiani si sentivano una comunità e formarono un gruppo ben identificabile a Londra. La loro prima colonia fu a Clerkenwell, dove nel 1864 fu costruita la prima chiesa italiana, St Peter.

Nel 1880 cominciò una diaspora causata dalla miseria che affliggeva l'Italia post-unitaria. Uomini soli o intere famiglie venivano da tutta la penisola e si stabilivano a Clerkenwell; lavoravano in squadre dirette da altri italiani e costruivano case e strade. Questo flusso migratorio continuò fino a dopo la Prima guerra mondiale. Gli italiani si erano conquistati uno spazio nel settore alimentare – empori, locande e osterie, locali in cui si vendevano cibo pronto o gelati – e in quello alberghiero. Erano persone modeste, senza grande cultura o aspirazioni sociali. Si sposavano tra di loro o con cattolici irlandesi.

Durante il periodo fascista la colonia italiana, ormai consolidata, aveva una certa dignità, se non autentico prestigio nel settore alimentare. I ristoranti più alla moda e raffinati, a quel tempo, erano di proprietà di italiani. Molti avevano preso la nazionalità britannica per convenienza, ma mantenevano la loro identità culturale. Nel 1936, la campagna di guerra in Abissinia cambiò tutto: gli italiani erano diventati nemici e da un capo all'altro della Gran Bretagna subirono pesanti rappresaglie. Molti si ritrovarono senza casa e discriminati, in condizioni più che precarie. Nel 1940, la *Arandora Star* salpò da Liverpool con un carico di tedeschi e italiani diretti in Canada, dove avrebbero trovato migliore accoglienza. Non aveva scorta e portava una svastica. Era inevitabile che fosse attaccata dai sommergibili nazisti e affondata: 446 dei 700 italiani a bordo morirono. Il governo britannico cercò di far passare tutto sotto silenzio. La comunità italiana ne soffrì enormemente e la vicenda fu vissuta – probabilmente non a torto – come un tradimento da parte di un paese a cui aveva dato tanto.

Il dopoguerra vide un nuovo tipo di immigrazione: arrivavano soprattutto dal Sud Italia, incoraggiati dal governo britannico che aveva bisogno di manovalanza per ricostruire il paese. L'immigrato trovava impiego nelle serre, come manovale, nelle fabbriche di laterizi, e dove trovava lavoro metteva radici; i figli facevano lo stesso mestiere del padre. I permessi di lavoro dovevano essere ottenuti prima di arrivare in Inghilterra, e dunque si trattò di un'emigrazione a gruppi. Interi paesi si svuotarono di giovani uomini che, una volta arrivati, facevano venire anche le mogli o se le cercavano con matrimoni per procura. Più della metà di questo flusso migratorio venne dalla Sicilia, e in particolare da alcuni paesi dell'entroterra come San Biagio Platani e Mussomeli. Nel 1972, la comunità italiana raggiunse quota 213 000, più del doppio rispetto al 1960 e dieci volte rispetto al 1930.

Nonostante la Gran Bretagna continuasse a favorire l'immigrazione di operai italiani – non esigeva più i permessi di lavoro di gruppo –, dopo il 1970 il fenomeno si attenuò: gli immigrati appena potevano facevano ritorno in Italia, dove da tempo avevano iniziato la costruzione della loro casa. L'immigrazione di laureati e professionisti era quasi inesistente. Tutto ciò è cambiato radicalmente negli ultimi vent'anni con la cosiddetta "fuga dei cervelli", giovani di talento o in cerca di un'alta specializzazione che non possono o non vogliono rimanere nel loro paese. Ci sono giovani che non trovano lavoro in patria e vanno in Inghilterra per imparare la lingua e lavoricchiare, e altri che decidono di trasferirsi definitivamente se trovano lavoro.

Gli uni e gli altri sono insoddisfatti della situazione economica italiana, alcuni anche di quella politica.

Nel dopoguerra la nazione ha avuto bisogno di lavoratori e ha incoraggiato un'immigrazione controllata e mirata di europei e cittadini del Commonwealth per fare i lavori che non piacevano agli inglesi: ci sono stati episodi disturbanti di razzismo contro i neri ma nell'insieme, guardando agli ultimi cinquant'anni, i londinesi, abituati al contatto con gente nuova e straniera, sono riusciti ad assorbirli e ad accettarli, sul principio del "vivi e lascia vivere". In passato, i flussi di immigrazione erano diretti al porto di Londra, nell'East End. I nuovi arrivati si fermavano in zona per una o due generazioni almeno; poi si allontanavano e cedevano il posto ai nuovi arrivi. A Brick Lane, nell'East End, si trova una moschea che prima era stata una sinagoga e prima ancora una chiesa degli ugonotti, i protestanti francesi perseguitati dai cattolici. C'era un'accettazione quasi atavica del diverso, che nasceva dalla sicurezza di sé dei britannici (che non avevano paura che questa gente diversa da loro, che veniva per lavorare e avere una vita migliore, sovvertisse il loro ordine) e dalla volontà degli immigrati di inserirsi e lavorare nel loro nuovo paese.

I figli degli immigrati neri, soprattutto i maschi, abituati a una severa disciplina in casa e a scuola, alle prese con docenti che non conoscevano la loro cultura e che da loro si aspettavano poco o niente, hanno lasciato la scuola prima del diploma trovandosi impreparati al mercato del lavoro. Il razzismo che ha preso piede nella polizia ha dato il colpo di grazia alla loro autostima.

Disoccupati o con lavori saltuari, questi giovani londinesi di pelle scura sono stati facile preda del mondo criminale degli *yardies* – la mafia giamaicana – e, nell'ultimo ventennio, del fondamentalismo religioso, soprattutto islamico. Giovanissimi rifugiati politici somali e di altre zone di guerra africane – ragazzi che hanno vissuto gli orrori della guerra civile sia da vittime sia da carnefici – hanno dato vita a gang criminali e ad associazioni che si spacciano per religiose; controllano le case popolari, che si sono suddivise in base al distretto postale: una facile spartizione di territorio. All'interno della struttura militaresca della gang, che prospera anche grazie al traffico di droga, i giovani trovano una nuova identità, un nome e una religione. In certe zone della città, la polizia è impotente.

Oggi che la Gran Bretagna non è più la superpotenza di un tempo, c'è maggior insicurezza e si nota un atteggiamento potenzialmente ostile verso il diverso e l'immigrato, sia bianco sia nero, europeo e non. Un atteggiamento che detesto, ma che non mi fa paura: finirà, perché la popolazione diventa sempre più mista. Si calcola che nel 2030 la metà dei cittadini dell'intero Regno Unito sarà di sangue misto, come i miei figli.

Questa sarà la grande forza della Gran Bretagna, una forza che nasce da Londra.

La buona cucina dei ristoranti

Love is only one of many passions.
L'amore è solo una di molte passioni.
SAMUEL JOHNSON

Londra è una delle capitali gastronomiche del mondo. Si mangia benissimo, e non costa tanto caro. Al contrario di me, gli inglesi preferiscono mangiare nei ristoranti stranieri e soltanto nell'ultimo decennio si è visto un revival della buona cucina inglese grazie a bravi cuochi come Jamie Oliver e ai programmi televisivi in cui si esaltano i tanti ottimi piatti tradizionali. Il palato inglese, a differenza di quello siciliano, ha sempre apprezzato la cucina straniera e anche quella delle colonie: mentre nel passato gli inglesi compravano il *fish and chips*, di origine ebraico-sefardita, per mangiarlo poi a casa, ora il cibo da asporto più comprato nella nazione è il *curry*.

Io non amo mangiare nei ristoranti italiani, per motivi diversi dagli inglesi: il primo è che le riunioni conviviali dell'Accademia italiana della cucina – della quale sono membro – si tengono sempre in ristoranti italiani, e dunque quando vado a cena con amici preferisco provare altre cucine. Il secondo è che spesso nei ristoranti italiani cucinano meglio di me, e io mi danno per capire perché i piatti non mi vengano altrettanto bene. Se invece la cucina è peggiore – e capita, soprattutto sui dolci –, mi dispiaccio perché mi sembra che chi mi ha invitato abbia sprecato i suoi soldi: allora mi riprometto di invitarlo a casa mia, la prossima volta. In ambedue i casi non è piacevole. Preferisco quindi mangiare nei ristoranti indiani, cinesi, libanesi o ebraici, perché amo i loro piatti e non saprei da dove cominciare per rifarli. Oppure, porto i miei ospiti italiani in ottimi ristoranti inglesi.

Diwana Bhel Poori Curry House

Veeraswamy, il primo ristorante di lusso indiano a Londra, fu inaugurato prima della guerra. Era molto all'antica, e si serviva la cucina indiana coloniale, "corretta" per il gusto britannico, poco piccante e con molta uva passa. Modernizzato di recente, ha perduto il suo charme ed è diventato un bel ristorante con tavoli di marmo e acciaio, come tanti altri. È anche costoso. Preferisco andare in Drummond Street, vicino alla stazione di Euston, la strada dei ristoranti indiani poco costosi, perlopiù vegetariani del Sud dell'India. Li frequentano gli studenti universitari e molti indiani. L'atmosfera è casalinga. Diwala Bhel Poori Curry House è il mio preferito. I *tali*, vassoi individuali con vaschette di curry, sono una delizia, e così i *puri*, frittelle di grano gonfie e dorate, e i *dosa*, pani larghi come crespelle. Le verdure sono squisite. Il curry può essere ordinato *mild*, *hot* o *very hot*, cioè delicato, piccante o molto piccante. Il riso al vapore è ottimo e soffice. Sconsiglio di prendere il caffè e il dolce: non sono buoni. Si annaffia il pasto con tè o birra.

[121-123 Drummond Street, NW1 2HL, tel. 020 7387 5556]

Dragon Castle

La cucina cinese è una delle grandi cucine del mondo. Noi Hornby festeggiamo al Dragon Castle ogni compleanno di famiglia. Si raggiunge con la metropolitana (fermata Elephant and Castle), o con l'autobus 68 che da Euston va a Herne Hill. Il locale è enorme, il servizio efficiente, rilassato e cortese; i

bambini, cinesi e non, sono accolti con entusiasmo. Il conto per dieci persone è davvero modesto.
[100 Walworth Rd, SE17 1JL, tel. 020 7277 3388]

Beigel Bake - Brick Lane Bakery

I *bagel* – panini di farina di pane e lievito con un pizzico di dolcificante, a forma di ciambella – si mangiano a tutte le ore. Dopo una prima bollitura vengono cotti in forno: questa cottura particolare li rende morbidi e si possono conservare a lungo. Si dice che siano stati inventati in Polonia nel Settecento, di certo sono approdati a Brick Lane con gli ebrei fuggiti dalle persecuzioni polacche intorno al 1850. La *Brick Lane Beigel Bakery*, famosissima e frequentatissima (c'è sempre la coda), non chiude mai. È il posto preferito dei tassisti londinesi per gli spuntini notturni. I *bagel* sono farciti con salmone affumicato e uno spruzzo di limone, o con carne – la versione più tradizionale, ottima seppur pesante. Si sparge mostarda molto piccante sulle due metà del *bagel* e poi si aggiungono fette di manzo bollito, tagliato sottile, e fettine di cetriolo sott'olio. Non mi stanco mai di mangiarli.
[159 Brick Lane, E1 6SB, tel. 020 7729 0616]

J. Sheekey

È uno dei più antichi ristoranti di Londra. È stato ristrutturato con cura e vi si respira un'aria d'altri tempi. Fondato due secoli fa, è nato come ristorante di pesce prettamente inglese: una delle specialità è la sogliola di Dover, spennellata abbondantemente di burro fuso e grigliata per pochi minuti, servita con limone o salsa tartara; le ostriche, che arrivano disposte su vassoi di ghiaccio, sono così succulente e fresche da giustificare ampiamente il prezzo: 15 sterline per mezza dozzina. Si sta bene da *J. Sheekey*: l'arredo è tradizionale ma non troppo, le tovaglie e i grandi tovaglioli di lino sono impeccabili. I camerieri in giacca nera e papillon – tutti bei ragazzi, un piacere per gli occhi – sono estremamente cortesi e informati sul menu, con un pizzico di condiscendenza e altezzosità. La carta dei vini è eccellente. Pane squisito, caldo di forno, e menu vario. Le verdure sono cotte al punto e gli altri contorni dal gusto delicato – ma mai scipito –, per non sovrastare il profumo e il sapore del pesce, che viene servito al vapore, fritto e alla griglia, in porzioni generose. *Strictly British*. Un ottimo ristorante che mette allegria. Inviterei a pranzo da *J. Sheekey* chiunque osi affermare che gli inglesi non sanno mangiare. Sanno mangiare eccome! Con una scelta limitata di verdure, pesce freschissimo e un'attenta cottura, mettono in tavola pasti eccellenti.

[28-32 St Martin's Court, WC2N 4AL, tel. 020 7240 2565]

Simpson's in the Strand

Simpson's in the Strand non è soltanto un ottimo ristorante ma anche una vera e propria istituzione, uno dei capisaldi della Londra edoardiana. Rimasto tale e quale. È un'esperienza che merita. Attaccato al Savoy, somiglia più alla sala da pranzo di un club che a un ristorante. Nelle due sale, una al pianterreno e l'altra al primo piano, trovano posto più di cento persone. I commensali sono raramente facce nuove – in tal caso *nouveaux riches* o turisti americani –, predominano gli *habitué* che cercano la buona cucina domenicale di casa o hanno un desiderio folle di gustare un pranzo dei tempi della scuola, però ottimo.

Gli antipasti sono molto British – terrina di gamberetti, salmone affumicato, o un consommé che per motivi ecologici non è più il brodo di tartaruga, oltretutto dolciastro e per nulla speciale. Il pesante carrello sormontato da una cupola di metallo argentato scivola e si ferma accanto al commensale. Il rosticciere solleva il coperchio a cupola; gli aromi si sprigionano e raggiungono le narici prima che lo sguardo possa fermarsi sul succulento tocco di arrosto, posato sul tagliere. Nelle legumiere riposano al caldo le patate al forno e le verdure – carote, cavoletti di Bruxelles, cavolfiori, fagioli piatti e piselli. Nel cassetto caldo, sotto l'arrosto, cuociono gli *Yorkshire pudding* – soffici e croccanti come bignè, nascono da un impasto di farina, latte e uova battuto con le fruste della panna, per aggiungervi aria, e versato sul grasso bollente raccolto nella teglia assieme al succo del taglio. Sono deliziosi, mangiati con la carne o semplicemente con una cucchiaiata del sugo dell'arrosto. Il nobile *sirloin* dev'essere croccante all'esterno, tenero e al sangue all'interno, e saporito. Il rosticciere prepara ogni singolo piatto irrorando le fette di carne e le verdure con la salsa tradizionale, alla quale in fase di cottura si aggiunge un po' di vino rosso. Poi i commensali si serviranno da soli delle mostarde. Gli altri tipi di carne sono accompagnati ciascuno dalla propria salsa: di mele per il maiale, di pane per i volatili, di menta per l'agnello. I *pudding*, i dolci da tavola inglesi, sono la mia passione. Oltre alla zuppa inglese – il *trifle* – e il *syllabub*, un misto tra zabaione e mousse di limone, c'è un'infinita varietà di torte e crostate. Il *summer pudding* è il mio preferito per la sua semplicità: un dolce di frutti di bosco lavati, tagliati a pezzi e appena zuccherati, pigiati in formine foderate di fette di pane bianco imbevute di succo di lamponi e di fragola e coperte da un altro strato di pane. Le formine si mettono a riposare per almeno mezza giornata, e poi si capovolgono sul piatto. Il *summer pudding* si serve con foglie di menta, *coulis* di lamponi e panna liquida appena zuccherata.

[100 Strand, WC2R 0EW, tel. 020 7836 9112]

The Quality Chop House

Una scoperta del mio figlio maggiore. Un ristorante piccolo in cui però non ci si sente soffocati. Se per raggiungere dal marciapiede la sala da pranzo di *Simpson's in the Strand* ci vogliono almeno una trentina di passi (dopo aver superato la porta girevole cigolante, si attraversa la grande lobby e si entra nel santuario del roast-beef, la sala da pranzo dalle pareti rivestite da una boiserie scura), nel caso della *Quality Chop House* in trenta passi si attraversa l'intero ristorante – sala da pranzo, cucina, cortile – e ci si ritrova davanti ai bidoni dell'immondizia.

Sui vetri smerigliati delle finestre sono incise le parole che svelano l'origine politica del ristorante: *civility, quality* e *progressive working class caterer*. Dal giorno in cui ha aperto i battenti, nel lontano 1869, l'interno della *Quality Chop House* è rimasto intatto, fatta salva l'introduzione del gas, di una cella frigorifera e infine dell'energia elettrica. Le applique che sporgono dalle pareti su ciascun tavolo hanno ancora le valvole che abbassavano la fiamma del gas all'ora di cena. La grande ghiacciaia di legno che manteneva fresche le famose costolette di maiale è ancora sotto la scala accanto alla cucina; un tempo era foderata di lastre di ghiaccio provenienti da lontani laghi ghiacciati e portate per mare, ora è piena di ottimi vini bianchi. Nel periodo vittoriano, a Clerkenwell vivevano due comunità di immigrati: gli irlandesi, sul lato est di Farringdon Road, e gli italiani, su quello ovest. Le prospettive di lavoro a Londra erano il loro magnete. I clienti del ristorante erano operai e artigiani specializzati; lungo le pareti, i tavoli lunghi e stretti erano ingabbiati in spartane cabine di legno. I primi clienti erano giovani scapoli; ai loro tavoli andavano a sedersi giovani donne che lavoravano come insegnanti, infermiere o impiegate. In epoca vittoriana la vicinanza tra i due sessi doveva essere controllata: tavoli e panche inchiodate alle pareti avrebbero dovuto servire a tale scopo, se non fosse per il fatto che erano molto stretti e le ginocchia dei commensali si toccavano. Per porvi rimedio, i posti a tavola sono tuttora disposti in diagonale. Come al solito, la moralità vittoriana era soltanto di facciata. Ancora oggi il ristorante è meta di coppie di innamorati.

Il menu non è ampio: si servono pietanze inglesi semplici e ben condite. Le costolette di maiale, che erano il cibo dei poveri, sono buonissime, e così tutti i contorni. Del menu fanno parte anche affettati, olio al tartufo e parmigiano. Il ristorante è frequentato principalmente dai londinesi, ma i turisti sono sempre ben accetti: condividono il tavolo e la conversazione con gli altri ospiti. È un posto ideale per bambini: incastrati tra i commensali, sono ipnotizzati dal posto e dalla cabina.

[92-94 Farringdon Road, EC1R 3EA, tel. 020 7278 1452]

Rules, il più antico ristorante di Londra (1798)

È a Maiden Lane, a Covent Garden. È un ristorante con un servizio eccellente, pieno di charme, antico e al tempo stesso moderno, frequentato da scrittori, artisti e da tanti turisti discreti, che rendono straordinaria l'esperienza del pasto. Le carni arrivano direttamente dalla tenuta del ristorante. La *steak and kidney pie*, il tradizionale sformato di pasta sfoglia ripieno di spezzatino di carne e di rognone, è meraviglioso. Le stoviglie – porcellana inglese tradizionale – sono magnifiche. Il caffè non è buono, anche se il direttore mi ha assicurato che usano caffè Illy e una macchina acquistata presso la stessa azienda.

[35 Maiden Lane, London WC2E 7LB, tel. 020 7836 5314]

Sweetings

Un misto tra trattoria e ristorante, è apparso in molti film e sceneggiati televisivi: è davvero bello. Non ha mai chiuso dal 1889, anno della sua fondazione, ed è rimasto intatto da allora. È aperto soltanto cinque giorni alla settimana, dalle 11.30 alle 3. Serve pesce inglese e la sua specialità sono le ostriche di West Mersea, sulla costa dell'Essex: è possibile mangiarle soltanto nei mesi il cui nome contiene una *erre*, da settembre ad aprile. Ci andavo spesso con mio marito quando lavoravo alla City, e mi viene ancora l'acquolina in bocca al ricordo.

[39 Queen Victoria Street, London EC4N 4SF, tel. 020 7248 3062]

George Hornby

Minestrone londinese

1
Bagaglio al seguito

Sugli inglesi se ne dicono tante, e da tanto tempo. Quando eravamo bambini, dopo l'estate passata in Sicilia, i nonni portavano me e mio fratello all'aeroporto di Palermo, dal quale partivamo per tornare a Londra dai nostri genitori. Mentre la nonna controllava biglietti e passaporti e cercava di infilare manciate di caramelle in tasche già piene di cioccolatini, il nonno si dedicava alle ultime raccomandazioni. Distogliendo lo sguardo dalla strada per fissarci dallo specchietto retrovisore, con tono serio e parole ben scandite, attaccava con la sua solita predica: «Bambini, non scordatevi mai, *padre* Cesare è andato lì a civilizzarli». E, dopo una pausa lunga giusto il tempo di accertarsi che la strada davanti fosse ancora libera, tornava a guardarci e proseguiva solenne: «... e il lavoro non è ancora stato completato».

In famiglia, conosciamo tutti queste frasi a memoria. Mia madre fu la prima a ricevere tali perle di saggezza quando annunciò di volersi fidanzare con un universitario inglese che aveva conosciuto durante un viaggio regalatole proprio dal nonno. Da allora, il monito verso il comportamento barbaro degli indigeni della Gran Bretagna fu elargito, con grande generosità, a chiunque decidesse, improvvido, di avventurarsi in quei luoghi.

Anche se la conclusione del nonno sullo status degli abitanti dell'"altra" isola aveva forse perso attendibilità con il passare del tempo, non c'è dubbio che le tribù che accolsero Cesare nel 55 e 54 a.C. e poi Claudio, una novantina d'anni dopo, non fossero tra le più evolute. I "britones" non scrivevano, non si lavavano e, forse di conseguenza, non avevano nemmeno una parola per dire "bacio". Per evidenziare la propria superiorità culturale, i romani gliene insegnarono tre: *osculum* (il semplice bacio sulla guancia); *basium* (uno sfioramento sulle labbra); e *savium* (un'interazione umana ancora indefinita dalla lingua inglese). Forse il nonno non aveva tutti i torti.

Un discorso a parte meritano gli scozzesi. Come i gallesi, gli irlandesi e gli abitanti della Cornovaglia occidentale, non hanno fatto parte della colonia romana della Britannia e si rivolgono alle proprie radici celtiche per differenziarsi dagli inglesi. Tuttora, gli scozzesi si riferiscono con poco affetto ai "sassenachs" del sud, ossia quei sassoni germanici che, assieme ai popoli scandinavi, presero il posto dei romani dopo il loro ritiro nel v secolo.

Sentii per la prima volta la parola "sassenach" anni fa, in occasione di una visita a mio fratello che studiava all'università di Edimburgo. Il freddo quel giorno era tale che ogni cinque minuti eravamo costretti a ripararci dal vento ghiacciato in uno dei numerosissimi pub che offrono conforto alla popolazione infreddolita. Ecco perché ce ne sono tanti, oltre settecento. Tuttavia, prima di cedere alla facile tentazione di dare degli "ubriaconi" agli scozzesi, sarebbe il caso di visitare l'antica capitale anglosassone di St Albans, la cui cattedrale è circondata da luoghi inneggianti a Bacco. Il Rotary Club della città si vanta del fatto che ci siano «più pub a St Albans per miglio quadrato che in qualunque altro luogo del paese». Ma per trovare i veri amanti del pub bisogna viaggiare verso ovest. Nel 2008, il programma *More or Less* di BBC Radio4, che si occupa di numeri e statistica, ha constatato che, pur avendo una popolazione di soli 2 075 abitanti, il villaggio di Rhayader, nel Galles centrale, ospita dodici pub, ossia uno ogni 173 persone. E questo in un clima tropicale, se lo si confronta con quello della capitale scozzese.

Tornando alla visita a mio fratello, ci trovavamo in uno di quei pub-rifugio sotto la roccia del castello di Edimburgo, dove ci eravamo fermati per recuperare la sensibilità a mani, piedi, naso e orecchie. Al bancone del bar, al quale mi ero avvicinato per ordinare una birra, c'era un signore che il freddo se lo era ormai scordato da tempo, guance rosee come quelle di uno gnomo natalizio. Mi guardava da sotto in su, barcollando leggermente, finché ringhiò: «Sassenach!». Lo guardai confuso e mi avvicinai per chiedergli di ripetere quella parola straniera. A quel punto il suo collega di bevute, anche lui a bordo di una nave tutta sua, si fece avanti appoggiandosi al bancone per reggersi in piedi. «Sassenach» ripeté anche lui, per poi aggiungere: «Bastaaard».

Perciò, accolsi subito l'osservazione di mio fratello che il tempo fuori sembrava essere migliorato. Così, prima del previsto, ci trovammo di nuovo nel gelo artico. Lì fuori lui mi spiegò come l'unione britannica fosse spesso mal vista dalla gente oltre il vallo di Adriano anche dopo tre secoli.

Più a sud e oltre Manica, le cose non migliorano di molto. I francesi definiscono i britannici in generale, e gli inglesi in particolare, *les rosbif* o *les goddams* e oltreoceano gli australiani li chiamano *limeys*, riferendosi ai limoni e ai lime che i marinai aggiungevano al loro rhum per evitare lo scorbuto. In Nuova Zelanda i visitatori dal paese "madre" vengono accolti come *poms*, o *pommies*. Sembra che il nomignolo derivi dalla parola inglese per il melograno, "*pomegranate*", e che descriva il colore della pelle degli inglesi dopo la lunga traversata equatoriale. Che gli inglesi si siano aggiudicati una tale collezione di nomignoli, e tutti poco affettuosi, non è interamente slegato dalla loro storia coloniale.

Tra il Seicento e l'Ottocento, monarchi e commercianti del regno si buttarono con energia a conquistare territori su ogni continente. Le cause di questo movimento espansionistico non sono del tutto chiare. Quel che è certo è che non si trattava di una politica dettata dal regnante di turno o dal governo e non c'erano crisi economiche o disastri naturali a spingere il popolo dell'isola verso nuovi orizzonti. E così il campo libero lascia spazio a teorie insolite. Tra le più fantasiose c'è quella secondo la quale l'amore per la bandiera britannica abbia dato la spinta definitiva allo spirito esplorativo dei navigatori inglesi.

Con la morte nel 1603 di Elisabetta I, nota in tutta Europa come "la regina vergine", i Tudor si trovarono, non inaspettatamente, senza un erede diretto da incoronare. Erano protestanti e per di più la regina era stata scomunicata trent'anni prima: era evidente che non ci si potesse aspettare alcun miracolo. Essendo Elisabetta l'ultima sopravvissuta dei figli di Enrico VIII, la corona fece su e giù per l'albero genealogico prima di posarsi sulla testa di James Stuart, pronipote di Enrico VII e figlio di Maria Stuart, regina degli scozzesi. E così, i regni di Scozia e Inghilterra si trovarono sotto il dominio di un unico re, chiamato Giacomo VI dai portatori di kilt e Giacomo I dai "pantalonati" del sud. Per celebrare l'unione dei due paesi si diede ordine di creare una nuova bandiera che contenesse la croce rossa perpendicolare sul bianco dell'Inghilterra e la croce bianca diagonale sul fondo blu della Scozia. Il risultato fu la nuova Union Flag: tutta strisce e spicchi in blu, bianco e rosso. Si dica quel che si vuole sulla Gran Bretagna, ma non si può negare che la sua bandiera sia nettamente più appariscente di quegli stendardi composti di strisce parallele, e più dignitosa di quelli cosparsi di stelle e lune.

Trovandosi davanti a un'opera d'arte talmente bella e unica, i sudditi del nuovo re, e i marinai in particolare che con affetto le diedero il nome "Union Jack", si sentirono evidentemente obbligati a mostrarla in giro e piantarla ovunque attraccassero, così che i popoli con emblemi meno fantasiosi potessero ammirarla da vicino e con comodo. Quindi, da un atto di pura gentilezza, nell'arco di trecento anni, gli isolani all'estremo ovest dell'Europa si trovarono proprietari di un impero che copriva un quarto del mondo e sul quale il sole non tramontava mai.

Qualunque sia stata la ragione per la creazione di un dominio tanto grande, si può essere ben sicuri che in breve tempo il fascino della Union Jack tendesse a diminuire tra i colonizzati. Gli americani se ne liberarono per primi e, dal Novecento in poi, la fuga verso l'indipendenza prese piede. Nel 1981 il Belize, un piccolo territorio che costeggia l'oceano caraibico tra il Messico e il Guatemala, celebrò l'indipendenza dall'Impero Britannico e fu l'ultimo paese ad aggiungersi al gruppo di 53 ex colonie che oggi fanno parte del Commonwealth of Nations.

Vista la natura dei nomignoli dati loro dagli stranieri, è comprensibile che i britannici abbiano cercato di caratterizzarsi in maniera diversa. Uno stereotipo che senza dubbio incontra il loro favore è essere definiti "amanti degli animali". Per chi non sente così forte il sacro fuoco dello spirito animalista, è invece altrettanto gradita la definizione di "amanti del giardinaggio". In effetti, ambedue le caratteristiche nazionali sono state riconosciute ufficialmente. Nel 1804 fu dato l'assenso reale alla creazione della *Royal Horticultural Society* e, vent'anni dopo, il sigillo di re Giorgio IV fu usato per battezzare la *Royal Society for the Prevention of Cruelty to Animals*. In quel periodo, la Gran Bretagna amava sentirsi agli avamposti del mondo civile. Una posizione apparentemente confermata dalla sua ricchezza e dai suoi possedimenti internazionali. Certo, bisognerà attendere ben sessant'anni (1884) per la fondazione della *National Society for the Prevention of Cruelty to Children*.

Stereotipi a parte, chiunque atterri in uno dei cinque aeroporti della capitale inglese avrà nel bagaglio qualche preconcetto sul carattere del popolo che lo attende. Chi si aspetta che i londinesi siano tutti dei derivati più o meno interessanti di Hugh Grant o Mary Poppins, farà meglio a tenersi pronto a qualche revisione. Al primo impatto è impossibile non notare la quantità di stranieri che si continuano a incontrare ben oltre le sale di arrivo. Fatta eccezione per New York e Toronto, la popolazione londinese è la più mista del pianeta. In più, anche tra i londinesi di origini British, la diversità non è da meno.

Ma allora chi sono veramente questi inglesi? Sono i "barbari" di mio nonno, i "Sassenach" degli scozzesi oppure i civilizzatori imperiali dell'élite vittoriana?

Anche se nell'arcobaleno delle carnagioni e degli svariati accenti dei londinesi è difficile individuare caratteristiche condivise, è nel loro comportamento che si intravede qualche indizio di carattere nazionale. Basta fare attenzione ai frequenti *excuse me*, *please* e *thank you* che condiscono gli scambi di parole nei negozi o vedere che il secondo ad arrivare alla fermata dell'autobus si mette automaticamente in coda dietro al primo per capire che sotto c'è qualcosa che li unisce: non foss'altro la condivisione delle regole del gioco. E in questi tempi politicamente incerti, non sono solo i turisti curiosi a voler capire un poco lo spirito del popolo indigeno. Esplorando la città è probabile che il visitatore incontrerà qualche londinese autoctono, anche lui alla ricerca di illuminazione su chi siano veramente gli inglesi, e che cosa implichi oggi essere "British".

2
Britanculi al British

Per chi volesse capire meglio il vero carattere British si potrebbe pensare che un buon punto di partenza sia il British Museum. Eppure, nonostante il nome, la maggior parte dei reperti in esposizione è giunta nelle sale da lontano, oltremare, grazie in gran parte a quell'amore per la bandiera di cui parlavamo prima. Per chi volesse liberarsi dallo sciame che aggira i marmi del Partenone, la stele di Rosetta e i rilievi Assiri del piano terreno, posso raccomandare le sale più indigene del terzo piano. Lassù sono conservate alcune delle scritte più antiche trovate in Gran Bretagna, estratte dallo scavo del sito archeologico della fortezza di Vindolanda. Posizionati sulla frontiera tra la Britannia e la Caledonia (l'odierna Scozia), il *castrum* (forte) e il suo *vicus* (villaggio) arrivarono probabilmente a ospitare ben oltre mille persone. Nei primi trent'anni dall'invasione romana, le truppe di Claudio erano riuscite a ottenere il dominio sulle tribù del sud e del centro dell'isola. Alla ricerca di nuove glorie, il governatore Agricola intraprese una campagna decennale per portare la Pax Romana tra le vallate e le montagne della Caledonia. E fu durante questo periodo che a Vindolanda vennero costruite le prime fortificazioni. Ma il gioco non valse la candela e nel 122 d.C. Adriano, abbandonando ogni velleità di conquista, si accontentò di erigere un muro tra Britannia e Caledonia. Vindolanda venne a trovarsi così a pochi chilometri a sud del vallo.

La fortezza raggiunse il suo momento di fama nazionale nel 1973, quando furono scoperte centinaia di finissime tavolette lignee con iscrizioni in latino, ancora perfettamente leggibili. La parte migliore dei ritrovamenti è oggi esposta nella stanza 49 del British Museum. Su fogli di legno di dimensioni inquietantemente simili a quelle delle cartoline del gift shop al piano terreno, si leggono, scritti con un inchiostro a base di carbone, i messaggi dei veterinari Virilis e Alio, dello scudiero Lucius e del birraio Atrectus. Ma di interesse particolare è il messaggio riportato sulla tavoletta 164. Descritto dal cartellino esplicativo come un "verbale di intelligence militare" potrebbe essere stato scritto da un comandante al suo successore per dargli una dritta sul nemico: «I *Britones* non portano armatura. I cavalieri sono numerosissimi ma non portano spade e i *Britanculi* nemmeno lanciano giavellotti dalla sella». La parola *Britanculi* è tradotta sul cartellino come "*wretched Britons*", ossia "britannici miserabili". Non ci vuole una lingua piccante come quella del nonno per fare un gioco di accenti e dare un significato più da caserma. Ma, pronuncia a parte, si può essere abbastanza sicuri che la tavoletta contenga il primo affronto documentato sul carattere nazionale dei britannici.

Per fortuna gli inglesi non mancano di autoironia. Lo dimostra il fatto che nel 2003, all'interno di un programma televisivo sui dieci tesori più importanti del museo, i telespettatori votarono al primo posto proprio le cartoline di Vindolanda. Si può dire quel che si vuole di questo popolo, ma non che sia permaloso, almeno non nell'arco di quasi due millenni.

Oltre a dosi di cultura in scala imperiale, il British offre anche un altro prodotto dell'Impero che trova grande apprezzamento tra i suoi visitatori internazionali, anche quelli che preferirebbero vedere i loro beni culturali più vicini alla propria patria. Nonostante la storia coloniale britannica non sia del tutto lodevole, l'invenzione della duchessa di Bedford all'apice del periodo imperiale viene annoverata come il suo risultato più civile e ammirevole. L'*High Tea* prese piede tra i nobili del regno nel periodo in cui Earl Grey, il visconte di Howick, quello del tè al bergamotto, era Primo ministro (1830-34). La genesi dell'*High Tea* è strettamente legata alla diffusione dell'illuminazione a gas. Questa nuova tecnologia permetteva a quei pochi che la possedevano di cenare più tardi e, di conseguenza, veniva a crearsi un intervallo troppo lungo tra pranzo e cena. Per smorzare la fame pomeridiana, la duchessa diede ordine di preparare un tè rinforzato per lei e i suoi ospiti, e di servirlo sul tavolo alto da pranzo invece di poggiarlo sui tavolini bassi del salotto. Gli ospiti a quanto pare gradivano e cominciarono a diffondere l'usanza nell'alta società.

L'*High Tea* richiede un'attrezzatura a sé. Il pasto è composto da salato e dolce, e viene servito su un'alzata di tre piatti. In basso ci sono sandwich di vario tipo ma, sia chiaro, sempre con la crosta tagliata via. Al piano intermedio si dispongono gli *scones*, specie di focaccine dolci ben lievitate, con accanto la *clotted cream* e la marmellata di fragole, e poi, all'apice della bontà, si aggiunge alla goduria una mezza dozzina di dolcetti vari. Il tutto innaffiato di tè a volontà. Ormai l'*High Tea* è diventato talmente ricco che, più che un ponte tra pranzo e cena, può sostituirli entrambi, in gran parte o completamente.

Come è naturale per un'invenzione della nobiltà vittoriana, oltre a un'attrezzatura dedicata per la disposizione delle pietanze, l'*High Tea* è accompagnato da una serie di regole e particolarità ormai elevate allo status di "tradizione". La prima è che una gran parte dei sandwich deve essere ripiena di finissime fette di cetriolo accompagnate da uno spesso strato di burro salato. Il risultato è un panino che soddisfa più per il contrasto di consistenza tra la sofficità del pane e la croccantezza del ripieno che per la combinazione dei sapori. Poi si entra nel campo di battaglia degli *scones*. La parola stessa può essere pronunciata in due maniere ugualmente valide. Una fa rima con la parola italiana "fon" (la pronuncia è corta e non si spreca fiato sull'ultima vocale), mentre l'altra è fonetica e allunga con enfasi tutte le vocali e produce una tromba sulle labbra. Tra puristi questa discussione può diventare accesa, ma è nulla a confronto dello scisma che accade quando si prende in mano il coltellino. La questione è seria: spalmare prima la marmellata di fragole o la *clotted cream*? Il dilemma è di tale importanza che in proposito si è perfino espresso quel modello di reale moderno e alla mano che è il principe Carlo. A una fiera agricola in Cornovaglia, il futuro re si è rivolto a un giovane che gli offriva degli *scones* sui quali lo chef aveva steso uno strato di crema per poi posarci sopra una montagnetta di marmellata. Carlo gli rivolse la parola reale per fargli notare che, in quella contea, l'usanza voleva fosse la marmellata a coprirsi di crema, e non viceversa. Immaginiamoci la reazione di quelli che si sono poi avvicinati al povero ragazzo per chiedergli quale saggezza gli fosse stata impartita dal futuro re. Con consigli di tale calibro possiamo essere sicuri che la nuova generazione tratterà i futuri regnanti con il dovuto rispetto.

Ciò nonostante, davanti a *scones*, marmellata e crema, mi sono sentito in dovere di fare una ricerca più approfondita per vedere se la priorità degli strati avesse un effetto significativo. Fortunatamente per me, mi trovavo al British assieme alla mia assistente e così chiesi a lei di preparare gli *scones* nei due modi. A parte aver provocato in lei una certa irritazione, particolarmente quando le chiesi di sperimentare di persona, posso confermare che l'unica differenza riscontrata da me era nel colore che restava sul tovagliolo con il quale mi pulivo dopo gli assaggi. Pensai a quel punto di procedere a un successivo esperimento, che riguardava l'ordine corretto per versare il latte e il tè nella tazza. Mia nonna inglese, detta "Granny" per distinguerla da quella santa della mia "Nonna" siciliana, insisteva in maniera decisa che il tè andasse versato per primo «per non bruciare il latte». Poiché io e la mia assistente avevamo a disposizione tutto il necessario per una prova empirica, mi sembrava opportuno approfondire. Ma mi bastò uno sguardo al macello di molliche, posate sporche e tovaglioli strisciati per capire che questa era forse un'indagine per un'altra tovaglia.

Ora, vi ho raccontato tutto questo non tanto per spiegarvi il galateo del tè, ma per incoraggiarvi a provare almeno una volta l'esperienza dell'*High Tea*. Al British Museum lo fanno particolarmente bene e inoltre il ristorante si trova solo a una ventina di passi dalla sala 49.

Fino a poco tempo fa i punti di ristoro dei musei londinesi erano a dir poco deludenti. Quello che le caffetterie e i ristoranti offrivano ai clienti somigliava più ai reperti esposti nelle vetrine che a cibi e bevande volti a soddisfare l'appetito dei consumatori. Il tè si faceva la mattina in urne da venti litri con le foglie avvolte in una palla di garza legata con lo spago e grande quanto un pugno. E lì rimaneva, tenuto in caldo: colore e sapore maturavano progressivamente trasformandolo da infuso di foglie a minestra al gusto di corteccia. Arrivata l'ora del tè, sei ore a fuoco lento producevano una bevanda così aggressiva che avrebbe meritato una menzione nella Convenzione di Ginevra. A quanti volevano attenuare l'effetto corrosivo, venivano offerte fette quadrate di torta ai canditi, ognuna individualmente protetta in un pacchetto di plastica spesso e unto. Più materiale edile che edibile: dopo lo sforzo dello spacchettamento, bastava soltanto un'annusata, o peggio un morso, per capire che l'involucro era forse più digeribile del contenuto. Era inutile lamentarsi, era tutto quel che c'era; le espressioni soddisfatte e le braccia intrecciate degli addetti non lasciavano dubbio che i reclami non sarebbero stati accettati.

Verso la fine del millennio, un ministro del governo, forse con il sapore di tannino ancora in bocca, commissionò un'indagine sul beneficio pubblico dei musei del paese. Nel 1997, David Anderson del Victoria & Albert Museum consegnò al ministro il risultato della sua inchiesta. Oltre ad aver trovato i musei del regno sprovvisti di guardaroba, posti a sedere nelle sale e luoghi d'incontro e ristorazione, la sua indagine rivelò che la metà di essi non svolgeva alcuna attività educativa. Chi lavorava nei musei apriva le porte e accendeva le luci al mattino, sorvegliava opere e reperti di giorno e infine con sollievo vedeva uscire l'ultimo visitatore per poi spegnere le luci, innescare l'allarme e chiudere a chiave.

Era chiaro che l'istituzione del museo pubblico, cresciuta nell'Ottocento per educare i cittadini, si era evoluta nel Novecento in una diaspora di musei che erano diventati più depositi di oggetti che luoghi per il pubblico. Si racconta che al British Museum alcune stanze fossero così buie che i visitatori erano costretti a portare con sé torce elettriche per illuminare le vetrine e leggere le targhette.

Il risultato fu che il governo diede il compito a tutti i musei statali di rendersi più accessibili al pubblico e poi, per incoraggiare i cittadini a visitarli, dal 2001, rese l'accesso gratuito per tutti. Tale generosità fu ripagata nei primi dieci anni con un incremento delle visite dell'oltre 150 per cento. Oggi, durante i weekend, specialmente d'inverno, il Natural History Museum e il Science Museum di South Kensington si riempiono di giovani famiglie in cerca di riparo dal freddo e dalla pioggia dei parchi. Allo stesso modo, British Museum, National Gallery e le due Tate offrono rifugio ai londinesi, che li considerano piazze al coperto dove darsi appuntamento e magari vedere anche qualcosa di interessante.

Con la crisi finanziaria del 2007, parte dei fondi per la cultura furono deviati a salvare le banche. A crisi finita, il dirottamento non fu mai ritrattato. Ai direttori dei musei fu dato il compito di mantenere l'ingresso libero ma di sfruttare maggiormente le fonti di guadagno all'interno delle strutture stesse. Perciò, oltre a creare negozi di souvenir che non sfigurerebbero a Disneyland, si sono dedicati a offrire, per la prima volta, una ristorazione per la quale vale la pena tornare. Il risultato sono caffetterie e ristoranti ottimi e che spesso si trovano in alcune delle sale più belle della capitale. Il Whistler Restaurant alla Tate Britain, per esempio, propone un menu e una carta dei vini premiati, il tutto servito in una sala interamente affrescata dall'artista Rex Whistler. Il ristorante al nono piano della Tate Modern, invece, garantisce a prezzi più che ragionevoli una vista mozzafiato a chi si aggiudica un tavolo accanto alle vetrate affacciate sul fiume.

Purtroppo il ristorante del British Museum non gode di alcun panorama, essendo collocato al terzo piano della torre centrale costruita nel cortile interno dell'edificio. Originariamente quello stesso cortile era stato progettato per ospitare un giardino, che però non fu mai realizzato. Poco dopo l'apertura del museo, l'imponente numero di donazioni di libri da varie fonti rese necessaria la creazione di uno spazio per i volumi. Questo spazio costituì il primo nucleo della British Museum Library, che inizialmente occupava solo l'ala est del museo. In poco tempo il catalogo raddoppiò fino a contare oltre mezzo milione di titoli sotto la direzione del bibliotecario italiano Antonio Panizzi. Questi era stato condannato a morte in quanto carbonaro nel Ducato di Modena e, come molti altri rifugiati europei, aveva trovato asilo in Inghilterra.

Nel periodo vittoriano, il governo britannico si autodichiarava il più tollerante e liberale d'Europa. In effetti, in più di un caso, i giudici di sua maestà rifiutarono richieste di carcerazione o estradizione di rifugiati, anche se colpevoli di attentati di natura politica. Durante gli anni centrali dell'Ottocento, il fatto che la Gran Bretagna si proponesse come faro di libertà e offrisse asilo a coloro che fuggivano dalle tempeste politiche in Europa era fonte di grande orgoglio. Inoltre, che il Regno Unito non fosse stato sfiorato dai moti rivoluzionari che avevano scosso gran parte dell'Europa nel 1848, fu interpretato come la conferma che il sistema parlamentare liberale dell'isola, detto il "modello di Westminster", fosse il più equo, razionale ed evoluto al mondo. Nel 1853 il giornale più autorevole del paese, il *Times* di Londra, tuonava inequivocabilmente in un articolo di fondo: «Tutti i popoli civili del mondo devono essere consapevoli che questo paese è l'asilo delle nazioni e che difenderà questo rifugio fino all'ultimo grammo d'oro del suo Tesoro e fino all'ultima goccia del suo sangue. Non c'è nessun principio in assoluto che ci renda più fieri e risoluti». Tuttavia i regimi repressivi del continente, a loro volta, non vedevano in questa generosa espressione di tolleranza alcuna ragione per cui vantarsi. Fu re Leopoldo del Belgio, in una lettera a sua nipote la regina Vittoria, a dar voce all'opinione prevalente tra i regnanti europei: «In Inghilterra si mantiene una specie di serraglio di tipi come Kossuth, Mazzini... ecc. per poi liberarli sul continente e rendere così la sua pace e il suo benessere impossibili».[1]

Antonio Panizzi era arrivato nella capitale nella primavera del 1823, senza conoscere la lingua, senza contatti e con scarsissimi mezzi economici. Il giovane si trovò accettato, se non proprio accolto, dai londinesi. Tolleranti sì, ma non certo calorosi, i cittadini della capitale britannica. Allora come adesso. Il venticinquenne rimase a Londra solo qualche mese prima di procedere verso Liverpool, dove trovò lavoro come insegnante di italiano. E fu come insegnante che, quasi dieci anni

---

[1] Citati in David Cannadine, *Victorious Century. The United Kingdom, 1800-1906*, Penguin, 2017.

dopo, venne chiamato ad assumere la cattedra di professore di italiano alla nuova Università di Londra. Gli studenti erano pochi e, per evitare la fame, Panizzi iniziò a tradurre l'*Orlando innamorato* di Boiardo e l'*Orlando furioso* di Ariosto. Le traduzioni non gli procurarono grande guadagno ma gli diedero una certa fama tra i letterati, tra i quali un certo Thomas Grenville, amministratore fiduciario del British Museum. Quando una posizione nella biblioteca del museo si rese disponibile, Grenville incoraggiò l'amico a candidarsi e, a quasi quarant'anni, Antonio Panizzi si aggiudicò il modesto ruolo di sottoassistente bibliotecario del British Museum.

La sua carriera al museo fu lunga e brillante e alla fine gli fu conferito il titolo di direttore. Al momento della pensione, dopo trentacinque anni di lavoro in biblioteca, il profugo emiliano contava tra le sue amicizie primi ministri e capi di stato, e la British Museum Library era considerata la più grande e meglio catalogata biblioteca del mondo. Durante il suo mandato, trovò anche il tempo e il modo per dare assistenza ai patrioti italiani rifugiati. Nel 1844, Panizzi aiutò il giovane Mazzini durante il suo esilio londinese e, vent'anni dopo, fece lo stesso per il vittorioso Garibaldi. Il popolo inglese era un grande sostenitore dell'Italia indipendente e del suo nuovo governo. Al Crystal Palace, una folla di oltre ventimila persone si radunò per ascoltare il generale e, mentre i nobili facevano a gara per averlo ospite nei loro palazzi, il resto del pubblico comprava figurine, piatti e tazze che raffiguravano la sua immagine. Alla fine del suo viaggio, al giovane comandante delle camicie rosse fu reso il più grande onore: un nuovo biscotto da tè che tuttora porta il suo nome.

Alla morte del bibliotecario, le sue onorificenze includevano cavalierato britannico, *Légion d'honneur* francese, dottorato onorario dell'Università di Oxford e nomina a senatore della Repubblica Italiana. È sepolto al cimitero cattolico di Kensal

Green, dove, come molti stranieri venuti in Inghilterra e diventati persone di successo, l'incisione sulla sua tomba non riporta Antonio Genesio Maria Panizzi ma "Sir Anthony Panizzi", che sancisce il pieno assorbimento nella classe dirigente britannica, nota come "the Establishment", letteralmente confermata sulla pietra. Al British Museum, è la Reading Room che gli fa da monumento commemorativo. Fu aperta al pubblico nel 1857 ed era stato proprio Panizzi a fare il primo schizzo di un edificio per lettori collocato nel centro del cortile del museo e ispirato, cupola inclusa, al Pantheon romano. Sotto la cura di Panizzi, i banchi e le scrivanie della sala hanno ospitato la *crème* del radicalismo europeo e mondiale. Tra le mura senza angoli, Karl Marx ha condotto le sue ricerche e poi scritto la prima parte del *Capitale*. Ottennero permessi di studio anche Sun Yat-Sen, Vladimir Lenin e Mahatma Gandhi.

Nel 1997, la Reading Room diede in prestito il suo ultimo libro e tutto il materiale fu trasferito nella nuova sede della British Library.

Il trasloco dei volumi ha permesso il recupero dello spazio del cortile centrale del museo che, levati tutti i depositi per libri che circondavano la Reading Room, diventò la piazza coperta più grande d'Europa. La Reading Room stessa è stata completamente racchiusa da una muraglia ovale che supporta il nuovo tetto di vetro della piazza e fornisce spazi per negozi e servizi al pianterreno. Dopo qualche tentativo di usare lo spazio per mostre temporanee, l'intero vano è stato chiuso al pubblico e, al momento in cui scrivo, l'unico modo per vederlo è sbirciare attraverso le finestre del ristorante che serve l'*High Tea*. Che il British non abbia trovato un uso più degno per un luogo così culturalmente importante merita sicuramente più attenzione del dibattito su come e quando spalmare la marmellata o la *clotted cream*.

3
Master Wei Xi'An
13 Cosmo Place, WC1N 3AP

Gironzolando per i marciapiedi di Londra è difficile non incontrare una delle targhe tonde e celesti applicate alle facciate di più di novecento edifici della città. Ognuna è grande quanto un piatto di portata e reca il nome di un personaggio famoso, la ragione per il suo riconoscimento e le date di permanenza nel luogo commemorato. Per avere l'onore di meritarne una bisogna aver fatto qualcosa di notevole, essere morto da almeno vent'anni e aver vissuto tra i londinesi per un periodo non transitorio. La durata non è specificata, ma gli anni di esilio di Mazzini ne meritano una, mentre i mesi di visita di Garibaldi no.

La nazionalità dei soggetti è irrilevante, come si può constatare passeggiando a Brook Street dove si trovano le targhe dedicate a due grandi della musica: George Frederick Handel al numero civico 25 e, accanto, con una distanza di due secoli, Jimi Hendrix al 23. Fermarsi a leggerle è un po' come guardare attraverso un oblò che si affaccia su un'altra dimensione temporale. Per un attimo, epoche distanti si sovrappongono, accomunate da quello specifico luogo. L'effetto di essere catapultati nei panni di qualcun altro può essere talvolta inquietante. Più della metà di queste "finestre" storiche si trova nelle zone centrali di Westminster, Kensington e Chelsea, ma anche i muri di Camden ne sono ampiamente tempestati.

Uscendo dal British Museum in direzione est, chi decide di rinunciare all'*High Tea* della Duchessa per andare in cerca di un pasto salato passerà con ogni probabilità davanti al numero 77 di Great Russell Street. Qui, una targa blu informa che ha vissuto, ed è poi anche deceduto, l'architetto Thomas Wyatt, famoso per aver progettato dozzine di chiese gotiche, quasi tutte costruite fuori Londra, forse per scarsa stima da parte dei suoi concittadini. Superando poi la statua del primo ministro Fox, che fa da improbabile guardia al parco di Bloomsbury Square, la successiva finestra temporale si trova al numero 4 di Bloomsbury Place. La targa blu che spicca sull'intonaco bianco la identifica come la dimora, per quasi cinquant'anni, di Hans Sloane, medico personale della regina Anna e dei primi due re Giorgio. Tale deve essere stato il suo successo come guaritore, e tanto numerose le malattie della nobiltà giorgiana, che alla sua morte, nel 1753, l'ultranovantenne medico possedeva gran parte di Chelsea. Nel testamento lasciò alla nazione tutte le sue collezioni e la sua fornitissima biblioteca che vennero a formare il primo nucleo della collezione del British Museum. Nel museo stesso il suo ruolo è scarsamente riconosciuto e se non fosse per la dicitura "benefattore del British Museum" che appare sulla targa, sarebbero ancora in meno a sapere del contributo del dottore irlandese alla fondazione del museo più visitato del paese.

Avendo dunque reso i dovuti onori al numero 4 e attraversando Kingsway, in pochi minuti si arriva nel vicolo pedonale in cui si trova il piccolo ristorante della chef Guirong Wei, arrivata in Inghilterra dalla Cina nel 2008. La cucina della signora Wei è quella tipica della città di Xi'an, la capitale della provincia di Shaanxi nel nord-ovest del Paese. Famosa per l'esercito di soldati di terracotta del primo imperatore della dinastia Qin, la città viene anche invidiata per il suo ottimo cibo di strada e in particolare per i suoi *biang biang noodles*. Xi'an è l'estremo capo est della Via della seta e, nel 2008, la signora Wei l'ha percorsa verso ovest per stabilirsi a Londra. Ma di tutto questo ero completamente ignaro quando ho visitato il suo ristorante per la prima volta.

Ogni anno faccio una visita a quella che io chiamo "fabbrica del divertimento", cioè il centro di neurologia del National Hospital a Queen Square, una piazza di Bloomsbury che, per chi proviene da Kingsway, si raggiunge proprio attraverso il vicolo pedonale dove si trova il ristorante della signora Wei. Di solito, dopo qualche ora di attesa e pochi minuti di consulenza con i camici bianchi, c'è spesso bisogno di qualche rinforzo per risollevare l'umore. Ed essendo il quartiere di Bloomsbury più noto per le targhe blu che per il buon cibo, fui piacevolmente sorpreso di leggere la recensione entusiasta di un nuovo ristorante, giusto a pochi passi da dove mi trovavo.

Così, io e la mia amica ci siamo seduti a un tavolo fuori, sul marciapiede. Di fianco a noi, scorreva una fila più o meno costante di fattorini con il casco che ritiravano sacchetti ordinati dai clienti tramite app, diventate così di moda tra i giovani londinesi. Da tempo si sa che una gran parte della gioventù non sa o non vuole cucinare, ma sembra che ora non vogliano nemmeno levarsi il pigiama per procurarsi il nutrimento quotidiano. Comunque, tentando di vedere la faccenda con occhio positivo e non volendo dare dei "pigri" agli impiegati incatenati alla scrivania, il flusso di giubbotti e borse termiche con le scritte "Uber Eats", "Just Eat" e "Deliveroo" confermava che almeno delle recensioni online era giusto fidarsi. E infatti abbiamo mangiato benissimo, seppur avvolti nei cappotti per ripararci dal freddo di una primavera che stentava ad arrivare.

Il menu è la prima indicazione che questo ristorante non rientra nella norma dei cinesi usuali. Le sue pagine non sono imprigionate tra fogli di plastica, ha solo otto facciate, è semplice e breve, e bisogna arrivare all'ultima pagina prima di trovare l'unico piatto di riso in offerta. Così ci siamo buttati sulle specialità delle bancarelle di strada di Xi'an: un panino soffice e tostato alla piastra ripieno di straccetti di carne in salsa piccante al cumino; involtini cotti al vapore a poi passati in padella, ripieni di una salsiccia aromatizzata all'anice; e poi i famosi *biang biang noodles* in un delicato brodo di carne servito con una spruzzata di peperoncino come se fosse il parmigiano necessario per insaporire un piatto di pasta al burro. Ciò che stupisce è come tutto sia allo stesso tempo simile eppure diverso dai sapori della generica cucina cinese alla quale i nostri palati europei si sono abituati: le salse più leggere, l'agrodolce nettamente più acetoso e il peperoncino in quantità più napoletane. I *noodles* in particolare sono da assaggiare. Alla vista, più grossi e larghi, in bocca mantengono la consistenza di una buona pasta asciutta e la loro superficie trattiene con facilità i sughi più leggeri. Il loro nome, *biang biang*, viene dal rumore della pasta lavorata a mano quando viene sbattuta sul piano di lavoro e sono, anche da soli, una buona ragione per giustificare una visita al ristorante. Eppure, non ero sicuro che lo avrei raccomandato agli amici, mancava qualcosa: una rampa per valicare il gradino di ingresso.

Sono più che capace di perdere ogni affabilità davanti a una barriera architettonica in un posto che si annuncia come aperto al pubblico, ma l'esperienza mi ha anche insegnato che nella maggior parte dei casi ci si ritrova di fronte a impiegati mortificati e dirigenti assenti. Così anche stavolta ho deciso di non farne una tragedia. Dopo avere educatamente fatto notare la questione, a fine pasto ho ringraziato il cameriere, che, oltre a farci un po' di sconto, ha promesso di chiedere al manager di procurare una rampa. Sazi e soddisfatti ci siamo incamminati verso casa.

A fine estate siamo tornati in zona, questa volta per fare una TAC di controllo. Caricato nella bocca di cannone del macchinario della risonanza magnetica, mi sono addormentato come al solito ai primi battiti della musica house che accompagna le onde magnetiche. A esame completato e prendendomi i complimenti dei tecnici soddisfatti della mia immobilità in un luogo in cui molti soffrono di claustrofobia e non riescono a evitare movimenti inconsulti, ci siamo diretti di nuovo da Master Wei. La giornata era calda e ci saremmo comunque seduti in terrazza, ma nel vedermi arrivare lo stesso cameriere della prima volta ci accolse con estrema gentilezza, pur dovendo ammettere che la rampa ancora non c'era. «Non si preoccupi» gli dissi, «in ogni caso, la giornata è bella e volevamo accomodarci in terrazza. Della rampa me ne occupo io.» E così, dopo un altro ottimo pranzo e un altro sconto, mi sono dato al progetto "Vergogna".

Anche se la legge in Inghilterra, come in tutta Europa, prevede che gli esercizi aperti al pubblico non possano discriminare i disabili, spesso succede che rimediare all'assenza di ausili adatti alla mobilità ridotta sia un processo lento e faticoso. È molto più efficace usare la gogna pubblica, e i social sono la maniera più diretta ed efficace per mobilitarla. In questo caso, però, si trattava di un piccolo ristorante indipendente e così la risposta su Twitter, Google Reviews e Tripadvisor mi è sembrata eccessiva. Invece, ho scritto una breve email privata (fino a ora) all'indirizzo che ho trovato sul sito web:

A: info@masterwei.co.uk
Oggetto: Accesso in sedia a rotelle

Cara signora Wei,
amo il suo ristorante ma ho potuto soltanto pranzare in terrazza. Sono venuto per la prima volta cinque mesi fa. Il suo personale gentilissimo mi ha garantito che il ristorante si sarebbe procurato una rampa il più presto possibile. Sono

ritornato oggi ma sfortunatamente il ristorante è ancora sprovvisto di rampa, e così ho pranzato al fresco. Sta per arrivare l'autunno. Potrebbe ora acquistare una rampa? Mi dispiace criticare il suo ristorante, ma come accogliete clienti donna, non-bianchi e LGBT, potrei chiederle di estendere la stessa cortesia verso coloro che hanno mobilità ridotta? Anche la legge lo richiede.
Cordialmente,
George Hornby

Il giorno dopo la signora Wei mi ha risposto per assicurarmi che il suo manager stava procurando il necessario e, mantenendo l'autenticità così apprezzata nelle recensioni, ha terminato la sua mail con quattro caratteri cinesi al posto della firma. Rispondendo a 发自我的 l'ho ringraziata e ho chiesto di farmi sapere quando sarei potuto tornare per accomodarmi in sala. Nei giorni successivi, una corrispondenza veloce a amichevole tra me e 发自我的 è risultata in una terza visita da Master Wei. Dopo un altro pranzo all'altezza dei precedenti, stavolta finalmente in sala, il cameriere con un sorriso più rilassato del solito ci ha portato il conto. Tra ringraziamenti e auguri di rivederci al più presto gli ho mostrato il mio telefonino con lo scambio di email.

«La signora c'è?» gli ho chiesto indicando la firma a quattro caratteri, «la vorrei ringraziare.»

«No» mi rispose, «questo significa "inviato da iPhone".»

4
Tempio in movimento

Nel 2013 decisi di visitare il vecchio tempio romano di Mithras su Queen Victoria Street, per poi scoprire, a sorpresa, che non c'era più. Un cartellino spiegava che era stato rimosso per restauro. Il fatto che decine di tonnellate di pietre di epoca romana fossero state spostate mi fece una certa impressione. Eppure se ci avessi riflettuto meglio non mi sarei dovuto stupire più di tanto: per le popolazioni di queste isole, il trasloco di pietre, spesso anche di parecchi chilometri, è una tradizione con radici profonde. Perché i progenitori britannici abbiano avuto questa forte inclinazione e, vista la dimensione delle pietre in questione, come abbiano fatto a realizzarla è tuttora un mistero. Ma sta di fatto che, dal Neolitico fino all'età del bronzo, centinaia di tonnellate di pietra furono portate a mano per lunghe passeggiate per poi essere sistemate in forme più o meno circolari, dette "henges".

In Gran Bretagna si contano più di 1 250 cerchi di pietra costruiti tra il 2500 e il 1200 a.C. Sono sparsi un po' dappertutto in Inghilterra, Galles e Scozia e anche in Irlanda. La concentrazione maggiore si trova in Scozia dove, il 30 agosto del 1773, il famoso lessicografo della lingua inglese Samuel Johnson e il suo biografo e fidato accompagnatore James Boswell si recarono per visitare il sito di Kinchyle of Dores, nei dintorni di Inverness. Samuel Johnson non amava più di tanto le Highlands: trovava a stento qualcosa di positivo da dire sulla Scozia e sugli scozzesi in generale. La sua definizione dei fiocchi d'avena lascia poco spazio a equivoci: «Un cereale che in Inghilterra è generalmente dato ai cavalli, che però in Scozia è alimento del popolo». Ed ebbe poco di meglio da dire, il suscettibile londinese, sull'attrazione turistica di Kinchyle: «Andare a vedere un tempio circolare è come vedere una nullità, perché non possiede né arte né forza; vederne soltanto uno è più che sufficiente».

Una decina d'anni più tardi, tuttavia, il suo giudizio si addolcì quando si trovò a commentare Stonehenge. Contribuì forse ad ammorbidire il suo parere il fatto che Stonehenge si trovasse ben a sud del confine scozzese, nella pianura di Salisbury in Wiltshire, poco meno di cento miglia a ovest di Londra. Il grande cerchio di monoliti piantati in verticale è il più complesso degli henges britannici. È composto da un perimetro esterno di grandi pietre alte quattro metri e pesanti circa venti tonnellate l'una; all'interno, un altro cerchio concentrico di pietre più piccole, dette le "pietre blu", di circa due metri d'altezza ciascuna; lo spazio centrale è lasciato alle pietre più grosse, disposte a ferro di cavallo. Queste ultime pesano circa cinquanta tonnellate l'una e sono alte tra i sei e i sette metri. Sono sistemate per formare cinque triliti, come i telai di porte per giganti.

Soltanto un terzo delle pietre di Stonehenge è ancora nella sua posizione originale e il lato sud-ovest ne è particolarmente sprovvisto. Fino alla calda estate del 2014 non si sapeva con certezza se il cerchio fosse stato lasciato volutamente aperto o se alcune delle pietre fossero state rimosse. Il segreto fu svelato verso la fine d'agosto con l'apparire di macchie scolorite nel prato che rivelavano i solchi dove prima si trovavano le pietre mancanti. E tutto grazie alla parsimonia dell'ente che gestiva il monumento. «Quando c'è molto caldo, manteniamo il prato innaffiandolo» aveva spiegato il rappresentante di English Heritage, «ma la nostra manichetta non arriva dall'altra parte del cerchio di pietra. Se avessimo avuto un tubo più lungo forse non li avremmo visti».

Può sembrare strano che ci siano ancora scoperte da fare nel principale sito dell'Unesco in un paese ricco e moderno come il Regno Unito, ma le ricerche, iniziate nel Seicento, sono ancora in corso. Generazioni di studiosi si sono passate la staffetta per trovare risposte alle domande su come e perché fu costruito Stonehenge. Nel 1923 l'archeologo William Hawley fece sollevare una delle pietre cadute e ci trovò sotto una bottiglia. Si trattava di Porto ed era stata gentilmente depositata lì nel 1802 dall'antiquario William Cunningham come dono per i futuri scavatori. Purtroppo il biglietto aveva resistito meglio del sughero e gran parte del vino era andata persa.

Anche se ormai gli studiosi concordano su quella che doveva essere la forma originale del monumento, i costruttori neolitici ci lasciano ancora molto da indovinare. È chiaro anche che determinanti per l'orientamento e la disposizione delle pietre furono l'alba e il tramonto nei giorni dei solstizi, ma non si sa perché. Forse volevano soltanto dimostrare a tutti che avevano capito il ritmo dei corpi celesti e il monumento celebrava la loro intelligenza. Le ipotesi sulla destinazione d'uso del cerchio sono molte: osservatorio, crematorio, complesso sportivo, luogo di guarigione e monumento alla pace tra i popoli. Quest'ultima prende spunto dal fatto che le pietre blu sono di provenienza diversa dalle altre. Le pietre grosse sono riconducibili a cave che distano una trentina di chilometri dal monumento. Le pietre blu, invece, che sembrano poco più che sassi a confronto delle altre, sono state ricavate dalle colline di Preseli che si trovano 240 chilometri a ovest, nell'attuale Galles. Proprio per questa ragione, alcuni ricercatori dell'Università di Sheffield propongono che l'unione di pietre del Galles con quelle inglesi potrebbe evidenziare un trattato di pace tra due popoli.

Per qualunque scopo sia stato costruito il monumento, certo è che mentre nelle città della Mesopotamia si scriveva in cuneiforme e si produceva il vetro, e sui bordi del Nilo gli egiziani sperimentavano con barche a vela e costruivano obelischi e piramidi intagliate di geroglifici, i popoli delle isole britanniche concentravano i loro sforzi nello spostare pietre di dimensioni improbabili per ragioni incomprensibili.

Questa è una caratteristica del popolo isolano che, pur con il passare dei millenni, non si è mai del tutto estinta. Un esempio in tempi recenti del permanere di questo istinto allo spostamento di pietre è la storia, appunto, del tempio di Mithras su Walbrook. Ma si potrebbe ugualmente parlare della passeggiata cittadina fatta da una delle porte principali della City, Temple Bar, oppure della vita seminomade del venerabile Marble Arch. Quest'ultimo è un monumento che celebra le vittorie inglesi su Napoleone. L'architetto Nash, volendo rendere onore alla vittoria che aveva liberato il paese dalla minaccia di invasione francese, si lasciò ispirare dall'arco di Costantino e, con una certa malizia, dall'Arco di Trionfo dell'imperatore deposto, e costruì a sua volta un arco che fu collocato davanti al palazzo reale di Buckingham. Nel 1837, la giovane regina Vittoria fece giusto in tempo a passarci sotto il giorno della sua incoronazione per poi vederselo smantellare davanti casa e risorgere tre mesi dopo come entrata principale di Hyde Park.

Ma torniamo a Walbrook e al tempio scomparso. Il fiume Walbrook passava nel bel mezzo della città Romana di Londinium e al giorno d'oggi si immette nel Tamigi come sbocco fognario accanto all'attuale stazione ferroviaria di Cannon Street. Sulla riva est del Walbrook, in un punto più o meno equidistante dalle mura a nord e dall'argine del Tamigi a sud, i seguaci del culto di Mithras costruirono il loro tempio. Seminterrato sulla sponda del fiume, il tempio si raggiungeva scendendo una scalinata e permetteva a una quarantina di uomini di onorare un'incisione del loro dio ritratto nell'atto di sacrificare un toro. Quando i romani lasciarono Londinium nel 410 d.C., la città fu abbandonata. I regnanti successivi trasferirono il loro centro di attività oltre le mura della vecchia città, verso ovest. Perché non si siano avvalsi di fortificazioni, strade, fogne ed edifici romani è un mistero, fatto sta che, tra il VII e il X secolo, l'insediamento principale anglosassone sul Tamigi era conosciuto come "Lundenwic" e il suo centro era attorno allo Strand, probabilmente alla foce di un altro dei fiumi perduti di Londra, il Fleet. Nel frattempo il foro, i templi, i bagni e il teatro furono ricoperti di un verde così folto che negli scavi archeologici si incontra un distinto strato scurissimo di vegetazione decomposta. Il Mithreo è rimasto nascosto per più di un millennio e mezzo prima di affiorare inaspettatamente durante gli scavi per le fondamenta di un nuovo edificio in Queen Victoria Street. Durante la Seconda guerra mondiale i bombardieri della Luftwaffe si presero l'impegno di fornire il futuro mercato immobiliare londinese di lotti edificabili di dimensioni varie. Uno dei più grandi era proprio quello su Queen Victoria Street e fu acquistato da una grossa compagnia di assicurazioni per la sua sede centrale.

Nel 1954 il terreno fu liberato, e mentre i costruttori portavano avanti gli scavi per le fondamenta, agli archeologi del Museum of London fu concesso un periodo di due settimane per fare dei sopralluoghi. Il loro scopo era di stabilire la dimensione e il percorso dell'antico fiume Walbrook, che aveva alimentato la città in epoca romana prima di essere coperto nel Medioevo. Una delle trincee incontrò subito acqua della portata di un ruscello sul cui lato est si notarono grosse pietre lisce e piedistalli di colonne. Giorno dopo giorno, prima i giornali della città e poi anche quelli nazionali cominciarono a riportare notizie dei reperti romani che riaffioravano dalla voragine. I cittadini, desiderosi di vedere finalmente del buono uscire dalle macerie di guerra, si affrettarono a visitare il cantiere.

I lavori erano quasi giunti alla fine, quando un giorno, dal fango del Walbrook, emerse la chiave per comprendere la funzione dell'edificio. Con il ritrovamento della testa del dio Mithras si poté constatare con certezza che la costruzione che era stata ritrovata quasi sette metri sotto i marciapiedi di Londra era un tempio dedicato al culto mediorientale. La notizia suscitò un'altra ondata di londinesi incuriositi e il weekend successivo folle da stadio si misero in coda per vedere il tempio da vicino. Forse per il grande interesse del pubblico, forse per un senso di responsabilità e rispetto verso il passato, o magari spinti da un istinto ben più profondo e antico, nel 1962 i proprietari del sito, si presero l'impegno di recuperare il tempio e spostarlo, pietra per pietra, per ricomporlo a cento metri di distanza, al livello della strada, per un'esposizione a cielo aperto. E lì rimase per quasi cinquant'anni, incuriosendo alcuni ma restando ignorato dalla maggior parte dei passanti su Queen Victoria Street.

In effetti, la ricostruzione non era tra le più appariscenti o professionali. Il professor Grimes, che aveva diretto lo scavo originale, la definì «praticamente senza senso come rappresentanza di un mithreo», che tradotto dal linguaggio estremamente garbato e rispettoso dell'epoca, era come dare dell'imbecille al progettista. Grimes sarebbe stato poi tra i primi ad applaudire quando, nel 2011, il Mithreo venne smantellato di nuovo, questa volta per subire un accurato restauro sotto la tutela del Museum of London, istituzione che lo stesso professore aveva diretto all'epoca dello scavo originale.

Ma come si arrivò a questa nuova ricostruzione? Alla fine del 2010 il miliardario Mike Bloomberg acquistò l'intero isolato, che comprendeva sia il luogo originario del ritrovamento del tempio sia il terreno sul quale esso era stato spostato. Bloomberg decise di restaurare il tempio, riportarlo alle sue condizioni originali e ricollocarlo nel luogo del suo ritrovamento. Tanta fu la cura dedicata a condurre un restauro che rispettasse al massimo le buone norme dell'archeologia moderna che quest'ultimo obiettivo andò parzialmente perduto: per non danneggiare infatti ulteriori ritrovamenti romani emersi in scavi successivi e per evitare che la ricostruzione del tempio li danneggiasse, si decise di ricostruire il tempio a qualche metro di distanza.

Il tempio oggi si trova a nove metri sotto il livello del marciapiede. Nonostante il museo sia privato, la visita è gratuita e basta prenotarsi online. Entrando al piano terreno, c'è una piccola mostra di oggetti ritrovati durante la costruzione dell'attuale edificio. I reperti sono esposti in verticale contro una parete bianca senza nemmeno un cartellino esplicativo. Guardiani in divisa offrono iPad muniti di un'applicazione che fornisce informazioni dettagliate al semplice tocco dell'immagine che incuriosisce. L'operazione rientra nella nuova politica di introdurre nei musei metodi didattici che interferiscano il meno possibile nella relazione tra l'oggetto osservato e l'osservatore. In effetti, in alcuni musei i cartellini esplicativi possono essere un po' troppo in vista e l'attenzione rischia di scappare dall'oggetto e posarsi sulla sua spiegazione con velocità inaspettata. Ma posso anche assicurare che una mezza dozzina di persone che picchiettano con energia le dita contro il vetro e si scambiano i tablet per condividere notizie interessanti può essere altrettanto distraente.

Tra gli oggetti esposti, l'occhio cade con facilità su quelli che più somigliano alle loro controparti moderne: un sandalo di cuoio, un amuleto in ambra, un pettine fitto uguale a quello tanto odiato dai miei figli quando tornavano da scuola con i pidocchi, sempre presi dai compagni, naturalmente. Ma, come spesso accade, è un oggetto dall'aspetto comune e banale a essere il pezzo più importante nell'esposizione. Si tratta di un paio di tavolette di legno, ognuna con un pannello lievemente incavato. Osservandolo da vicino si vedono tanti graffietti sulla superficie incavata. Si tratta di blocchi per la scrittura: i tablet originali. La parte ricurva veniva riempita di uno strato sottile di cera scura sulla quale l'autore scriveva con uno stilo. I graffi sulle tavolette in vetrina sono dovuti all'eccessiva pressione da parte dello scrivente che ha così lasciato una nota più "permanente" del previsto. Le tracce di questa scrittura muscolare permettono di leggere parte dei messaggi e in più consentono una datazione precisa. Ne sono state trovate oltre quattrocento, databili tra il 50 e l'80 d.C. Di conseguenza hanno rubato al tesoro di Vindolanda il primato di più antico documento scritto del paese.

Lasciando i tablet al pianterreno, si scende una rampa di scale per raggiungere il tempio. Per preparare alla visita, in una sala prima del Mithreo i curatori del museo si sono spesi in un nobile tentativo di spiegare il culto di Mithras. Ora, oltre a essere una religione negata alle donne e nella quale il sacrificio del toro era fondamentale, l'unica cosa sulla quale tutti gli esperti concordano è che al centro del culto era l'obbligo al segreto. Di conseguenza la grande sala è caratterizzata da larghi spazi vuoti e un ampio uso del condizionale nei pannelli esplicativi. E così siamo tutti più che pronti quando veniamo chiamati da un impiegato che ci invita con eccessiva sobrietà a seguirlo per partecipare alla "Mithraeum Experience".

L'esperienza, lo ammetto, mi lascia un po' perplesso. Mentre avanziamo su passerelle di vetro ai bordi del tempio, le luci si abbassano e il vano si riempie di fumo. Poi attacca una musichetta che sembra un incrocio sfortunato tra canto gregoriano e musica andina. Immagino che l'intento sia renderci partecipi di un rito mistico e antico, ma a giudicare dalle occhiate che si scambia la gente non sono il solo ad andare col pensiero alla scena del sacrificio umano nel film di Indiana Jones.

Dopo un gioco di proiezioni luminose che fa apparire colonne nel fumo attorno alle navate, le luci si riaccendono per rivelare uno scavo archeologico cosparso di terriccio. Sospetto che l'idea sia di presentarci il sito come se il professor Grimes e la sua squadra del 1954 se ne fossero appena andati a lavoro fatto. Non si può che rimanere colpiti dall'effetto realistico ottenuto dagli specialisti che hanno ricostruito le rovine nello scavo virtuale. Per terra e accumulato intorno alle mura esterne c'è terriccio recuperato dal sito durante la recente costruzione dell'edificio nel quale ci troviamo. L'attenzione ai dettagli si estende ben oltre la vista dei visitatori. Sei tipi di malta autentici del periodo sono stati ricreati per coprire il pavimento e incollare i diversi strati di massi e mattoni delle mura. Anche il foro di un pozzo medioevale, evidente nella foto della scoperta originale ma trascurato nella ricomposizione precedente, è stato ricostruito e reintegrato. L'effetto è splendido e la professionalità della squadra che ne è stata responsabile è ammirevole, anche se dubito che abbiano avuto la cordialità di lasciare nascosto qualche goccio da bere per i loro successori.

Uscendo dal Mithreo mi sento stranamente attratto verso la scala che riporta ai piani superiori. Le scale, che negli anni per me si sono trasformate da banale scomodità a vero e proprio ostacolo, sono di solito qualcosa che mi interessa poco. Eppure stavolta qualcosa cattura la mia attenzione. All'altezza del primo gradino, sulla parete di granito lucido e nero, vedo un'incisione curiosa: «410 d.C. – Fine del dominio Romano in Gran Bretagna». Alzo gli occhi di una mezza dozzina di gradini e un'altra incisione indica il livello del terreno seicento anni dopo: «1066 – Guglielmo il Conquistatore incoronato a Londra». Un gradino per secolo. Non potendo leggere oltre, apro la guida gratuita del museo che descrive la scala come una «discesa nel tempo». Sul grafico che riporta tutti i ventiquattro gradini e le rispettive scritte degli strati storici, la guida chiede al lettore:

«Perché, nel passato, la gente viveva sotto terra? Questa è una delle domande che più spesso gli archeologi urbani si sentono rivolgere». Stando al linguaggio e al tono usati, si ha il sospetto che chi scrive intenda rivolgersi a un lettore in tenera età, tuttavia, anche con il beneficio del mio quasi mezzo secolo di vita, la domanda mi sembra comunque valida. La guida continua: «La semplice risposta è che non lo facevano. Essenzialmente, secoli di abitazione e accumulo di detriti edili o di rifiuti hanno portato all'innalzamento del livello del suolo...». Il suono che mi avverte dell'arrivo dell'ascensore interrompe la lettura. All'uscita, mi riavvicino alla scala e osservo i gradini anche da lì. In corrispondenza del sesto gradino dall'alto l'incisione indica: «1941 – Un bombardamento durante la Seconda guerra mondiale distrugge la maggior parte degli edifici di questo sito»: sei gradini in meno di un secolo.

Per tutto il viaggio in autobus dalla City fino a casa, non riesco a togliermi i gradini dalla testa. Con la guida davanti per non sbagliarmi, li conto e li riconto. Sei tra il 410 e il 1066. E altri sei tra il 1941 e il livello attuale. Come ha fatto il terreno ad alzarsi così tanto e così velocemente negli ultimi ottant'anni quando prima ce n'erano voluti seicento? Ecco la domanda che avrei voluto fare a quella guida saccente.

Fortunatamente, non sono l'unico a porsi domande di questo genere. E ancora più fortunatamente, gli altri che se ne sono occupati hanno la competenza necessaria per andare ben oltre un semplice conto di gradini. Qualche anno fa, dopo una conferenza accademica, il dottor Anthony Cooper della British Geological Society e il professor Colin Walters dell'Università di Leicester stavano bevendo una pinta di birra con un gruppo di architetti londinesi preoccupati del fenomeno della subsidenza dei loro edifici sul terreno del centro di Londra. Probabilmente con l'aiuto della birra, la conversazione si trasformò in un'unica semplice domanda che gli architetti rivolsero agli accademici: «Londra quanto pesa?».

Le prime ricerche confermarono quello che sostenevano gli architetti: l'intera città sprofonda di uno o due millimetri all'anno. La ragione è data dal peso di materiale edile, persone e veicoli che sono in superficie e dalla "spugnosità" del suolo che li sostiene. Un'analisi del suolo cittadino condotta con più di ottomila perforazioni conferma non solo la stratificazione storica riportata sulla scalinata del Mithraeum Museum ma anche l'ingordigia degli ultimi anni. Fino alla metà degli anni Cinquanta, Londra era famosa per il suo smog: una nebbia artificiale alimentata dalle industrie londinesi e dall'uso universale di carbone per il riscaldamento domestico. In certi momenti la visibilità non permetteva di vedere oltre qualche metro e d'inverno le camere mortuarie non bastavano per i decessi dovuti a complicazioni polmonarie causate dall'aria carica di veleni. Nel 1956 una legge pose fine all'uso nocivo del carbone. Il beneficio per il popolo fu ovvio e immediato. Ne trassero giovamento anche Cooper e Walters: la presenza o assenza di particelle di carbone permise loro, anni dopo, esaminando i carotaggi, di datare con precisione gli strati accumulatisi prima o dopo il Clean Air Act. Includendo nelle analisi anche la presenza di plastica e le formulazioni moderne di cemento, poterono concludere che ben due quinti del manto artificiale della città furono aggiunti dopo la Seconda guerra mondiale. Per chi, oltre agli architetti un po' brilli, volesse veramente sapere, il tutto pesa attorno ai sei miliardi di tonnellate.

5
Seven Dials Market
Earlham Street, Covent Garden, WC2H 9LX

Fino alla metà degli anni Settanta Covent Garden era il mercato ortofrutticolo principale della città. Al giorno d'oggi l'unica frutta che si trova in abbondanza è quella coltivata dai contadini californiani della Silicon Valley. Occupando otto dei portici della piazza, il bellissimo Apple Store è di per sé una meta turistica e i corsi di arte, fotografia, musica e cinematografia che offre giornalmente sono gratis e aperti a tutti, basta iscriversi sul sito o chiedere in negozio.

Il mercato storico risale alla prima metà del Seicento, quando questa zona, che in origine ospitava i terreni e i giardini che alimentavano il convento di Westminster Abbey, fu edificata dai conti di Bedford. Oltre a costruirci il loro palazzo di città, la famiglia sparpagliò il suo nome su vari luoghi della zona, inclusa la strada principale del quartiere, Bedford Street. Nel Settecento, gli eredi dei costruttori, ulteriormente nobilitati al rango di duchi, ebbero modo di pentirsi della supponenza degli antenati quando videro figurare il loro illustre nome nella *Harris's List of Covent Garden Ladies*, una guida al fior fiore della prostituzione georgiana, completa di recensioni, descrizioni e indirizzi.

La reputazione del quartiere non era certo sconosciuta al drammaturgo e attivista politico George Bernard Shaw, che proprio tra le bancarelle di Covent Garden ambientò il primo incontro tra il superbo professore di fonetica, Henry Higgins, e la plebea venditrice di fiori, Eliza Doolittle. Nella commedia *Pygmalion* Higgins accetta la sfida di insegnare a Eliza come comportarsi da signora dell'alta società, a partire dall'eliminazione del suo accento cockney (il gergo parlato a Londra dalla classe operaia). Nel film tratto dall'opera teatrale i due protagonisti sono Rex Harrison e Audrey Hepburn e le loro interpretazioni hanno fatto sì che, oltre a vincere quattro statuette agli Oscar nel 1965, *My Fair Lady* sia ancora oggi uno dei film classici più amati non solo in Inghilterra ma anche in Italia.

L'opera originale di Shaw debuttò l'anno precedente allo scoppio della Prima guerra mondiale. In quel periodo, due delle cinque aree del mercato erano dedicate alla vendita di fiori ed era comune incontrare per strada giovani popolane che vendevano mazzetti di fiori. Tuttora l'onomastica di Covent Garden ricorda il passato floreale del mercato con i nomi "Flower Hall", "Flower Market" e "Floral Street".

Pochi passi a nord di Floral Street si trova il quartiere di Seven Dials dove invece si intravedono le tracce di un passato meno profumato: Banana Warehouse e Cucumber Alley, due vecchi magazzini che sono stati convertiti in un nuovo mercato coperto dedicato al cibo di strada. Disposti su due piani, una ventina di chioschi con cucina a vista servono cibo da consumare su lunghe tavolate nell'atrio centrale. Al piano superiore si trovano bar e caffè, ma è al piano di sotto che l'attività è più intensa e l'atmosfera più interessante. L'assortimento di cucine è a dir poco vario: dai panini al *salt beef kosher* a larghe ciotole di ramen giapponesi fino agli inevitabili hamburger gourmet. Per chi viaggia in compagnia, c'è tutto il necessario per garantire che le preferenze di ognuno non rimangano insoddisfatte.

Io ho visitato Seven Dials a poche settimane dall'apertura, nel settembre 2019, quando ancora il luogo non attirava la folla di turisti che merita. A giudicare dal numero di persone con badge e tesserini al collo, la gran parte dei ventenni che si scambiavano assaggi dovevano essere impiegati del quartiere. Trovandoci a Londra, però, la diversità tra i colori delle carnagioni e le forme degli occhi non era inferiore a quella che si incontra sugli autobus turistici di Westminster. Eppure, sapendo che erano tutti londinesi, non ho potuto fare a meno di notare con malriposta ironia che in fondo alla tavolata due amiche di aspetto asiatico mangiavano con gusto un enorme vassoio di *fish and chips* mentre davanti a loro un gruppo di amici tutti capelli chiari e lentiggini faticavano ad afferrare i loro tagliolini cinesi con le bacchette.

Uno dei grossi vantaggi di questo mercato, per gli stranieri, è che basta affacciarsi al chiosco per vedere il cibo in offerta, invece di cercare di tradurre le parole del menu. E lo stesso vale per i madrelingua inglesi, considerato che molti dei piatti sono stranieri e di recente approdo nei ristoranti del regno, dunque sprovvisti di nome in inglese.

E così, io e l'amica che mi ha accompagnato nell'esplorazione abbiamo ordinato un *fish and chips*, per andare sul sicuro, e dei *bao*, per provare il brivido dell'ignoto. Questi ultimi sono delle piccole brioche giapponesi, tonde, bianche e soffici. Cotti a vapore, e dunque privi di crosta, i *bao* sono piccole nuvole di farina dal gusto delicato e destinate ad assorbire le salse dei ripieni senza interferire con i sapori. Uno era farcito di maiale arrosto con una glassa di soia agrodolce, l'altro era ripieno di tofu fritto, accompagnato da una salsa di fagioli che riusciva a essere allo stesso tempo sapida e acidula al punto giusto. Finita la mia metà di *bao*, è stato uno sforzo fare scambio con i rimasugli di pesce fritto e patatine.

Se si sceglie la porzione per bambini, al posto del filetto intero di pesce fritto si ricevono dei tranci più piccoli, il che consente di apprezzare di più la pastella dorata che avvolge i bocconi di merluzzo. E i vantaggi non si fermano qui: costa anche la metà. Erano ottime anche le patatine, fritte in tre fasi distinte per mantenere l'interno soffice e l'esterno croccante. Ma il punto forte del piatto era senza dubbio la *Tartar Sauce*, una maionese fatta in casa insaporita di capperi, cetrioli sott'aceto, prezzemolo e senape. Spesso bisogna ricordarsi di chiederla, dato che tipicamente il menu per bambini è accompagnato dal ketchup, come preferisce la maggior parte dei clienti. Se si mescolano le ultime scaglie di patatine al rimasuglio della salsa si ottiene un fine-pasto capace di imprimersi nella memoria ma che, stranamente, non mi è stato chiesto di condividere.

Al Seven Dials Market, la libera scelta non si limita a cibi e bevande. Chi visita i gabinetti, infatti, viene accolto da un invito insolito:

> La diversità di genere è benvenuta qui. Siete invitati a usare il bagno che meglio rappresenta il vostro genere, la vostra identità o il vostro orientamento.

Ora, Londra è una città altamente progressista e liberale e non deve sorprendere che si trovino bagni pubblici inclusivi che superino la segregazione tra uomini e donne. Per noi disabili questa inclusività è data per scontata. I nostri bagni sono sempre usati un po' da tutti, anche come stanza per il cambio dei pannolini, deposito di stoccaggio e perfino spogliatoio per il personale. Non ce ne importa niente, basta che siano accessibili, puliti e muniti di carta e sapone. Avendo chiesto informazioni a una delle cuoche al chiosco più vicino, sono contento di poter riferire che i clienti del Seven Dials la pensano come noi: nemmeno loro si fanno problemi e usano semplicemente il bagno con la coda minore.

6
Guerrieri e giardinieri

Da ragazzo prendevo l'autobus numero 3 per visitare le sale di videogiochi in Oxford Street. Mi preparavo per il mondo virtuale di Pac-Man e Frogger con un posto tra le nuvole di fumo di sigaretta al primo piano di un vecchio Routemaster. Lassù il bigliettaio veniva di rado ed era permesso fumare. Dai sedili davanti si aveva la sensazione esilarante di essere condotti senza autista in un viaggio di scoperta verso l'ignoto. Insomma, era un luogo di monellerie dove le solite regole non venivano applicate. Anche oggi, al mio posto ai piedi della scala, ogni tanto arrivano raffiche di risate sovreccitate e chiacchiere animate a conferma che l'aria del primo piano è ancora carica di emozioni, anche se del fumo ce ne siamo liberati.

Ma c'è un altro aspetto dei viaggi al primo piano che tuttora permane: dall'alto si vedono dettagli che invece sfuggono a chi viaggia al livello della strada. Attraversando Brixton Road, per esempio, dal primo piano dell'autobus si vede una parata di grandi negozi in mattoni rossi con i nomi ormai leggibili soltanto nelle tracce delle lettere rimosse e i portabandiera estesi e imponenti ma privi di striscioni. Le pendenze dei tetti, acute e piastrellate in modo intricato, sono bucate da tante piccole finestrelle tonde, ognuna con il suo tettuccio come l'uscita del cuculo da un orologio svizzero. Un tempo queste finestrelle ventilavano i dormitori dell'esercito di commesse che lavoravano nei grandi magazzini al piano terra e che vivevano sopra al posto di lavoro, tornando a casa propria soltanto per le ferie. Fino alla prima decade del Novecento, Brixton era un quartiere molto ricercato dalla borghesia medio-alta del periodo vittoriano ed edwardiano. Vantava tre teatri che attiravano nobili spettatori, persino reali, e i suoi negozianti facevano concorrenza ai grandi magazzini dei signori Selfridge e Harrod dall'altra parte del Tamigi.

Ormai sono più che contento di lasciare il primo piano a chi va in cerca di brividi ma l'autobus rimane il mio mezzo pubblico preferito, e non soltanto perché è il più accessibile. Sebbene non mi piacciano gli stereotipi, bisogna ammettere che, nell'infinita diversità degli abitanti di Londra, in genere noi inglesi non siamo tra i più socievoli. Nella metro, il rigoroso rispetto per la privacy personale raggiunge il suo apice. Nonostante più di un terzo dei londinesi sia nato oltremare e nella città si parlino più di trecento lingue, la regola la conoscono tutti: non si parla con gli estranei. Tale è la sensibilità verso l'isolamento personale tra i passeggeri dell'underground che anche uno sguardo appena incuriosito può far cambiare vagone a un giocatore della nazionale di rugby. Eppure lo stesso "timidone", arrivato per il weekend sul campo di Twickenham, sentendo il fischio dell'arbitro per la mischia, non ci pensa due volte a ficcare la testa tra i fianchi dei compagni di squadra. Può darsi che le cose siano peggiorate dopo gli attentati terroristici del nuovo millennio, ma vi posso garantire che se i fondamentalisti volessero seriamente immobilizzare la città e seminare il panico tra i cittadini, basterebbe sguinzagliare piccoli gruppi di chiacchieroni sottoterra. Dovrebbero bastarne tre o quattro per ogni linea: in mezz'ora il sindaco chiamerebbe la polizia e in un'altra mezz'ora il consiglio di emergenza si radunerebbe nel bunker sotto Downing Street: Londra fuori gioco e senza nemmeno un ferito.

I passeggeri dell'autobus sono fatti di un'altra pasta, tanto che nei vecchi *double-decker* era stato necessario mettere una scritta sulla cabina di guida per avvertire i passeggeri di non distrarre l'autista. Per ridurre ancora di più il rischio, i bus moderni chiudono il conducente in una cabina di lamiera e plexiglas per scoraggiare conversazioni pericolose. Era proprio su uno di quelli che mi trovavo quando, dopo aver superato Brixton e poi Kennington, ho suonato il campanello per scendere alla fermata dell'Imperial War Museum.

Scendendo dall'autobus devo confessare di essermi trovato a sorridere alla vista degli enormi cannoni navali gemelli montati all'entrata del museo. Quando ero piccolo, mio padre portava qui me e mio fratello. Dentro c'erano aerei appesi al tetto e missili a terra. Aveva l'aria di un luna park fuori stagione. In più ci era permesso, per mancanza di custodi e grazie alla presenza di un genitore cronicamente distratto, di sederci nella cabina di pilotaggio di un bombardiere Lancaster e arrampicarci su carri armati e cannoni sparpagliati per le sale. Ci piaceva moltissimo, soprattutto perché le gite museali alternative erano la Tate Britain e la National Gallery. Purtroppo, da adulto di propensione liberale e democratica, la mia affinità per un posto che nel nome contiene le parole "impero" e "guerra" richiede una giustificazione che dovrebbe andare oltre il ricordo di un divertimento infantile. All'apparenza la sfida non è trascurabile, ma si intravede un argomento in difesa del museo nell'edificio nel quale si trova.

Il museo fu fondato per commemorare le forze armate britanniche dopo la Prima guerra mondiale. Il governo non era proprio nelle condizioni ottimali per costruire un nuovo edificio che onorasse la vittoria, e la collezione cambiò casa varie volte prima di trovare un alloggio permanente. La scelta finale, nel 1936, di collocarlo nel vecchio manicomio del Bethlem Royal Hospital è indicativa di quanto fosse disilluso il paese che aveva sì festeggiato la vittoria nel 1918 ma che negli anni Trenta si trovava in preda alla Grande Depressione.

Poco dopo avere annunciato il progetto del museo, il governo iniziò a ricevere rimostranze dai suoi combattenti alleati. Il governo di David Lloyd George aveva annunciato che il museo si sarebbe chiamato "National War Museum", tralasciando così il ruolo di tre milioni di indiani, canadesi, africani e di tutti gli altri paesi dell'impero che avevano combattuto a fianco della madrepatria. Fu per riconoscere il loro contributo che l'aggettivo "Imperial" sostituì "National" nel nome, e non, come si potrebbe invece pensare, per darsi vanto di un passato coloniale. In ogni caso, se si volesse fare un museo che coprisse tutte le incursioni armate intraprese per creare l'impero britannico, ci vorrebbe un manicomio di dimensioni "horror". Dunque, protetto da questi scudi, penso di poter giustificare, a me stesso se non a tutti, un certo affetto per questo museo dal nome infelice e dal tema incivile.

Ideato in origine per salvaguardare la memoria della Prima guerra mondiale soltanto, il museo vide un'espansione delle sue esposizioni a causa di eventi successivi. Oggi ha gallerie dedicate ai numerosi conflitti a cui le nazioni, dell'impero prima e del Commonwealth poi, hanno partecipato. Nell'estate del 2014 vennero completati i lavori di una grande ristrutturazione dell'edificio e fu inaugurata una nuova esposizione sulla Prima guerra mondiale, in coincidenza con il centenario dello scoppio del conflitto.

Entrando nel nuovo atrio ero contento di rivedere i miei vecchi amici: lo Spitfire appeso al tetto e il missile V2, dritto e pronto al lancio. I biplani, il missile nucleare Polaris e una mezza dozzina di altri macchinari bellici non ce l'hanno fatta a mantenere il loro posto nel nuovo atrio, c'è invece una Land Rover blindata della Reuters e il corpo arrugginito di una macchina-bomba parcheggiata per l'ultima volta a Baghdad.

Da una semplice esposizione di attrezzature militari il museo ha puntato maggiormente l'attenzione sulla comunicazione di cosa significhi la guerra per chi la fa, per chi la subisce e per la società in generale. Prima i cartelli esplicativi si limitavano a dare il nome, i dettagli tecnici e la storia militare dei pezzi in mostra. Ora, uno schermo accanto alla v2 ci racconta che una bomba simile a questa colpì numerose case a poche centinaia di metri dal museo e che, sebbene le v2 avessero mietuto varie migliaia di vittime tra i londinesi, ne fecero ancora di più tra i lavoratori schiavi nelle fabbriche dei nazisti dove venivano costruite. Il breve filmato finisce con un'immagine dello scienziato tedesco che diresse il progetto durante la guerra, fotografato nel 1969 con i suoi nuovi colleghi della NASA per celebrare il successo della missione lunare di Armstrong, Aldrin e Collins a bordo del razzo Apollo 11. Il super propulsore Saturn v che lanciò l'Apollo verso la luna era stato progettato dallo stesso Wernher von Braun.

Questo diverso modo di raccontare la guerra e ciò che ruota attorno a essa scorre per tutto il museo e lo rende completamente nuovo per chi, come me, pensava di conoscerlo già. Le storie personali dei combattenti e le esperienze della popolazione civile ricevono la stessa attenzione riservata prima solo agli oggetti, rendendo il tutto più accessibile e interessante per le generazioni che della guerra non hanno né esperienza né memoria. Il tutto rischiava di mettermi di un umore più sobrio di quanto mi fossi aspettato e così mi diressi verso un'esposizione di oggetti della SOE dove speravo di vedere finalmente un pezzo di tecnologia militare degna di Johnny English.

La Special Operations Executive fu il precursore dei servizi segreti britannici, ormai chiamati MI5 e MI6 e dei quali James Bond è l'esponente più noto. Con la musica dei film ancora nelle orecchie mi avvicinai a una vetrina di oggetti truccati degni di Q. Tra ratti esplosivi, penne avvelenate e una pistola nascosta in una pipa, cercavo un articolo di un'astuzia impareggiabile di cui avevo sentito parlare. Durante la Seconda guerra mondiale, le spie britanniche mandate in missione nel sud Europa venivano munite di attrezzature particolari che le aiutassero a camuffarsi tra la popolazione locale ed eludere così le forze nemiche. Incluso nel kit per paracadutisti mandati in missione speciale in Spagna c'erano tavolette di cioccolata ripiene di una pungente pasta all'aglio. L'obiettivo di questi dolci insoliti era di insaporire l'alito dell'agente al fine di confonderlo meglio tra i locali ed evitare che il suo dolce respiro di casa lo tradisse. Purtroppo il museo non era riuscito a trovarne nemmeno una da esibire, forse perché gli anni di razionamento del dopoguerra avevano reso appetibile cioccolata di qualunque tipo. Così tornai nell'atrio per riprendere il mio viaggio in autobus.

Prima di uscire mi avvicinai alla Land Rover bianca che era stata danneggiata nel 2006 da un missile lanciato da un elicottero dell'esercito israeliano a Gaza. Un giornalista e un cineoperatore erano rimasti feriti. Due anni dopo, quello stesso cineoperatore si trovava in un altro veicolo della stampa internazionale a Gaza quando fu preso di mira di nuovo, dalla torretta di un carro armato israeliano che quella volta colpì in pieno il suo bersaglio.

Ci sono soltanto un paio di fermate tra l'Imperial War Museum e il Garden Museum, ma ogni viaggio in autobus è una buona opportunità per osservare i miei concittadini. Da qualche mese subisco una nuova forma di comunicazione: il messaggio vocale di WhatsApp. Per quel che mi riguarda non mi pare altro che un comunicato unilaterale fatto da chi non vuole nemmeno sforzarsi di scrivere un sms né concedere il diritto di replica al destinatario. Sembra che il suo vantaggio principale su una semplice telefonata sia di permettere al mittente di evitare il fastidio di essere interrotto o la scocciatura di ricevere opinioni non richieste. Insomma, è un metodo di comunicazione fatto su misura per l'emissione di ordini.

Amici più giovani mi hanno spiegato che il mio atteggiamento è esagerato e che a loro l'urgenza del suono di una telefonata in arrivo mette ansia. Per alcuni, il messaggio vocale è più conveniente: si può ascoltare quando si vuole e poi si può sempre rispondere o chiamare quando si ha tempo. Sarà così tra i giovani, ma forse meno per la signora che viaggiava accanto a me. In una serie di ululati stava facendo sapere a qualche sfortunato che era in autobus con tanta gente, che era stata molto occupata ma che sarebbe tornata presto e per cena aveva una voglia matta di pizza e vino. Il tutto tenendo il telefonino piatto davanti alla bocca come un cameriere con un vassoio sulle dita. Fortunatamente c'era poco traffico ed evitandomi ulteriore inquinamento acustico, suonai il campanello, ringraziai l'autista e scesi alla fermata del palazzo di Lambeth.

Il Garden Museum è ricavato da una chiesa sconsacrata appena fuori dalle mura della residenza londinese dell'arcivescovo di Canterbury. Su un impianto normanno dell'XI secolo, la chiesa di St Mary-at-Lambeth fu più volte ricostruita nel corso dei secoli. Nel secondo dopoguerra, la popolazione di Lambeth si spostò verso la periferia finché non ci furono più abbastanza fedeli per giustificare la presenza di una chiesa parrocchiale. Fu quindi chiusa, sconsacrata e infine messa in vendita.

Negli anni Settanta la sua torre quadrata era in condizioni precarie, il tetto perdeva e il cimitero era una giungla di rovi e ortiche. Il tutto sarebbe stato demolito e rimpiazzato da un parcheggio per autobus se non fosse stato per una fortuita conversazione che ebbe luogo a un ricevimento nel palazzo accanto, riservato a signore cristiane. La straordinaria Rosemary Nicholson in conversazione con l'arcivescovo gli chiese che piani ci fossero per la vecchia chiesa. Il reverendissimo Donald Coggan la informò con grande rammarico della destinazione futura del sito ma, quando Rosemary si dimostrò profondamente dispiaciuta, l'ecclesiastico, per consolarla, la incoraggiò a trovare un buon uso alternativo per l'edificio e provare a proporlo. La velocità con la quale Rosemary e suo marito lanciarono una campagna per convertire la chiesa in museo del giardinaggio lascia pensare che l'idea fosse già stata ampiamente discussa in famiglia. Fatto sta che nell'arco di pochi anni l'edificio e il cimitero furono salvati, trasformati in museo e gli autobus dovettero trovare parcheggio altrove.

L'entrata principale è accanto alla torre, nella parte dell'edificio più vicina al Tamigi. Lì ci sono alcuni gradini e una freccia con il simbolo blu dell'"omino rotellato" che indica il percorso senza ostacoli. Spesso questa segnaletica ci porta a entrate "di servizio", ma nel caso del Garden Museum, è vero l'opposto. Una ristrutturazione del museo avvenuta nel 2017 ha creato un caffè-ristorante in cui grandi pareti di vetro lo separano da giardini su entrambi i lati. È il posto ideale per fare un picnic senza l'incertezza del clima, ossia, a mio avviso, l'unico posto nella capitale per fare una merenda campestre. Ringraziando la fortuna che mi aveva depistato dall'entrata tradizionale mi gratificai con un caffè.

Basta guardare le lapidi incassate nel pavimento del ristorante e le tombe che spuntano tra le piante del giardino nel cortile interno per capire che ci troviamo nel cimitero di St Mary. È tra queste sepolture che si trova la ragione per la quale Mrs Nicholson scelse di convertire la chiesa in museo del giardinaggio. E il nome da cercare è quello di John Tradescant.

Nato intorno alla metà del Cinquecento, John Tradescant è un personaggio del quale si sa ben poco fino all'ultimo decennio del secolo quando assunse la posizione di capogiardiniere dell'Earl of Salisbury, segretario principale della regina Elisabetta I. In seguito, il suo prodigioso pollice verde lo portò all'attenzione di una serie di altri nobili finché, nel 1630, re Carlo I lo nominò Custode dei giardini, delle vigne e dei bachi da seta di Sua Maestà. Cittadino di Londra con casa e famiglia a Lambeth, alla morte venne sepolto nella sua chiesa locale e commemorato con la tomba a sarcofago che mi trovavo di fronte. Tra gli appassionati di giardinaggio, John Tradescant gode della fama di primo giardiniere inglese degno di nota e capostipite delle celebrità del Settecento e dell'Ottocento che hanno fatto degli inglesi un'autoproclamata nazione di giardinieri.

Finii il caffè resistendo a malapena alla tentazione delle torte che mi facevano l'occhiolino dalle cupole di vetro sul bancone, e promisi a me stesso che sarei tornato in quel ristorante qualunque fosse stato il mio giudizio sul museo. Non essendo particolarmente interessato alla natura, avevo poche speranze che il museo accendesse in me il sacro fuoco del giardinaggio. Mi concentrai davanti a una collezione di arnesi e annaffiatoi antichi e osservai con cura gli oggetti e i cartelli di una mostra sull'evoluzione di attrezzi da giardinaggio dal Seicento a oggi. Mi si avvicinò un vecchietto, occhi fissi sulla vetrina. «Interesting» mormorò. «Very» gli risposi io. Per chi non lo sapesse, la parola "interesting" ha due significati, quasi opposti. Il primo è quello che si attiene alla sua radice latina e indica che una cosa o persona è capace di destare interesse, curiosità. Il secondo è usato quasi quanto il primo in conversazioni tra madrelingua inglesi e indica indifferenza, alla meglio, o una vera e propria opposizione, alla peggio. Tra italiani, per indicare il primo si userebbe la parola "interessante" e per il secondo si direbbe "e va be'". Eppure, gli inglesi, sebbene provvisti di un vocabolario tre volte più ricco della Treccani, preferiscono affidarsi all'ambivalenza dell'"interesting" per entrambi i significati, lasciando così ambiguo il sentimento espresso. Per essere chiaro, e mi scuso con il museo che ha certo fatto del suo meglio con la materia prima a disposizione, ho trovato la mostra di forche, pale e zappe molto "interesting", soltanto nel secondo senso, e decisamente anche. Stavo quasi per condividere il giudizio di Samuel Johnson sui cerchi di pietra scozzesi, quando avvistai l'equivalente per il giardinaggio della tavoletta di cioccolata all'aglio per i servizi segreti.

Mentre leggevo i cartelli in una vetrina di attrezzi orticoli di fascino limitato, mi balzò all'occhio il nome di George Stephenson. Questi fu l'ingegnere delle prime ferrovie britanniche dell'Ottocento e nemico implacabile della natura. Non c'era foresta che non avrebbe abbattuto, montagna che non avrebbe traforato o vallata che non avrebbe coperto con un viadotto per permettere il percorso più piano possibile a una delle sue locomotive. Eppure in vetrina c'era la prova che quando non era occupato a sfregiare il paesaggio, il grande ingegnere passava il tempo libero a inventare attrezzature per migliorare il proprio giardino. Il suo contributo al museo era il "raddrizza cetriolo" che consiste in un tubo di vetro leggermente conico lungo una settantina di centimetri con un buco piccolo a un'estremità e un'apertura larga in fondo. Il vetro impediva al frutto giovane di incurvarsi durante la crescita e di maturare dritto come una rotaia.

Purtroppo l'attrezzo di Stephenson era l'unico esempio di ingegnosità della mostra, così mi stavo preparando a uscire contento almeno di aver trovato un buon ristorante in cui tornare, quando vidi un'indicazione per l'"Arca di Tradescant". Con poca voglia di vedere altri arnesi da giardinaggio ma memore di aver pagato il biglietto, mi infilai in uno stanzino che un tempo era stato la sagrestia. Lì dentro c'erano oggetti di tutt'altro genere. Si dà il caso che uno dei compiti dei giardinieri dell'epoca elisabettiana fosse di viaggiare per il mondo alla ricerca di novità per arricchire i giardini e le tavole dei loro signori. Tradescant unì questo incarico a una ricerca personale di curiosità da riportare in Inghilterra e poi mettere in mostra per conto proprio. In tarda età aprì delle stanze nella sua casa dove per 6 penny, lo stipendio giornaliero di un manovale dell'epoca, la gente poteva ammirare le meraviglie esotiche dell'"Arca", così aveva chiamato il suo museo privato. Per entrare si passava sotto un arco di ossa di balena e tra gli oggetti in mostra c'erano l'agnello vegetale dalla Tartaria, il teschio cornuto di una renna scandinava e un dodo imbalsamato. Certo, per l'occhio moderno reperti del genere fanno poco scalpore ma il concetto stesso di esibire oggetti per soddisfare la curiosità dei visitatori era nuovo per i londinesi e l'Arca fu il primo museo della capitale e del paese aperto al pubblico.

La guida del Garden Museum ringrazia calorosamente l'Ashmolean Museum di Oxford per il prestito degli oggetti in mostra poiché, per una storia contorta e non del tutto chiara, l'intera collezione di Tradescant andò a finire nelle mani del suo vicino di casa e collezionista Elias Ashmole. Alla morte del giardiniere, infatti, i suoi beni erano passati al figlio, anche lui chiamato John e amico di Ashmole. Dopo una ventina d'anni il figlio raggiunse il padre nel cimitero di St Mary's e, quando la sua vedova cercò di entrare in possesso dell'Arca, Ashmole glielo impedì mostrando un atto di proprietà con il quale si dimostrava che il marito aveva lasciato l'intera collezione a lui. Alla fine la questione fu risolta in tribunale a favore di Ashmole e poco dopo Hester fu trovata misteriosamente annegata nel laghetto del giardino di casa. La collezione personale di Ashmole si ritrovò così a essere più che raddoppiata dalla confluenza della collezione Tradescant. Tuttavia quando Ashmole la donò a sua volta all'Università di Oxford per creare il primo museo a ingresso libero per gli studenti, fu il suo nome a essere inciso sul frontone, non quello di Tradescant che aveva accumulato la maggior parte degli oggetti in esposizione.

Nel 2009 l'Ashmolean Museum fu oggetto di una grande ristrutturazione. Al momento della riapertura, il mancato riconoscimento per il contributo di Tradescant tornò a galla. Rispondendo ai giornalisti David Berry, il curatore del museo, affermò: «Molti commentano che giustamente dovrebbe essere il *Tradescant* Museum invece dell'*Ashmolean*. È un argomento *interesting*».

Inutile dire che il nome è rimasto immutato.

7
The Half Moon Pub
10 Half Moon Lane, Herne Hill, SE24 9HU

Che i londinesi non rappresentino proprio l'apice della socievolezza è un tema che abbiamo già affrontato in metropolitana. Ma, come succede con ogni regola, c'è sempre spazio per qualche eccezione e, nel caso del classico cittadino timido al punto da sfiorare la freddezza, basta entrare in uno dei tanti pub della capitale per vederlo sotto tutt'altra luce. Si dà il caso che il gene sociale che risiede in tutti noi sia particolarmente suscettibile a un processo di essiccazione causato dall'inquinamento delle nostre città, ma basta una leggera reidratazione a base di un liquido castano, servito a temperatura ambiente, possibilmente in un bicchiere da mezzo litro e trabordante di schiuma per risolvere il disagio. Al primo sorso, le corde vocali riprendono elasticità, al secondo lo sguardo fisso inizia a sciogliersi e al terzo le pupille iniziano a scansionare la sala alla ricerca di un interlocutore adatto. A fine pinta, i timidi ormai rinati a nuova vita si scambiano pacche sulle spalle e fanno a gara per offrire il prossimo giro.

Per non interferire troppo con la lubrificazione in corso, gli osti dei pub tradizionali offrono un menu limitato. Oltre alle noccioline salate e ai pacchetti di patatine fritte, i locali con qualche pretesa gourmet aggiungono cipolle sott'aceto o persino uova similmente conservate. Tra queste pietanze di nicchia, le patatine fritte meritano una considerazione più approfondita. Il paese che ha dato Newton e Darwin alla scienza,

Stephenson e Brunel all'ingegneria e Shakespeare e Dickens alla letteratura non poteva non lasciare traccia anche in campo gastronomico. E così vi presento Walker e McCoy, i due principali produttori di patatine fritte del regno. Assieme producono oltre novanta milioni di chili di croccantezza ogni anno, ossia un chilo e mezzo a testa per ogni uomo, donna e bambino tra i sudditi di sua maestà. Ma la loro capacità produttiva non è nulla in confronto all'inventiva adoperata per insaporire i loro umili tuberi. Sono passati decenni da quando il macellaio Mr Walker, trovandosi a corto di carne da vendere nel periodo del razionamento dopo la Seconda guerra mondiale, si mise a friggere patate per offrire qualcos'altro ai suoi clienti. Dal semplice gusto di patata fritta di quei tempi il pantheon dei sapori è evoluto a livelli da Nobel. Oltre ai tre gusti principali (sale e aceto; formaggio e cipolla; salato), oggi si trovano senza alcuna difficoltà pacchetti al sapore di cocktail di gamberi, salsa Worcester, pollo arrosto, roast-beef, bacon affumicato, ketchup e, per chi si trova in un pub sprovvisto di quelle in barattolo, cipolle sott'aceto.

Ma torniamo ai menu dei pub. Nell'ultima quindicina d'anni il settore ha subito un notevole declino. I supermercati hanno cominciato a vendere alcol a prezzi stracciati e così i pub si sono trovati costretti a offrire qualcosa in più di una birra per attirare nuovi clienti e tenersi stretti i vecchi. Al giorno d'oggi è raro trovare un pub che non offra un pasto completo sia a pranzo che a cena.

È per questa ragione che mi trovo oggi nella sala da pranzo dell'Half Moon. Questo pub Vittoriano in mattoni rossi a tre piani e largo una quarantina di metri occupa una posizione prominente al centro di Herne Hill, il quartiere a sud di Londra dove vivo. Da giovane lo frequentavo poco, era noto come punto di incontro di motociclisti non proprio gentili. Fino a quando nel 2013, a causa di un allagamento non coperto da assicurazione, chiuse i battenti. Quattro anni dopo, a ristrutturazione completata, ha riaperto come pub-ristorante con in più una dozzina di stanze da letto e un bel cortile sul retro dove una volta la facevano da padroni cavalli, cocchieri e carrozze. L'ottimo lavoro fatto è stato riconosciuto l'anno seguente quando all'Half Moon è stato assegnato il premio come miglior pub di Londra 2018.

Il salone principale del pub è quello originale del 1896, completo di finestre dai vetri colorati, specchi dipinti con uccelli dietro il bancone del bar e legno scurito da verniciature secolari alle pareti. L'aggiunta di un airone imbalsamato dall'aspetto sorpreso e un paio di anatre altezzose completano la scenografia neogotica tipicamente vittoriana. In un ambiente del genere è facile immaginare Holmes e Watson seduti in poltrona avvolti dal fumo delle loro pipe mentre discutono dei fattacci del Segno dei Quattro avvenuti a Pondicherry Villa, nella vicina West Norwood. Nel frattempo, Dorian Gray si ammira negli specchi dietro al bar orecchiando il racconto fatto all'amico Jekyll dal fugace Edward Prendic, che tenta di descrivere il bestiario mostruoso dell'isola del Dr Moreau.

Il ristorante si trova sul retro, in una grande stanza dove un tempo gli U2, Van Morrison e i Police facevano le prove dei concerti all'inizio delle tournée nazionali. Durante la ristrutturazione di questa sala sono state ripristinate le finestre originali a tutta altezza, a scapito dell'acustica ma a netto vantaggio di luce, aria e vista per i clienti del nuovo ristorante.

Oltre all'hamburger "della casa", cibo base dei pub con cucina, il menu offre un misto eclettico della cucina internazionale. Tra i primi si può scegliere fra il pollo alle spezie jerk dei Caraibi, un'insalata greca o gnocchi con pomodori al forno. Tra i dolci è possibile provare un gran classico delle mense scolastiche inglesi di un tempo, quando ancora la quantità di zuccheri ingerita dalla popolazione non era materia di decisioni governative: lo *sticky toffee pudding*. Si presenta come un mattone spugnoso, e insieme stopposo, di caramello morbido, annegato in una salsa di caramello scuro e denso. La sua presenza nel menu giustifica la scelta dell'insalata al posto di pollo o gnocchi.

Per il piatto forte dell'Half Moon, però, bisogna tornare di domenica. Oltre a regalare agli inglesi una rete di castelli che fa gola agli enti turistici di mezza Europa, i normanni hanno dato il nome al piatto nazionale degli isolani: il *roast beef*, dal francese *roti de boeuf*. Le parole anglosassoni per dire "mucca" e "maiale" (*cow* e *pig*) sono rimaste intonse fino ad arrivare nel lessico inglese moderno ma, una volta fuori dai campi, passati allo spiedo e serviti sulle tavole dei nuovi regnanti, le stesse bestie assumono nomi tratti dalla lingua francese degli invasori, ossia *beef* e *pork*. Lasciando da parte l'origine del piatto e l'etimologia del suo nome, il roast beef è indubbiamente il contributo più apprezzato dell'Inghilterra alla gastronomia internazionale. Nei pub lo servono roseo e tagliato a fette spesse in grandi teglie, contornato da un numero variabile di *Yorkshire Pudding*. Gli ingredienti di questa sorta di ciambelle-soufflé, paffute e dorate, sono farina, uova e latte. Gonfiate a cuscinetto a forno caldo, fanno da contorno all'arrosto e consentono una gustosa scarpetta con il sugo che lo accompagna. La tradizione vuole che il piatto sia completato con la pungente salsa di rafano bianco, che lega il tutto e rallenta il passo a chi tende a eccedere davanti a un tale ben di dio.

8
In fila per Westminster

Passeggiando per Parliament Square bisogna stare attenti. Il groviglio di strade che circonda il prato centrale è stato il primo svincolo della capitale ad aver avuto bisogno di essere regolato da un semaforo. Installato nel 1868, alto quasi sette metri e adattato dalla segnaletica ferroviaria, era alimentato a gas e dipendeva da un poliziotto che manovrava leve per regolare il flusso delle carrozze che arrivavano in piazza dal ponte di Westminster. Purtroppo la vita di quel semaforo fu breve: installato da appena due mesi, una perdita di gas causò un'esplosione che lo distrusse ferendo anche l'operatore. Da allora, ogni tentativo di rendere più fluido il traffico londinese è fallito a causa del numero sempre crescente di veicoli sulle strade e dei perenni lavori in corso. A meno di tredici chilometri orari, la velocità media attuale di un percorso in macchina nel traffico del centro supera di ben poco quella dei cocchieri dei primi anni del Novecento.

Il pericolo per noi pedoni, tuttavia, non sono tanto le macchine quanto i turisti. In particolare quelli che si inchiodano come statue in mezzo al marciapiede per fotografare il compagno di viaggio davanti a una delle tante attrazioni della zona. Di rado è il soggetto della foto a ostacolare gli altri passanti, essendo di solito questi impegnato soltanto ad accertarsi di venire bene nello scatto. Il fotografo invece pianta i piedi, tutta l'attenzione rivolta al compagno e all'orologio o alla cattedrale sullo sfondo. Irrigidito per la responsabilità, costituisce una barriera inamovibile per chiunque voglia passare.

È un peccato che tutta questa confusione renda difficile apprezzare l'architettura di una delle piazze più storiche di Londra. Il Big Ben e le Houses of Parliament occupano il lato che si affaccia sul fiume e Westminster Abbey riempie quello adiacente. Di fronte a questo angolo di edifici gotici si ergono le colonne e i cornicioni neoclassici della Corte Suprema e del Ministero del Tesoro. Al centro di Parliament Square c'è un piccolo prato meticolosamente tosato e circondato di statue e platani che lo separano dal traffico soffocante che gli romba attorno. Fortunatamente esiste un modo di visitare la piazza senza traffico e senza troppi turisti e in più, di recente, queste opportunità sembrano diventare sempre più frequenti.

Il diritto di protesta è fondamentale in qualunque democrazia e marciare è il metodo preferito dagli inglesi, che di rado si impegnano per costruire barricate e preparare molotov. Il britannico politicamente infastidito preferisce di gran lunga manifestare il suo dissenso con una bella passeggiata cittadina. In fondo, partecipare a una marcia è come essere in una grande coda scorrevole, un concetto ugualmente familiare quanto esaltante per gran parte della popolazione. Di solito si inizia a Hyde Park e si prosegue su Piccadilly fino a Trafalgar Square. Dopo una breve sosta per ammirare la colonna di Nelson e salutare i suoi leoni protettori, si imbocca Whitehall per poi finire a Parliament Square, dove vengono pronunciati i discorsi dei leader della manifestazione.

Di recente, c'è stato un battibecco su come implementare un certo referendum che fu regalato a sorpresa al popolo qualche anno fa. All'apparenza la domanda posta dai politici era molto chiara: rimaniamo nell'Unione Europea, sì o no? Purtroppo, come spesso accade, quel che a prima vista sembra semplice è ben più complesso e comporta poi conseguenze inaspettate e inconvenienti.

Il referendum del 2016 si può paragonare a un invito a pranzo del governo a un centinaio di suoi cittadini. Una volta seduti a tavola, il cameriere si presenta come "Dave" e porta la notizia che stamane il mercato aveva poco da offrire, perciò sul menu del giorno c'è soltanto la scelta tra carne o pesce. In più, lo chef è solo in cucina e così, dato il numero degli invitati, può soltanto preparare un piatto unico per tutto il tavolo. Consegnato il menu scarso e insolito, Dave si inchina per scusarsi e lascia la decisione ai commensali. Dopo una discussione, diventata sorprendentemente emotiva, che si concentra sugli effetti salutistici delle due opzioni e dà poco retta al parere degli esperti attorno al tavolo, i commensali decidono inaspettatamente 52 a 48 per il pesce.

Purtroppo la decisione non pone fine al dibattito perché, una volta comunicato il risultato in cucina, arriva una nuova cameriera. Teresa ha sostituito Dave al turno, e porta a sua volta notizie dalla cucina: lo chef sa preparare il pesce in tanti modi, dal sashimi alla *bouillabaisse* e, a seconda di come si prepara, il prezzo del piatto cambia di molto; come deve procedere? Così la discussione ricomincia, inasprita dalla fame che inizia a farsi sentire. Poco dopo, Teresa ritorna un'altra volta per riferire che lo chef ha finito di pulire il pesce e che ora sulla bilancia il peso risulta grandemente ridotto. Se avessero scelto la carne, avrebbero di certo mangiato di più. I carnivori si lamentano ma gli amanti del pesce ribadiscono che la decisione ormai è presa e comunque tutti sanno che i vantaggi per la salute di una dieta marinara rende la scelta migliore in ogni caso. Nel frattempo emergono differenze di opinioni su come cucinare il pesce. Alcuni lo vogliono fritto, altri alla griglia e altri ancora, un po' preoccupati che il pesce pulito non basterà per tutti, propongono un bel vitello tonnato come compromesso.

In tutto questo, i carnivori, sentendosi completamente ignorati, si scusano, lasciano il tavolo, prendono i cappotti e si mettono in marcia verso Parliament Square per restituire i loro inviti.

Ho partecipato anch'io a una di queste manifestazioni con due amici italiani, dicendo che sarebbe stata la migliore opportunità per vedere il centro senza macchine. In poco tempo abbiamo abbandonato la sicurezza del marciapiede e abbiamo preso a camminare con disinvoltura sull'asfalto liscio della strada. La sensazione di libertà che accompagna questa apparente monelleria è gradevolissima e dopo qualche ora ci chiedevamo perché la città non chiuda le strade al traffico più spesso. Senza l'inquinamento, il rumore e la presenza delle automobili, gli occhi sono liberi di notare cose e persone che altrimenti verrebbero trascurati. Stare attenti alle regole pedonali per evitare di essere investiti è tra le prime lezioni dell'infanzia, e così è naturale che quando questo pericolo all'improvviso scompare proviamo quella sensazione di benessere che si sente quando si cammina liberi in campagna o su una spiaggia. E lo stesso provavamo noi passeggiando quel giorno per Londra, incuranti di semafori e segnaletica.

La marcia precedente aveva attratto più o meno centomila persone e per questa gli organizzatori e la polizia si aspettavano un numero di poco superiore. Bene. Quel pomeriggio di ottobre 2018 sfilarono circa in 700 000. L'atmosfera era quella di un grande carnevale e i discorsi in Parliament Square dovettero slittare di qualche ora per dare tempo ai manifestanti di raggiungere i palchi. Unendoci alla marcia a Trafalgar Square e vedendo Whitehall ricoperto da un tappeto di bandiere e cartelloni ci fermammo per osservare lo spettacolo e concordare il miglior percorso turistico.

Con Whitehall impraticabile, ci dirigemmo verso il parco di St James per salutare scoiattoli, pellicani e gru e per poi entrare a Parliament Square dal lato ovest. Venendo da quella direzione si arriva a Westminster Abbey dalla sua entrata principale, incorniciata dalle torri gotiche gemelle aggiunte nel Settecento. Girando attorno si vedono le grandi arcate acute, le vetrate colorate e le colonne scanalate che conducono l'occhio dal basso verso il cielo. Edificata nel 1065 in stile romanico sul sito di un'abbazia del x secolo, subì un radicale cambiamento nel XIII secolo per volere di Enrico III, affascinato dal nuovo stile gotico delle cattedrali di Amiens, Evreux e Chartres. Della struttura originale non è rimasto niente in superficie, gli unici archi originari rimasti sono quelli a supporto delle coperture di scantinati e sottopassaggi della vecchia abbazia.

Purtroppo di tutto questo non sapevo nulla quando i miei amici cominciarono a pormi domande sull'edificio. A scuola apprendiamo che è il luogo per incoronazioni e nozze reali, ma la combinazione del nugolo di turisti che lo circonda e il prezzo di ingresso di 22 sterline fa sì che noi londinesi preferiamo visitare le molte altre attrazioni gratuite della città. Sicché, incuriosito dalla visita e un po' imbarazzato per avere fatto la figura dell'ignorante, decisi di informarmi. La prima ricerca mi ha rivelato la bella notizia che, per chi visita in sedia a rotelle, l'entrata è gratuita. E così è anche per l'accompagnatore. Ma il vero vantaggio del biglietto omaggio è che esime il visitatore dalla domanda che spesso viene posta dal guardiano all'entrata di chiese particolarmente belle: «È venuto per visitare o per pregare?». In tali casi, vorrei tanto rispondere con un commento tagliente sullo storico sfruttamento del popolo da parte del clero, ricordare che in passato la vendita di indulgenze ha portato a non poche noie, oppure che ho tutta l'intenzione di pregare ma che il dio appropriato me lo scelgo io. Ma un po' perché la domanda è invariabilmente posta da un nonno dalla faccia pacifica, un po' perché del coraggio scontroso di Lutero ne ho poco, finisco sempre per stringere i denti e aprire il portafoglio per contribuire alle spese legali di qualche cardinale.

Un'altra scoperta fu che, nonostante il nome, Westminster Abbey non è un'abbazia, o meglio, non lo è più da moltissimo tempo. Per chi conosce gli inglesi e la loro letargia linguistica che lascia invariati nomi che da tempo hanno perso la loro radice significante, questa situazione non sarà una sorpresa. Chiunque abbia avuto a che fare con il sistema scolastico britannico saprà, per esempio, che le Grammar Schools non si limitano più a insegnare grammatica e latino e che le Public Schools sono tutt'altro che pubbliche, selezionando gli alunni in base a esami di ammissione e facendo poi pagare annualmente il costo di una Mercedes per l'istruzione. Le vere scuole pubbliche sono un fenomeno più recente, ma invece di togliere il nome ormai anacronistico a quelle private e sostituirlo con qualcosa di meno ingannevole, in Gran Bretagna le scuole aperte a tutti si chiamano State Schools.

L'abbazia di Westminster fu chiusa da Enrico VIII durante il periodo della Riforma, nella prima metà del Cinquecento. Moltissime altre abbazie furono alienate o distrutte ma il legame di Westminster Abbey con la famiglia reale fu la sua salvezza e il re la convertì in cattedrale anglicana. Per un breve periodo durante il regno di Maria I Tudor – figlia maggiore del re che, come sua madre Caterina d'Aragona, era di fede rigorosamente cattolica – i frati benedettini tornarono a Westminster e la loro chiesa di St Peter venne riconvertita in cattedrale cattolica. Per sfortuna dei frati, il regno di Maria durò soltanto cinque anni e mezzo e a lei succedette la sorellastra protestante, che salì al trono con il nome di Elisabetta I. La cerimonia della sua incoronazione fu l'ultima celebrata con rito cattolico per un regnante britannico. Anche se più tollerante di suo padre, Elisabetta sapeva che la fede anglicana del paese precludeva la presenza di un ordine di monaci cattolici con cattedrale nel centro governativo del regno: bisognava trovare quindi un altro nome e un altro ruolo per l'abbazia e la sua chiesa reale. Per mettere fine all'andirivieni di monaci degli ultimi anni, la nuova regina classificò l'abbazia e la sua chiesa come Royal Peculiar, ossia una chiesa di religione anglicana ma di proprietà del sovrano. L'edificio dell'abbazia fu messo a disposizione di un collegio e così la chiesa venne rinominata "The Collegiate Church of St Peter at Westminster" ma detta, da allora fino a oggi, Westminster Abbey, anche se ormai vuota di frati da quasi mezzo millennio.

Vedendomi arrivare, un guardiano vestito di rosso si precipitò a farmi strada, mi accolse con un gran benvenuto e mi chiese se avessi bisogno di aiuto. Poi si allontanò per poter assistere qualcun altro. In quel momento provai un certo rimorso per i miei sentimenti pagani sui guardiani delle chiese. Il rimorso si acuì all'arrivo di un altro guardiano che mi offriva un'audioguida e una brochure dell'abbazia. Punito dalla loro gentilezza, mi misi a esplorare la chiesa.

La mappa nella brochure rivela una chiesa di forma inusuale. Con il passare dei secoli, aggiunte successive alla classica pianta a croce dell'XI secolo hanno esteso l'abside fino a renderla grande quanto la navata. Questa parte ampliata contiene la cappella di sant'Edoardo il Confessore. Deceduto una settimana dopo l'inaugurazione della chiesa che lui stesso aveva fondato, fu l'ultimo re anglosassone d'Inghilterra. Il suo successore, Harold, non fece in tempo a celebrare la propria incoronazione nella Abbey prima dell'arrivo dell'invasore normanno, Guglielmo. Detto "Guillaume le Bâtard" in francese, la sua vittoria nella battaglia di Hastings nel 1066 gli procurò un soprannome più mirabile: Guglielmo il Conquistatore. Fu così uno straniero il primo re d'Inghilterra a essere incoronato nella nuova Westminster Abbey.

La cappella di St Edward è la parte più importante dell'edificio, l'altare si poggia alle sue spalle all'incrocio centrale della chiesa e si rivolge verso il coro e la navata. Ai piedi dell'altare c'è un grande pavimento cosmatesco completato da artigiani venuti da Roma nel 1268. Il disegno a cerchi e forme geometriche rappresenta l'universo. È composto da migliaia di tessere di vetro e pietre colorate messe a intarsio, un metodo che rende perfettamente la complessità del soggetto. Nel santuario stesso c'è un altro pavimento cosmatesco che può essere visto molto raramente, essendo di struttura delicata e perlopiù coperto da un tappeto protettivo. Di conseguenza la cappella è chiusa al pubblico. Fortunatamente, il decano della chiesa ha registrato un'audiodescrizione per i non vedenti, che in questo caso funziona per tutti. A sentire il Right Reverend Dr John Hall, la tomba del santo è giustamente semplice a confronto con le tombe e le cappelle circostanti. Forse la notizia più interessante per chiunque abbia a cuore le nozze cinematografiche della famiglia reale britannica è che, per il matrimonio di William e Kate, la cappella venne usata come luogo privato dove firmare il registro e legalizzare l'unione, cosa che fecero con il Dr Hall come testimone.

Girando attorno alla cappella di St Edward, una muraglia di sarcofagi reali, incastrati testa a piedi, indica la foga dei regnanti successivi per aggiudicarsi un posto vicino al santo. Alla fine del Quattrocento lo spazio tra le tombe era talmente ridotto da mettere a rischio la dignità degli occupanti, e fu così che il nuovo re, Enrico VII iniziò i lavori per creare un mausoleo reale più degno per se stesso e per i futuri regnanti della famiglia Tudor, del quale lui era il primo. L'aggiunta della sua cappella ha raddoppiato la lunghezza dell'edificio oltre l'altare centrale. Per quanto ampia fosse la nuova "Lady Chapel", dopo appena due secoli accolse la sua ultima salma, quella del tedesco re Giorgio II nel 1760. Da allora, i funerali reali si celebrano nella Cappella privata del castello di Windsor, ma Westminster

Abbey continua a essere il luogo prescelto per i matrimoni dei sovrani, almeno per quanto riguarda le prime nozze, e per tutte le incoronazioni.

Dopo aver completato il giro del mausoleo reale mi diressi in controsenso lungo la navata verso l'altra estremità della chiesa. Ci sono più di tremila tombe nella Abbey delle quali soltanto sedici appartengono a sovrani. Dopo la guerra civile inglese, una guerra all'ultimo sangue tra le forze puritane del Parlamento capeggiate da Oliver Cromwell e i monarchici leali a Carlo I, il vittorioso Cromwell decise di democratizzare il diritto di sepoltura nella Abbey. Per il povero Cromwell, la nuova pratica non andò così bene. Pochi anni dopo la sua sepoltura a Westminster, la restaurazione riportò il figlio di Carlo I al trono. Carlo II non era certo un regnante che andasse in cerca di riconciliazione e fece riesumare il corpo del generale per poi decapitarlo ed esporne la testa su un palo davanti al Parlamento. Tuttavia la tradizione di offrire sepoltura a cittadini di rilievo oltre a quelli di sangue blu rimase, così visitai le tombe di Newton e Darwin fino ad arrivare al memoriale più recente di Stephen Hawking. Incisa sulla sua lapide c'è la traduzione in inglese di parte dell'iscrizione latina incisa sulla tomba di Newton: «Qui giace quello che era mortale di Stephen Hawking, 1942-2018».

Superando poi la tomba di Winston Churchill, il trono reale e la tomba del milite ignoto, mi diressi verso quella parte della chiesa dove vengono ricordati i grandi dell'arte e della letteratura inglese. Tra le lapidi di Dickens, Chaucer, Shakespeare e altri, vidi inciso il nome di una donna che non era sepolta lì per questioni ereditarie. In realtà a farmela notare e a raccontarmi la sua storia fu l'amica che mi accompagnava. La storica Dr Fay Bound Alberti osserva, nelle sue ricerche, che tra i commemorati nel Poets' Corner, l'angolo della Abbey riservato ai letterati, meno di un decimo sono donne. Sono, infatti, sei in tutto e una di queste è ricordata soltanto nella lapide dedicata principalmente al marito che, si dice, usasse l'inchiostro con meno talento della moglie. In un altro caso, la lapide commemorativa dell'attrice Hannah Pritchard è stata rimossa completamente per fare spazio al busto di quel lessicografo nemico degli scozzesi e suo coetaneo, Samuel Johnson. È una sostituzione che Johnson avrebbe approvato perché, pur essendo un liberale, per quanto riguardava il movimento contro la schiavitù, sulle donne la pensava diversamente. In risposta alla notizia che una donna aveva fatto la predica a una riunione di quaccheri, Johnson pare abbia risposto: «Signore, una donna che predica è come un cane che cammina su due zampe. Non sarà fatto bene, ma è sorprendente che accada affatto».

L'Abbey, in quanto preziosa testimone di più di mille anni di storia inglese, gode giustamente della fama di bene culturale più protetto del regno. Ciononostante, mentre facevo il mio giro notavo che in molti punti i gradini erano stati rimpiazzati da piccole rampe. Sollevando e riposizionando le lastre originali del pavimento si era riusciti a raccordare i tanti dislivelli in un'unica pavimentazione abbastanza omogenea da permettere una visita facile a chi fa uso di ruote o bastoni. Come in tutta Europa, la legge britannica afferma che nei posti pubblici bisogna fare il più possibile per dare accesso ai disabili ma, troppo spesso, la scusa del valore culturale e artistico di un edificio viene usata per aggirare tale obbligo. Di recente ho presentato un libro sulla disabilità scritto con mia madre all'Istituto italiano di cultura a Londra che si trova in un bel palazzo dell'Ottocento. Alla notizia che oltre a non avere un ascensore non aveva nemmeno un bagno accessibile tentai di capire come questo fosse potuto accadere in un edificio statale che intende mostrare il meglio della cultura italiana all'estero. Con tanto di:

«Ci dispiace, non sa quanto», «Ha ragione, il bagno dovrebbe assolutamente esserci», «Ma sa, non ci danno i permessi», e poi: «Capirà, è un edificio vecchio e protetto», ho finito col fare la presentazione senza bere un sorso d'acqua e con la bocca impastata. Avrei tanto voluto portare con me i responsabili di quella struttura mentre mi dirigevo verso l'aggiunta più recente all'edificio storicamente più importante e vincolato del regno.

Superando il Poets' Corner, che naturalmente commemora ben più dei poeti, e passando per una piccola porta si sbuca nella luminosa Weston Tower, la prima opera edilizia di rilievo fatta nella chiesa dal 1745, quando furono erette le torri dell'entrata principale. Annidata tra gli archi rampanti delle strutture preesistenti, la nuova struttura è stata descritta da almeno un giornalista come un "razzo gotico". Con un ascensore al centro avvolto da una scala panoramica, la torre porta a una larga galleria, detta *Triforium*, che si trova a sedici metri d'altezza. Da lassù c'è una vista sulla cappella del Confessore, l'altare e il pavimento cosmatesco, il coro e poi la navata in tutta la sua lunghezza. Una vista niente male, ma c'è anche qualcosa di interessante tra gli oggetti in esposizione nella nuova Queen Elizabeth Jubilee Gallery che è stata aperta al pubblico nell'estate del 2018.

L'accumulo di roba superflua non è soltanto un fenomeno del consumismo degli ultimi decenni. Come fa chiunque abbia la fortuna di avere una soffitta dove nascondere ciò che non serve più ma che è troppo penoso da gettare via, il personale della Abbey ha fatto un uso prodigioso del Triforium. Mentre noi riempiamo le nostre soffitte di ricordi d'infanzia, cimeli di famiglia, souvenir e acquisti impulsivi su Amazon, tra le cose abbandonate della Abbey c'era una collezione di effigi funebri reali. Nel Medioevo, vigeva l'usanza di mettere un manichino a immagine e somiglianza del morto sopra al carro che portava la salma alla tomba. A sepoltura avvenuta, il manichino non serviva più e così, nel caso di Westminster Abbey, il compito di sbarazzarsene restava ai frati. Una mezza dozzina di queste effigi sono state restaurate e messe in esposizione. Scolpite in legno e con i volti modellati in gesso dipinto, rappresentano le sembianze più autorevoli dei regnanti inglesi prima del Rinascimento. Alcune sono state modellate sulle maschere mortuarie fatte poco dopo il decesso mentre altre erano completate, consegnate e pagate mentre il modello era ancora in vita. Questo impulso frettoloso potrebbe spiegare l'espressione indubbiamente sgomenta di Anna di Boemia, moglie di Riccardo II. La fattura dell'artigiano indica che quattro giorni prima che esalasse il suo ultimo respiro, la regina si vide recapitare a casa il macabro oggetto.

Proseguendo oltre il manichino della regina boema si incontra un trono molto simile a quello di Edoardo I in mostra all'entrata cerimoniale della Abbey. Sotto la seduta del trono di Edoardo era collocata una grande pietra quadrata: la *Stone of Destiny*. Questa pietra, chiamata anche *Stone of Scone* dal nome del monastero scozzese dal quale fu rubata, era il bottino di guerra di Edoardo dopo una campagna vittoriosa contro gli scozzesi alla fine del Duecento. In precedenza, la pietra era stata usata nelle incoronazioni dei monarchi scozzesi. Così, ponendola sotto al sedile del suo trono inglese, Edoardo si annunciava sovrano di tutta l'isola e dava anche qualche indicazione sullo status degli scozzesi nel regno allargato. Fu soltanto nel 1996 che, quando la Scozia fu travolta da un'ondata di nazionalismo tale da rischiare di separare i due paesi, l'Inghilterra decise finalmente di scusarsi del furto. Meglio tardi che mai. Restituì quindi la pietra a Edimburgo, a patto che essa potesse essere temporaneamente prestata in occasione di future incoronazioni. Quando questo accadrà, si vedrà se gli scozzesi avranno accettato le scuse giunte con più di otto secoli di ritardo.

Il trono al piano superiore è, invece, il trono costruito appositamente per accomodare la regina Maria II durante l'unica cerimonia di doppia incoronazione, Maria e Guglielmo d'Orange, avvenuta nel 1689. Dopo la cerimonia, e non sapendo se mai sarebbe potuto servire di nuovo, il trono supplementare fu messo da parte, trascurato da tutti eccetto che dai ragazzini della scuola di Westminster, che occupava gli edifici accanto e che forniva i coristi alla chiesa. In momenti di mancata sorveglianza i ragazzini si mettevano a esplorare i magazzini della Abbey e, trovandosi davanti un bel mobile in legno, si davano da fare con temperini e punte di compasso. Da chiamare all'appello sono Seymore, Deacon, Bower e Harper e da aggiungere alla lista di punizione ci sono anche Listey e Hook che hanno inciso i propri nomi per i posteri sullo scudo cerimoniale di Edoardo III.

Mi aggiravo ancora provando una certa ammirazione per quegli atti di ribellione giovanile, seppur vandalici, quando mi trovai di fronte a un incontro inaspettato. Avevo scovato la lapide dell'artista teatrale Hannah Pritchard, (1711-1768), così rozzamente rimossa dai sostenitori di Samuel Johnson. Continuavo a non capacitarmi del fatto che non le fosse stata trovata una sistemazione tra i grandi dell'arte nel Poets' Corner. Lo scopo di questi memoriali è molteplice. Per i defunti credenti c'è la speranza che la loro anima venga ricordata nelle preghiere dei cari rimasti in vita e che quelle raccomandazioni possano essere di beneficio dopo la vita terrena. Invece, per coloro che sono meno preoccupati dell'aldilà, l'inclusione del nome nel pantheon degli eroi della nazione è una conferma finale e permanente dello status ottenuto durante la loro vita. Per chi visita la Abbey, i nomi a parete o a pavimento o sui sarcofagi costituiscono l'universo dei modelli di vita di maggior rilievo della nazione, e mi dispiace che le giovani aspiranti attrici debbano salire un piano di scale per incontrare un personaggio dal quale potrebbero trarre ispirazione ed esempio.

Uscendo dalla galleria, notai altre iscrizioni simili su vetri e mattonelle di nuova fattura: Bank of America, Dr Mortimer & Maria Sackler, J. Paul Getty Charitable Trust e Goldman Sachs. Tra vetri dipinti e mattonelle scolpite ci saranno stati una quarantina di nomi di persone ed enti privati onorati per il loro contribuito alla costruzione della nuova galleria. A quanto pare, per essere ricordati in questa nuova parte di Westminster Abbey non occorre essere reali, nobili o maschi. Basta un bonifico benedetto.

9
Brasserie Zédel
Piccadilly Circus, 20 Sherwood Street, W1F 7ED

Tra le tante ragioni per visitare Londra è improbabile che la cucina locale si aggiudichi un posto tra le prime. Eppure, secondo i gommisti gastronomi della guida francese, nel 2019 ci sono più ristoranti stellati nella capitale del *fish and chips* che in qualunque altra città europea, fatta eccezione per Parigi. Effettivamente, anche per chi di tovaglie stirate e piatti firmati può fare a meno, una passeggiata in un qualunque quartiere della Londra del terzo millennio rivela un numero sorprendente di posti di ristoro invitanti e adatti a soddisfare ogni gusto. Intanto, mi capita ancora di ospitare figli di amici in visita a Londra per la prima volta che, aprendo le valigie, scartano calzini e magliette per rivelare grossi pezzi di parmigiano, tronchetti di salame o addirittura caffettiere complete di mattoni di caffè sottovuoto. Il tutto mi viene di solito rispettosamente offerto dicendo: «Non sapevamo se si trovano anche qui». «Grazie mille» rispondo io con la dovuta solennità, e poi osservo le sopracciglia incurvarsi quando aggiungo: «e la carta igienica?».

La cattiva fama culinaria dell'Inghilterra deve molto al cibo che trovavano i turisti internazionali degli anni Sessanta e Settanta. Per costoro, facendo un confronto obiettivo con la sofisticazione della cucina francese o la ricchezza di ingredienti di quella italiana, un sandwich di prosciutto flaccido presentato tra due fette di pane quadrate e fresche di fabbrica non poteva che lasciare a desiderare, se non proprio incutere timore. Nemmeno uno strato spesso di burro salato in contrasto con il sapore deciso della senape inglese poteva risollevare le sorti di quella vivanda al livello di un qualcosa che si potesse ingerire con gusto. Come il panino al prosciutto cotto, la gran parte del cibo preparato nel regno non era considerata altro che carburante per il corpo, puro e semplice. Non è certo un caso che tuttora la frase "buon appetito" non abbia equivalente nella lingua inglese.

Per i visitatori provenienti dall'Italia, la pessima reputazione del cibo londinese è in parte dovuta alla loro tendenza a darsi appuntamento, di sera, sotto la statua di Eros a Piccadilly Circus, la piazza nel centro del West End che è anche luogo di raduno di venditori notturni di hamburger. Questi ultimi offrono le loro creazioni culinarie ai gruppi di giovani che sbevazzano nei pub, bar e nightclub del centro e il loro stato di progressiva ubriachezza fa sì che verso la fine della sera si formino file attorno alle piastre scoppiettanti di carne abbrustolita e cipolle sfrigolanti. Il fatto che le file crescano in proporzione alla quantità di alcol consumato non può essere del tutto casuale, come è chiaro a chiunque addenti uno dei loro panini mentre è ancora in possesso delle proprie facoltà mentali.

Si dà il caso che la statua del putto in equilibrio su una gamba sola, ali spiegate e arco pronto al tiro, non raffiguri Eros ma il suo fratello più serio, Anteros. Se il primo rappresenta l'amore romantico, il secondo simboleggia la benevolenza e l'altruismo del Duca di Shaftesbury, al quale la statua e la fontana rendono onore. Un simile inganno dei sensi avviene anche con gli hamburger di Piccadilly: ciò che viene venduto ai baracchini assomiglia, per forma e odore, a un semplice hamburger, ma al palato si rivela essere ben altra sostanza. Forse, per chi non può fare a meno di un boccone mentre aspetta l'amico, può essere utile sapere che a un tiro di schioppo dagli schermi led di Piccadilly si trova un'autentica brasserie, luogo di incontro infinitamente più confortevole e più sano.

Collocato nella parte sotterranea di un edificio a nove piani che fino al 2006 era il Regent Palace Hotel, il ristorante si raggiunge dal retro di un piccolo bar sulla pedonale Sherwood Street. L'hotel, un tempo il più grande d'Europa, cadde in disuso anni fa e l'edificio fu demolito e sostituito da uffici e negozi. Il bar al livello della strada, con il pavimento e i muri rivestiti di travertino color tabacco, riesce a rendere l'idea dello stile del vecchio hotel ma non prepara al trionfo di *Art Déco* che aspetta chi si avventura di sotto. Laggiù, a quanto pare, nulla è cambiato dal 1935, quando nell'attuale sala da pranzo si ballavano il charleston e il jitterbug e nel bar si compravano sigarette e sigari da vassoi portati ai tavoli da ragazze in divisa a dir poco succinta. I marmi rosa del grande salone, adatto a ospitare più di duecento commensali, e le pareti decorate in legno chiaro e scuro del *Bar Americain* fanno da cornice a un luogo che conserva ancora tracce dell'antica atmosfera permissiva, quasi monella, che si ferma appena prima di sfiorare la volgarità. Non è certo un locale adatto al gusto di tutti, ma sfido chiunque possegga un minimo di immaginazione a non concedersi un sorriso malizioso al pensiero delle avventure che un tempo devono essersi svolte in questo scantinato totalmente dedicato al divertimento.

Il cibo francese è buono ed economico, come è giusto che sia in una brasserie. I cocktail sono ottimi ma, va detto, un po' cari. Tuttavia, ciò che rende unica una serata trascorsa da Zédel è trovarsi in un posto spettacolare a respirare l'aria frizzante di un'epoca lontana. E così, aggiungendo il fascino del luogo al conto, anche un secondo cocktail mi risulta un acquisto più che ragionevole.

10
Una lettera da Little Italy

Poco tempo fa la Gran Bretagna ha superato per la prima volta l'Argentina come meta preferita dagli emigranti italiani. Nel 2018 il console londinese ha stimato che, oltre ai 315.000 ufficialmente registrati, ce ne sono almeno altrettanti non registrati. Si valuta che la cifra totale sia attorno ai 700.000, ossia una popolazione tra quella delle città di Palermo e Torino. Di questi, quasi la metà abitano nella capitale, facendo di Londra la nona città più popolosa d'Italia, inserendosi tra Firenze e Bari. Il richiamo dell'isola dal clima fastidioso e difficilmente raggiungibile dai paesi mediterranei non ha ragioni del tutto evidenti. Mio nonno venne in Inghilterra soltanto una volta per la nascita del suo primo nipote, che sarei io. La visita fu breve e di scarsa soddisfazione. Il suo giudizio sulla nazione fu tanto inequivocabile quanto prevedibile da parte di un barone siciliano negli anni Settanta: il paesaggio è piatto e troppo verde, le donne sono brutte e gli uomini vestono male. Inutile dire che per la nascita del secondo nipote, mio fratello, nonna e zia fecero il viaggio fino a Oxford senza chaperon. Eppure, nei millenni, viaggiatori da tutta Italia si sono lasciati incantare dalle melodie delle sirene portate dal vento del nord.

Esploratori dalla penisola italica sono sempre stati presenti nella storia di Londra fin dai suoi albori. Con uno scritto, su tavoletta lignea, indirizzato al celtico Mogontius abitante di Londinium, trovato negli scavi fatti per il Mithraeum sotto l'edificio Bloomberg, uno scrittore latino ha fornito la prima documentazione del nome dell'insediamento romano sull'argine settentrionale del Tamigi. Dopo il ritiro delle legioni, il flusso di visitatori dal Mediterraneo si limitò a qualche missione religiosa per convertire gli anglosassoni, che però ebbe come effetto anche la costruzione della prima chiesa dedicata a San Paolo Apostolo in cima a Ludgate Hill, il sito dell'attuale cattedrale di St Paul's. Anche i visitatori laici hanno lasciato tracce nella toponomastica della città. Nel cuore della City si trova Lombard Street, luogo d'origine del primo sistema di assicurazioni nato tra i tavoli della Lloyd's Coffee House e della borsa sotto i portici della Royal Exchange. Lombard Street, inoltre, ricorda nel nome la regione nativa degli orefici e degli artigiani di metalli preziosi che resero servizio ai tre re Edoardo, sovrani d'Inghilterra dalla fine del Duecento fino all'ultimo quarto del Trecento. In seguito lì si stabilirono i mercanti-finanzieri del Medioevo delle famiglie Bardi e Peruzzi e, da allora fino agli anni Ottanta del xx secolo, Lombard Street ha ospitato le banche più importanti del paese.

Sullo Strand, la strada che collega la City al perimetro reale di Westminster, si trova un'altra testimonianza della connessione tra Italia e Inghilterra. L'Hotel Savoy è tra i più tradizionali e famosi della città. Considerato il primo albergo di lusso della capitale per avere avuto luce elettrica, ascensori, bagni *en-suite* e acqua calda corrente in ogni stanza. Fu collocato una decina di metri all'interno rispetto alla strada, lontano dalla puzza e dal rumore del traffico equino. Si raggiunge tuttora attraverso una piccola via di accesso che è l'unica nel paese dove si guida sulla destra per consentire una discesa più agevole agli ospiti illustri. Il nome dell'albergo è la derivazione anglicizzata del nome di un palazzo costruito nel Duecento dal Conte di Savoia sullo stesso sito per essere vicino a sua nipote Elena, moglie di Enrico III e residente nel palazzo reale di Westminster.

In seguito alla riforma protestante di Enrico VIII avviata nel 1534, il flusso di visitatori cattolici si ridusse drasticamente e per la maggior parte del Seicento e del Settecento l'Inghilterra si isolò dall'Europa continentale e dai suoi regnanti leali al papato. È difficile sottovalutare la diffidenza febbrile verso i cattolici durante questo periodo. Tuttora il 5 novembre vengono accesi falò accompagnati da fuochi d'artificio in tutto il paese per celebrare la notte di Guy Fawkes. La tradizione nasce dalla scoperta nell'inverno del 1605 di una trentina di barili di polvere da sparo in una delle cantine sotto il palazzo di Westminster. L'intenzione era di uccidere il re e il suo consiglio protestante in un'enorme esplosione. Il complotto fu sventato e da allora, per celebrare il ricordo dell'evento, in cima ai falò da incendiare viene posto il manichino del bombarolo cattolico. Sessantun anni dopo, quando un enorme incendio divorò la vecchia City per tre giorni consecutivi, l'opinione pubblica non esitò a dare immediatamente la colpa ai cattolici, sebbene si sapesse con certezza documentata che la distruzione di 87 chiese e 13 000 abitazioni era stata causata dalla distrazione di un panettiere inglese che aveva il suo forno in Pudding Lane. La discriminazione contro i cattolici era tale da non permettere loro di essere proprietari terrieri, per eredità o per acquisto, fino agli ultimi anni del Settecento e i deputati di fede romana, anche se votati, furono esclusi dal parlamento di Westminster fino al 1829.

Lo stigma sociale contro i cattolici fu anche più duraturo. Nel Settecento il quartiere di Clerkenwell era conosciuto per la qualità degli orologi e degli strumenti di navigazione che venivano prodotti nelle officine della zona. A nord, fuori della vecchia City e lontana dai quartieri benestanti di Westminster, era il luogo ideale per gli emigrati del nord Italia che lì potevano mettere in pratica la loro abilità nella lavorazione dei metalli e del vetro. Tra coloro che arrivarono in quel periodo ci fu

Enrico Negretti, nativo di Como ed esperto nella manifattura di termometri e lenti, strumenti assai richiesti dagli scienziati e dagli ingegneri dell'epoca. In società con Joseph Zambra, figlio di immigrati e nativo di Londra, fondò la ditta Negretti & Zambra, che cominciò a produrre strumenti scientifici ad alta precisione nella sede di Hatton Garden. In poco tempo la ditta raggiunse fama internazionale e divenne fornitrice ufficiale di prodotti ottici e meteorologici per la regina Vittoria, il Royal Observatory di Greenwich e l'Ammiragliato. Un'altra ditta di italiani di successo era la O. Comitti & Sons, specializzata nella produzione di occhiali, barometri e orologi. La loro sede si trovava a Mount Pleasant e oggi la società continua a produrre orologi da muro e da tavolo nella sua fabbrica nella contea di Essex.

Con la fine delle guerre napoleoniche, un enorme numero di italiani affamati si riversò in Inghilterra. Vittime di guerre e occupazioni condotte dai francesi e nuovamente dominati dagli austriaci dopo il Congresso di Vienna, furono i lombardi, i piemontesi e i veneti i primi a scalare le Alpi per mettersi in marcia verso la costa francese del nord. Mazzini si rifugiò a Londra per la prima volta nel 1837 e, trovando una comunità di oltre mille compatrioti in un triangolo di viuzze luride e cortili fatiscenti tra Clerkenwell e Holborn, si lanciò in campagne per il miglioramento della loro qualità di vita. Si batté prima contro i padroni che sfruttavano i bambini italiani come suonatori di organetti e mendicanti, e in seguito fondò una scuola serale per giovani e analfabeti. Malgrado i suoi sforzi, tuttavia, il quartiere continuò a essere tra i più malfamati della città, una reputazione confermata e portata all'attenzione dell'intero paese grazie alla pubblicazione di *Oliver Twist*. L'autore, Charles Dickens, ambientò la banda criminale che si impadronisce del povero Oliver in Field Lane, nel quartiere di Clerkenwell, che nel giro di una generazione sarebbe stato nominato dai londinesi Little Italy.

Una delle poche storie edificanti che emergono dal quartiere dell'epoca di Mazzini e Dickens è la sorprendente ascesa dalle stalle alle stelle di un certo Carlo Gatti, nativo del Canton Ticino. Arrivato a Londra a trent'anni, nel 1847, cominciò a guadagnarsi da vivere vendendo waffles e castagne da una bancarella. Il pubblico londinese, che gradiva, ne decretò un quasi immediato successo. Tanto che due anni dopo Gatti si mise in affari con un cioccolatiere pugliese, Battista Bolla. Assieme aprirono un caffè-ristorante nel sud del quartiere, dove producevano cioccolata a vista in vetrina per poi servirla in tazza ai loro clienti vittoriani appassionati della nuova alternativa al tè. Ma per Gatti il colpo di fortuna furono i gelati, che cominciò a produrre per la prima volta nel 1853 e che vendeva in porzioni da un penny, rendendoli accessibili per la prima volta alla classe lavoratrice.

Gli italiani di Clerkenwell divennero così i padri della nuova industria del gelato e ogni mattina, dalla primavera fino alla fine dell'estate, spingevano bancarelle refrigerate con blocchi di ghiaccio per vendere il loro prodotto nel centro città. Di sera, i cortili dei quartieri si riempivano del profumo di latte, uova e vaniglia cotti insieme per formare la crema base per il gelato dell'indomani. Alle quattro del mattino il rumore dei carri che portavano ghiaccio, latte e panna svegliava l'isolato. Si iniziava di nuovo a mescolare e raffreddare gli ingredienti, e a preparare i carretti per l'uscita. Il gelato veniva venduto in porzioni singole, comunemente chiamate *penny licks*. Una cucchiaiata di gelato veniva messa in un piccolo bicchiere, simile a un portauovo, e il cliente lo consumava per poi restituire il contenitore di vetro al venditore sperando che questi almeno lo sciacquasse prima di offrirlo al successivo. Sfortunatamente questa speranza andava spesso insoddisfatta e verso la fine del secolo le *penny licks* vennero vietate per ridurre la diffusione di tifo e tubercolosi. Le nuove norme sull'igiene non crearono alcun problema a Gatti, il quale aveva già da tempo abbandonato la produzione e la vendita di gelato per concentrarsi sull'importazione e la commercializzazione di ghiaccio. Quando morì, nel 1878, fu celebrato come pioniere della refrigerazione industriale e proprietario di vari ristoranti e teatri nella capitale imperiale vittoriana. Si dice che nel testamento abbia lasciato un patrimonio di oltre un milione di sterline.

Oggi è rimasto ben poco di italiano a Little Italy. L'alleanza tra Mussolini e Hitler durante l'ultima guerra fece sì che le proprietà degli italiani in Gran Bretagna venissero sequestrate dal governo di Churchill e gli uomini fossero internati per ragioni di sicurezza. All'inizio erano alloggiati assieme ai carcerati tedeschi, cosa poco gradita a coloro che avevano lottato contro il Kaiser a fianco delle forze francesi e britanniche durante la guerra precedente. Si racconta che all'avvistamento degli squadroni della Luftwaffe, molti dei reclusi tedeschi dessero loro il benvenuto con urrà e saluti a braccia tese, mentre gli italiani di Londra si facevano il segno della croce per i parenti rimasti a Clerkenwell nel mirino dei bombardieri. Infine, i due gruppi furono separati e la maggior parte degli italiani passò la guerra nei campi della pittoresca isola di Wight, al largo della costa sud dell'Inghilterra. Al ritorno a Londra a conflitto concluso, gli ex prigionieri trovarono il vecchio quartiere molto cambiato. Le bombe avevano avuto un effetto spropositato sugli edifici della zona e presto quelli rimasti in piedi furono più pacificamente demoliti per fornire case comunali con servizi moderni. La comunità si disperse fra i quartieri confinanti e nell'arco di una generazione Little Italy esisteva più nella memoria che nella geografia. Nel 2016, l'ultima gastronomia italiana del quartiere ha chiuso le porte. Joseph Gazzano era la quarta generazione a gestire il negozio di alimentari italiano fondato dal bisnonno venuto dalla costa amalfitana. «Tre generazioni sono morte nel negozio», raccontò il quarantenne, «Voglio essere la quarta?»

A nord di Clerkenwell si trova la posta centrale di Londra. Dalla seconda metà del Seicento la sede originale era nella zona di Lombard Street e dopo qualche spostamento nei successivi due secoli, si stabilì definitivamente a Mount Pleasant. Ormai il lettore non sarà sorpreso dalla notizia che invece di alludere a una collina incantevole tutta boschetti e ruscelli, il nome del luogo si riferisce, con la solita ironia, a una prodigiosa montagna di ceneri e rifiuti accumulati nella zona nella prima parte dell'Ottocento. Ancora più sorprendente è che, sotto il complesso della Royal Mail, esiste una metropolitana privata che portava sacchi di lettere dalle stazioni periferiche al centro città e viceversa. Faceva parte di un sistema che garantiva la consegna di lettere entro ventiquattr'ore in qualunque parte dell'isola: da Land's End in Cornovaglia a John o'Groats nelle Highlands scozzesi. Nei primi anni del Novecento, il sempre più congestionato traffico londinese rischiava di compromettere questo servizio e così Mail Rail, il treno postale sotterraneo, nacque per aggirare il problema da sottoterra. Operativo tra il 1927 e il 2003, il trenino elettrico automatico faceva un percorso di dieci chilometri tra Paddington a ovest e Whitechapel a est fermandosi sotto otto uffici postali del centro città per ricevere e sbarcare la posta.

Nel 2017, il treno ha ripreso a funzionare sotto la responsabilità del nuovo Postal Museum. Che un servizio pubblico come le poste si meriti un museo a sé può sembrare quanto meno insolito. Musei simili per celebrare aziende di pubblica utilità altrettanto essenziali come il trattamento dei rifiuti urbani o la gestione delle acque municipali sono più che rari. D'altro canto, è una caratteristica del popolo britannico prendersi a cuore alcuni settori dello Stato che in altri paesi vengono dati per scontati.

Durante la cerimonia di apertura delle olimpiadi londinesi del 2012, spettatori di tutto il mondo si sono entusiasmati di fronte a Mr Bean, James Bond e la regina Elisabetta paracadutata nello stadio, ma sono rimasti a dir poco perplessi di fronte al balletto di dottori, infermieri e pazienti che ha occupato la parte principale dello spettacolo. Il servizio sanitario britannico, chiamato National Health Service, o semplicemente NHS, rappresenta un articolo di fede per la maggior parte dei cittadini britannici e il tributo elargito al sistema che cura chiunque senza mai chiedere un penny al malato è stata la scena più applaudita dai tifosi della squadra di casa. E così, non c'è da stupirsi che un gruppo di appassionati delle poste si sia trovato inaspettatamente colmo di sostenitori per il suo progetto di creare il Postal Museum e onorare l'ente statale della Royal Mail.

Il museo è piccolo e ricco di attività per i gruppi scolastici che vengono a visitarlo quotidianamente. Non è certo uno di quei musei monumentali dove si sente il bisogno di sussurrare; sfido chiunque a non sentirsi rallegrato alla vista dell'esercito di cassette delle lettere a colonna e di cabine telefoniche rosse sparpagliate nell'ingresso. Queste ultime suscitano emozioni diverse a seconda delle generazioni. I millennials, senza ricordi di un mondo svestito di tablet, telefonino e Internet, osservano queste casette rosse, tutte finestrelle, come delle singolarità di altri tempi. I nonni e i bisnonni, invece, le guardano ricordando i giorni in cui il telefono non era ancora entrato nelle case. A quei tempi le cabine erano usate di rado, perché costose, e strettamente per comunicazioni di una certa importanza. E poi ci siamo noi di mezza età, che ci avviciniamo con una certa cautela, fiutando l'aria con timore, preparati a trattenere il respiro alla prima avvisaglia di odore di gabinetto. Trovandole tutte meticolosamente pulite, la visita procede senza ulteriori incertezze.

Nel Cinquecento, Enrico VIII fu il primo a decretare che fosse creata una rete di comunicazione per spedire messaggi via corriere alle sue varie amanti e, talvolta, a qualche funzionario del regno per ragioni amministrative. Nel secolo successivo ai corrieri reali venne concessa la possibilità di arrotondare il loro misero stipendio portando lettere per conto di altri. Il servizio postale era così nato: per desiderio personale del re prima e poi allargatosi ai cittadini. Da qui il nome "Royal Mail".

Nella prima stanza del museo è conservato un paio di stivali dei corrieri del Settecento, grandi, duttili e comodi quanto una bombola a gas a ogni piede. Verso l'uscita si vedono le cassette dipinte d'oro nel 2012 per celebrare i campioni britannici di olimpiadi e paraolimpiadi nei loro quartieri natali.

Nell'ultima sala c'è qualcosa che attira tutte le generazioni. Accanto a un necrologio pubblicato nel 1964 intitolato «Tibs il Grande è mancato», ci sono dodici fotografie di altrettanti gatti del mese che indossano un berretto da postino. Il Tibs in questione era un gatto striato grigio e nero, di oltre dieci chili. Per quasi quattordici anni, da solo, Tibs ha tenuto a bada i topi della posta centrale di Londra, fino alla sua morte. Per fare pubblicità all'apertura del museo, l'ufficio stampa invitò il pubblico a mandare foto dei loro felini con indosso un berretto da postino in onore del formidabile acchiappatopi. La risposta fu straordinaria e tuttora, a più di un anno dalla fine della competizione, il museo riceve contributi fotografici. Per quanto si dica che il miglior amico di un inglese sia il cane, la folla che si forma attorno alla galleria felina del Postal Museum racconta che anche il gatto non manca di affetto.

Tornando a cose più serie, il cartellino davanti a un furgoncino antico annuncia che la posta fu il primo ente statale ad acquistare un veicolo a motore a combustione interna nel 1907. Nel secolo precedente lo stesso ente aveva introdotto il telegramma e il telefono, e durante la Seconda guerra mondiale furono gli ingegneri del General Post Office a costruire il primo computer programmabile al loro centro di ricerche di Dollis Hill, nel nordest di Londra. Troppo grande per il museo, la macchina, chiamata appunto Colossus, entrò in servizio nell'ultimo anno di guerra. Il suo inventore, l'ingegnere autodidatta Tommy Flowers, raccontò che fu soltanto dopo aver letto un messaggio decifrato da Colossus che il Generale Eisenhower diede il via allo sbarco alleato in Normandia, che portò alla sconfitta finale dei nazisti nel 1945.

Dopo la guerra, il governo distrusse quasi tutti i computer e fece rispettare rigorosamente l'obbligo del segreto, pena l'incarcerazione per tutti i coinvolti. Si dice che avessero paura che la nuova tecnologia cadesse nelle mani di Stalin e preferirono proteggere quello che già avevano invece di investire nello sviluppo di nuovi computer più potenti. Così Flowers tornò a Dollis Hill, dove riprese a lavorare alle centraline telefoniche.

Un effetto collaterale della decisione governativa fu di lasciare il campo informatico libero perché venisse largamente e comodamente sfruttato dall'altra parte dell'Atlantico da scienziati inglesi che vennero assunti, assieme a quelli tedeschi, dalla riconoscente difesa militare Americana. Un atto di masochismo economico nazionale unico nel periodo moderno, almeno fino al referendum per la Brexit avvenuto settant'anni dopo.

Purtroppo, il trenino della Mail Rail non è per me accessibile. Progettato per sacchi di posta e pacchetti che occupano poco spazio e che non necessitano di uscite di emergenza, è più che comprensibile che la possibilità di salire sul treno venga riservata solo ai visitatori in pieno possesso degli arti. Avendo passato la mia carriera professionale prendendo la metropolitana mattina e sera, l'esperienza di stare sottoterra stipato in un vagone che corre su rotaia non mi manca per niente.

Comunque, fui piacevolmente stupito quando venni invitato dal museo a far parte di un gruppo di lavoro per creare un'esperienza per i disabili che si potesse equiparare a quella dei passeggeri abili. Al primo incontro, per il quale ci furono pagati trasporto e lavoro, eravamo in sei, tra "rotellati" e "bastonati". La direttrice del progetto ci spiegò che erano appena riusciti a rendere il trenino fruibile per gli abili e che il loro scopo era di costruire un'installazione che producesse per gli "impediti" un'esperienza diversa ma non meno esilarante o informativa di quella percepita in carrozza. Il nostro compito era di fornire idee per rendere la nuova installazione così straordinaria che anche gli abili si sarebbero messi in fila. A disposizione c'erano varie tecnologie da provare, dalla realtà virtuale all'acustica dinamica oppure uno schermo alto due metri che avvolgeva lo spettatore a 360 gradi. Oltre al nostro gruppo, composto da portatori di handicap negli arti, un altro era composto da sordi e ciechi e un terzo da persone con disturbi mentali. I suggerimenti dei tre gruppi sarebbero poi confluiti in una proposta da valutare tutti insieme. Ho trovato la professionalità e l'obiettivo del progetto commoventi. Al momento in cui scrivo il progetto non è ancora concluso e l'installazione non ancora completata. Chissà che il risultato finale non possa un giorno equiparare la popolarità di Mr Tibs e dei suoi colleghi felini della Royal Mail.

Ringraziamenti

Dr Johnson's House, London

È sempre un piacere ringraziare chi mi ha aiutato nella scrittura di un libro; lo è particolarmente nel caso del difficile percorso di questo libro, che non è una guida turistica, non è una biografia, non è un romanzo, non è un saggio letterario e nemmeno un testo sociologico, ma una dichiarazione d'amore a una grande città e ai suoi abitanti.

Ringrazio innanzitutto Celine McDaid, locum curator della casa museo di Samuel Johnson, per avermi trasmesso il suo entusiasmo e la sua profonda conoscenza di uno dei personaggi più affascinanti della cultura inglese; ringrazio poi Caro Howell, direttrice del Foundling Museum, e Mike Nicholson, director of development del Sir John Soane's Museum, insieme al suo assistente Magnus Copps per avermi mostrato e raccontato i "loro" musei con cortesia e orgoglio immensi.

Grazie ai proprietari di Blacks - il club in Dean Street, a Soho, dove ci siamo incontrati -, per aver migliorato la qualità del caffè che abbiamo bevuto; e a Chiara Mancini, che mi ha assistito con immancabile buonumore nelle traduzioni dall'inglese, offrendomi consigli graditi e utili commenti.

Grazie anche a Beatrice Fini, per la saggezza e i preziosi consigli; e a Benedetta Centovalli, per il costante supporto e la disponibilità.

Grazie, ancora una volta, a Giovanna Salvia, che mi ha seguito nella lunga e faticosa genesi del manoscritto; e, per la prima volta, grazie a mio figlio Giorgio, che, dopo aver letto moltissimo su Londra e sul dottor Johnson, senza mai perdere la pazienza mi ha aiutato nella scelta delle mie letture, nella ricerca storica e letteraria e nell'impostazione di questo libro.

Simonetta Agnello Hornby

Un grazie a chi mi assiste giornalmente e ai miei concittadini che mi offrono trasporti gratis in tutta la città. Senza di loro non avrei potuto visitare, assaporare e descrivere quel miscuglio insolito che è la città in cui viviamo.

Alba e Margherita si meritano un ringraziamento particolare per avermi aiutato a trovare le parole e le frasi italiane che meglio trasmettono le mie pensate e il mio umorismo da "inglese". Se vi divertite nella lettura, è merito loro; in caso contrario, do la colpa ad Alida e Antonio della casa editrice Giunti che non hanno tagliato a sufficienza la versione finale. Per il resto sono stati piacevolissimi collaboratori, come di meglio non si potrebbe sperare.

George Hornby

Indice

La città vissuta
di Simonetta Agnello Hornby

Un omaggio a Samuel Johnson   7

Parte prima
Un'aliena a Londra
  1. Una mesta partenza   11
  2. Al terminal di Buckingham Palace Road   18
  3. Zia Graziella a Trafalgar Square   24
  4. Un'altra mesta partenza   27
  5. Sogno di lavorare. La prima passeggiata nel quartiere degli avvocati   35
  6. Divento *solicitor* nella City of London   42
  7. Il Monument e il Lord Mayor's Show   50
  8. Lascio il lavoro alla City   56
  9. Divento un avvocato dei minori   61
10. Disordini a Brixton   64
11. La piazza di Brixton   68
12. Doris, la South Londoner   73
13. Il Freedom Pass   75
14. L'avvocato Middleton e Lord Denning: i miei primi due maestri inglesi   80

PARTE SECONDA
La mia Londra

1. Il mio nume tutelare: Samuel Johnson	85
2. I pub	96
3. Gli inglesi a tavola	100
4. Una coppia in viaggio di nozze	115
5. Gli italiani a Londra	118
6. Vicini di casa in Underhill Road, Dulwich	120
7. Il Partito laburista	127
8. Una nazione di sangue misto. Immigrazione, gang e intolleranza	131
9. La monarchia	134
10. Il sesso	143
11. Il teatro	147
12. La lettura	153
13. Librerie, bancarelle e biblioteche	156
14. Il risparmio, i londinesi e io	161
15. I *charity shops*, i mercati e Harrods	165
16. Una passeggiata alternativa allo shopping	169
17. Kew	174
18. Una passeggiata a Greenwich	178
19. Londra in bicicletta	182
20. Overground e underground. Uno sguardo al passato: Londra città malata	187
21. Ragazze scomparse, incidenti stradali e omosessuali	190
22. Il palazzo di Westminster	199
23. I Radical Wanderers	203
24. Una passeggiata lungo il South Bank, da Westminster Bridge a Tower Bridge	208
25. Quattro piccoli musei	212
26. La religiosità dei londinesi	222
27. Le mie chiese preferite	224
28. Ashley Gardens	228

29. Una passeggiata da Ashley Gardens al Parlamento	233
30. La piazza di Westminster Cathedral. I mendicanti, i polacchi e i senzatetto	236
31. La passeggiata ai borgomastri di Calais	240

APPENDICI

L'immigrazione italiana a Londra e l'immigrazione nera a Brixton	253
La buona cucina dei ristoranti	259

MINESTRONE LONDINESE
di George Hornby

1. Bagaglio al seguito	269
2. Britanculi al British	275
3. Master Wei Xi'An	285
4. Tempio in movimento	291
5. Seven Dials Market	302
6. Guerrieri e giardinieri	306
7. The Half Moon Pub	318
8. In fila per Westminster	322
9. Brasserie Zédel	336
10. Una lettera da Little Italy	339

Ringraziamenti   351

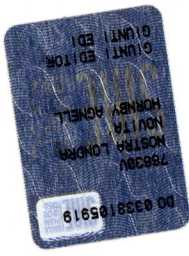

Stampato presso Elcograf S.p.A.
Stabilimento di Cles